101 French Topics For Beginners

101 French Topics For Beginners - Learn French With essential Words, Grammar, & Idioms Through Everyday Situations

French Hacking

Copyright © 2022 French Hacking

All rights reserved. No part of this publication may be reproduced, distributed or transmitted in any form or by any means, including photocopying, recording, or other electronic or mechanical methods, without the prior written permission of the publisher, except in the case of brief quotations embodied in critical reviews and certain other non-commercial uses permitted by copyright law.

Trademarked names appear throughout this book. Rather than use a trademark symbol with every occurrence of a trademarked name, names are used in an editorial fashion, with no intention of infringement of the respective owner's trademark. The information in this book is distributed on an "as is" basis, without warranty. Although every precaution has been taken in the preparation of this work, neither the author nor the publisher shall have any liability to any person or entity with respect to any loss or damage caused or alleged to be caused directly or indirectly by the information contained in this book.

"One language sets you in a corridor for life. Two languages open every door along the way."

- **Frank Smith**

A Note For The Reader

Welcome to French Hacking's top 101 emails! Our French students loved these pieces so much that we couldn't just let them waste away in an old inbox - maybe you can find them useful too!

You'll notice that there's a consistent structure between our emails and we do this to help you get familiar with certain writing styles, while repeatedly exposing you to new vocabulary and interesting cultural facts. You will learn and develop an interest for French culture, and being genuinely interested in something is a great hack to retaining what you study!

Who's it for?

This book is written for students who are just starting out, all the way to intermediate French learners (if you're familiar with the Common European Framework of Reference - CEFR, it would be the equivalent to A1-B1).

Why you'll enjoy this book

- It's not a kids story, they have too many wizards and animals, vocabulary that you don't use in everyday speech.
- The topics are interesting and something you can relate to, unlike children's books.
- There is relevant vocab you can use right away which will motivate you to read more.
- No dictionary needed as there are easy to follow translations right next to the French text.

How to get the most out of this book

1. Grab the audiobook and follow along to increase your comprehension skills. Try to listen to the audio before you read the text to see how much you can pick up on and understand.

2. READ READ READ. It's rare that you learn a word by seeing it once. Come back to the book and read it again. Since you'll know what the book is about after the first read, you can focus on other concepts the second time around.

3. Listen and read at the same time so you can hear the pronunciation of each syllable while seeing what the word looks like. You'll also be less distracted with this method as you'll be fully immersed.

BONUS
Follow us on Instagram (@Frenchacking) where we do daily posts on grammar, spelling, quotes, and much much more!

French Hacking

French Hacking is a revolutionary educational language learning company focused on teaching individuals how to learn French in the shortest time possible. Our mission is for our students to learn and master the French language by utilizing the hacks, tips, and tricks from the learning materials we create. We want our students to become confident in their speaking abilities as they advance their conversational skills by teaching what's necessary without having to learn the finer details that don't make much of a difference or are hardly used in the real world.

Unlike our competitors, who have books geared toward multiple languages, our language learning books are dedicated exclusively to learning French. Our focus on only one language allows us to concentrate on creating superior educational materials.

Our books are created by native French speakers and then put through a rigorous editing process with two additional native French editors and proofreaders to ensure the highest quality content. Rest assured that you are learning proper grammar and syntax as you read through our books.

There are no other books like ours on the market. Let us help accelerate your journey to learn French with our fun and effective educational materials that make learning French a breeze!

Want to receive a fun weekly email on all things French? It will include topics such as culture, festivals, facts, stories, and idioms. Scan the QR code below to join!

The Writer

My name's Tristan, I'm twenty-three years old. I grew up in Bordeaux in France with my parents and my brother. I have spent most of my life there, from kindergarten to university. This is a great city with fun things to do, whether you're a child or an adult. You can wander in parks or near the river, there are a lot of museums to visit, and of course, there is a lot of wine.

I'm more of a music person, I play quite a few instruments and I love to walk around the town listening to music. I find it very soothing, it clears my mind and it helps me find some inspiration.

French is my native language but I also speak English and Japanese. My major being Foreign Affairs, I never thought I would ever teach anything. But I became a part of French Hacking and I discovered that I do love teaching what I know. Whether it's aimed at beginners or advanced, I try and find different ways of explaining things that helped me learn in the past. Keeping that in mind, I wrote these texts trying to emphasize day to day vocabulary and idioms that I think, from a French native's perspective, would be the most frequently used and encountered in France.

I have always been drawn to languages, as a kid I wanted to be able to speak every language in the world! I was quite naïve! But I'm glad I can fluently speak at least three of them at the moment, and help people learn my native language.

I love reading your comments and messages on Facebook & Instagram, and it warms my heart to hear your progress, how our content helps you, and also your remarks which help improve our content everyday. So please, tell us what you think about this book, leave a review if you can, we love to hear from you guys!

Contents

1. A Birthday Party 1
2. A Business Man's Day 3
3. A Day at Hospital 5
4. A Dream Home 7
5. A Job Interview 9
6. A Love Story 11
7. A Perfect Weekend 14
8. A Power Walk 16
9. A Scary Story 18
10. A Shopping Date 20
11. A Surprise Trip 22
12. A Tragic Event 25
13. A Wedding Anniversary Surprise 27
14. An Unexpected Encounter 29
15. An Unexpected Reunion 31
16. Annoying Things 33
17. Bars 35
18. Bastille Day 37
19. Boredom 39
20. Charities 41
21. Choosing a Hobbie 43
22. Christmas Eve 45
23. Comic Books 46
24. Common Names & Last Names 48
25. Cycling 50
26. Dancing 52
27. Describing Yourself 54
28. Discussion Topics 56
29. Divorce 58
30. Driving & Cars 60
31. Environmental Organizations 62
32. Ethics 64
33. Family Ties 66
34. Fashion 68

35. Favorite Drinks	70
36. Favorite Entertainers	72
37. Favorite Places to Go on Vacations	74
38. Favorite Video Games	76
39. Feminism Movement	78
40. French & Cheese	80
41. French Cities	82
42. French Monuments	84
43. French Pride	86
44. French Regions	88
45. French Territories	90
46. Gambling	92
47. Grandparents & Grandchildren	94
48. Health Issues	96
49. Hobbies	98
50. Holidays with Friends - Part I	100
51. Holidays with Friends - Part II	102
52. Housing	104
53. I Can't Believe It!	106
54. Impact of COVID-19 in France	108
55. Internet	110
56. Jokes & Humor	112
57. Kids' Games	114
58. Languages Taught at School	116
59. Learning Music	118
60. List of Goals	120
61. Lottery	122
62. Machismo	124
63. Magic & Sorcery	126
64. Moving Out	128
65. Music	130
66. My Weekly Chores	132
67. National Holidays	134
68. News Sources	136
69. Noisy or Not?	138

70. Not in the Best Mood 140
71. Oh No! 142
72. Online Dating 145
73. Outdoor Activities 147
74. Party 149
75. Past Trends in France 151
76. Pets 153
77. Politics 156
78. Proposal & Weddings 158
79. Reading 160
80. Reality TV Shows 162
81. Relationships 164
82. Retirement 166
83. Salary 168
84. School Exams 170
85. Seasons 172
86. Smells & Memories 174
87. Soccer 176
88. Social Media 178
89. Special French Meals 180
90. Staying at Home 181
91. Stress 182
92. Talking about the Future 184
93. Tastes & Obsessions 186
94. Tattooing 188
95. Television 190
96. The Film Industry 192
97. Theater Plays 194
98. Time Students Spend on Screens 196
99. Twins but Different 198
100. University 200
101. Vegetarianism 202

1. Une Fête d'Anniversaire

Aujourd'hui, nouvelle petite histoire : c'est l'anniversaire d'Elisabeth, elle vient d'avoir vingt-huit ans, et ses amis ont décidé de lui préparer une petite soirée d'anniversaire surprise...

Elisabeth travaille beaucoup pour pouvoir s'acheter une maison, elle est débordée et a assez peu de temps pour se reposer. Elle travaille pour une compagnie d'assurance automobile. Elle reçoit beaucoup d'appels de clients tous les jours.

Elle vit seule dans son appartement avec un chien et un chat pour lui tenir compagnie. Mais ce soir, ses meilleurs amis vont se réunir pour fêter son anniversaire.

« Ok donc voilà le plan : toi tu t'occupes du gâteau, toi du repas, et nous deux on s'occupera du cadeau. Tout le monde est d'accord ? » demande Mélanie.

« Compris ! » disent Antoine, Lucie et Gregory.

Antoine habite près d'une excellente boulangerie-pâtisserie. Ils font les meilleurs gâteaux de la ville.

« Bonjour, je voudrais commander un gâteau aux fraises pour six personnes s'il vous plaît, » dit-il à la boulangère.

Antoine s'en va, le gâteau sous le bras, pour rejoindre ses autres amis. Pendant ce temps, Gregory cuisine le plat préféré d'Elisabeth : un gratin *dauphinois*.

Il met dans un plat : des pommes de terre coupées en rondelles, puis rajoute un peu de crème fraîche et de lait, et enfin sur le dessus, du fromage. Il enfourne le tout pendant une heure. Une fois prêt, il sort le plat du four et Gregory est ravi, car le fromage est parfaitement gratiné. Il emballe tout et

1. A Birthday Party

Today, a new little story: it's Elisabeth's birthday, she just turned twenty eight, and her friends have decided to prepare a little surprise birthday party for her...

Elisabeth works a lot to be able to buy a house, she is overworked and has little time to rest. She works for a car insurance company. She receives a lot of calls from customers every day.

She lives alone in her apartment with a dog and a cat to keep her company. But tonight, her best friends are getting together to celebrate her birthday.

"Okay so here's the plan: you do the cake, you do the food, and the two of us will do the gift. Does everyone agree?" asks Melanie.

"Got it!" say Antoine, Lucie and Gregory.

Antoine lives near an excellent bakery. They make the best cakes in town.

"Hello, I'd like to order a strawberry cake for six people please," he says to the baker.

Antoine leaves, cake under his arm, to join his other friends. Meanwhile, Gregory cooks Elisabeth's favorite dish: a gratin *dauphinois*.

He puts in a dish: potatoes cut into slices, then adds a little fresh cream and milk, and finally on top, cheese. He puts the whole thing in the oven for an hour. Once ready, he takes the dish out of the oven and Gregory is delighted, because the cheese is perfectly gratinated. He packs everything up and

rejoint ses amis.	joins his friends.

Enfin, Lucie et Mélanie font les magasins pour trouver un super cadeau pour leur amie. Elles n'ont toujours pas trouvé le cadeau idéal quand soudain elles ont une excellente idée !

Finally, Lucie and Melanie go shopping to find a great gift for their friend. They still haven't found the perfect gift when suddenly they have a great idea!

« Elle travaille beaucoup, et si on lui offrait des vacances ? » propose Lucie.

"She works a lot, what if we offered her a vacation?" suggests Lucie.

« Oh oui ! Bonne idée ! » répond Mélanie.

"Oh yes! Good idea!" answers Melanie.

Elles achètent donc un coffret vacances d'une semaine en Corse. Elles rejoignent ensuite les autres.

So they buy a one-week vacation package in Corsica. They then join the others.

Le soir, ils attendent tous les quatres en bas de chez Elisabeth.

In the evening, the four of them are waiting downstairs at Elisabeth's.

« Oh ! Que faites-vous ici ? » demande Elisabeth surprise en voyant ses amis.

"Oh, what are you doing here?" asks Elisabeth, surprised to see her friends.

« Joyeux anniversaire ! » disent ses amis en chœur.

"Happy birthday!" her friends say in chorus.

Elisabeth a les larmes aux yeux en voyant ses amis les bras chargés de nourriture et de cadeaux. Ils passent donc la soirée chez elle, à manger et rigoler.

Elizabeth gets teary-eyed as she sees her friends with their arms full of food and gifts. So they spend the evening at her house, eating and laughing.

« Comme on sait que tu travailles beaucoup, on a décidé de se cotiser pour t'offrir des vacances en Corse ! Comme ça, tu pourras te détendre au soleil en sirotant des cocktails ! » disent ses amis.

"As we know that you work a lot, we decided to contribute and offer you a vacation in Corsica! That way, you can relax in the sun while sipping cocktails!" her friends say.

« Vous êtes vraiment les meilleurs amis du monde ! Je vous adore ! » dit Élisabeth en les prenant dans ses bras.

"You really are the best friends in the world! I love you guys!" says Elisabeth as she hugs them.

2. La Journée d'un Homme d'Affaires

Aujourd'hui nous allons parler des hommes d'affaires français, de leur routine ainsi que leur vie au travail.

La journée des hommes d'affaires est très ordonnée et planifiée à la minute près. Pas de temps à perdre ! Le travail commence à 8 heures, alors pas question d'être en retard ! Pour garantir la ponctualité de ses employés, l'entreprise leur fournit des tickets de métro gratuitement. C'est plutôt pratique.

Emma et ses deux collègues : Jean et Claire se retrouvent tous les matins à 7h55 devant la machine à café pour discuter autour d'une boisson chaude. C'est leur petit rituel qui leur permet de bien commencer la journée.

Ensuite, ils se dirigent tous les trois vers l'espace de coworking et s'installent à leur bureau. Emma et Claire sont managers. Elles doivent diriger leurs équipes en fonction des demandes de la Direction. C'est une grosse responsabilité. Elles doivent répondre aux emails, organiser les plannings, planifier les congés des employés, et régler les problèmes internes.

Jean quant à lui, est nouveau dans l'entreprise, il a été recruté il y a un an seulement et se retrouve donc simple employé. Il répond au téléphone, discute avec les clients, et doit rédiger des rapports pour ses supérieurs. Jean a beaucoup de travail aussi, le téléphone n'arrête pas de sonner !

À midi pile, tout le monde se dirige vers la cafétéria pour déjeuner. Nos trois amis se réunissent à la même table tous les jours et discutent de leur matinée et des derniers ragots de l'entreprise.

« Saviez-vous que Marjorie était enceinte ? C'est super ! Mais je dois refaire les plannings pour compenser son absence, c'est très

2. A Business Man's Day

Today we are going to talk about French businessmen, their routine and their work life.

The day of the businessmen is very orderly and planned to the minute. No time to waste! Work starts at 8 am, so being late is out of the question! To ensure that employees are on time, the company provides them with free subway tickets. It's pretty convenient.

Emma and her two colleagues, Jean and Claire, meet every morning at 7:55 am in front of the coffee machine to chat over a hot drink. It's their little ritual that allows them to start the day well.

Afterwards, the three of them head to the coworking space and settle in at their desks. Emma and Claire are managers. They have to lead their teams according to the demands of the management. It's a big responsibility. They have to answer emails, organize schedules, plan employee vacations, and solve internal problems.

As for Jean, he is new to the company, he was recruited only a year ago and is therefore a simple employee. He answers the phone, talks to customers, and has to write reports for his superiors. Jean has a lot of work too, the phone never stops ringing!

At noon sharp, everyone heads to the cafeteria for lunch. Our three friends meet at the same table every day and discuss their morning and the latest company gossip.

"Did you know that Marjorie was pregnant? It's great! But I have to redo the schedules to make up for her absence, it's very

compliqué ! », dit Claire.

« Moi, j'ai entendu dire que les deux stagiaires étaient amoureux l'un de l'autre, mais ne savent pas que c'est réciproque ! C'est si mignon », ajoute Emma.

« Moi, je suis convoqué dans le bureau du directeur », dit Jean un peu angoissé. « J'ai reçu un mail ce matin, je ne sais pas à quoi m'attendre... »

À 13 heures, le travail reprend pour Emma et Claire. Jean se rend dans le bureau du directeur et y passe tout l'après-midi. À la fin de la journée, Emma et Claire l'attendent pour découvrir ce qu'il s'est passé.

« J'ai eu une promotion ! », s'exclame Jean. « Je vais devenir manager moi aussi, apparemment j'ai été très productif cette année et le directeur voulait me féliciter ! »

« Félicitations ! », disent Emma et Claire en chœur.

complicated!" says Claire.

"Me, I heard that the two interns are in love with each other, but don't know it's mutual! It's so cute," adds Emma.

"Me, I've been summoned to the director's office," says Jean a little anxiously. "I received an email this morning, I don't know what to expect..."

At 1 pm, work resumes for Emma and Claire. Jean goes to the director's office and spends the whole afternoon there. At the end of the day, Emma and Claire wait for him to find out what happened.

"I got a promotion!" exclaims Jean. "I'm going to be a manager too, apparently I've been very productive this year and the director wanted to congratulate me!"

"Congratulations!" say Emma and Claire in chorus.

3. Une Journée à l'Hôpital

Bonjour, aujourd'hui nous allons parler des maladies, de la pharmacie, de l'hôpital, bref de tout ce qui se rapporte au domaine médical en France !

Tout d'abord, il faut savoir qu'il existe une assurance maladie en France qui rembourse la majorité des frais médicaux et médicaments. Tout le monde y a droit.

Un matin, je me suis réveillé avec de la fièvre et des maux de ventre, je suis donc allé à la pharmacie pour acheter des médicaments. Mais j'étais toujours très malade, alors j'ai pris rendez-vous chez le médecin.

Le médecin m'a ausculté et a fait son diagnostic. Il ne s'agissait pas d'une simple indigestion ou d'une intoxication alimentaire comme je le pensais. Cela pouvait être une appendicite !

Alors comme j'avais des crampes d'estomac et que je ne pouvais pas bouger, j'ai appelé

une ambulance qui m'a conduit aux urgences de l'hôpital.	took me to the hospital emergency room.
J'ai été pris en charge, on m'a administré un anti-douleur par perfusion et fait passer une IRM pour s'assurer qu'il s'agissait bien d'une appendicite.	I was taken care of, given an IV painkiller and an MRI to make sure it was appendicitis.
J'avais ma propre chambre, je pouvais donc me reposer dans le calme, car il y avait beaucoup de patients, des blessés, des malades. Dans la chambre à ma gauche se trouvait une dame âgée qui avait des crises de démences et qui hurlait. Dans celle de droite, un jeune garçon qui s'était cassé la jambe en faisant du skateboard était allongé dans son lit.	I had my own room, so I could rest in peace and quiet, as there were many patients, injured and sick. In the room to my left was an elderly woman who had dementia and was screaming. In the room on the right, a young boy who had broken his leg while skateboarding was lying in bed.
J'ai été opéré le lendemain, et deux jours après j'ai pu rentrer chez moi. On m'a prescrit des antibiotiques, et depuis ça va beaucoup mieux !	I was operated on the next day, and two days later I was able to go home. I was prescribed antibiotics, and since then I've been doing much better!
J'étais déjà allé à l'hôpital auparavant mais je n'avais jamais été opéré, c'était la première fois. J'étais allongé sur la table d'opération, on m'a fait respirer un gaz et je me suis endormi directement. Une heure après, je me suis réveillé dans ma chambre comme si de rien n'était !	I had been to the hospital before but I had never been operated on, this was the first time. I was lying on the operating table, they gave me a gas and I went straight to sleep. An hour later, I woke up in my room as if nothing had happened!
Grâce à l'assurance maladie, j'ai été remboursé de la majorité des frais d'hospitalisation et des médicaments !	Thanks to the health insurance, I was reimbursed for most of the hospitalization costs and medication.

4. Une Maison de Rêve

L'histoire d'aujourd'hui sera à propos de la conversation de deux jeunes mariées qui ont l'intention d'emménager ensemble. Elles discutent donc de la maison de leurs rêves.

Camille et Lisa sont ensemble depuis six ans, et se sont mariées il y a un an. Camille travaille dans la cybersécurité, elle aime les jeux-vidéos, la musique et les jeux de société. Lisa est actrice, elle aime les puzzles et elle est musicienne.

Camille : Ça serait super d'avoir une grande cuisine avec un four, un réfrigérateur et plein de placards et de tiroirs pour tout ranger.

Lisa : Je suis d'accord ! Je la verrais bien blanche ou grise, d'une couleur sobre et avec un plan de travail en marbre ou en granite.

Camille : Je vois que tu as toujours des goûts de luxe !

Lisa : Eh Eh on parle de la maison de nos rêves je te signale, je ne vais pas me priver ! D'ailleurs en ce qui concerne le salon, je voudrais un grand canapé avec une table basse moderne pour pouvoir prendre l'apéritif avec des invités.

Camille : Oh, superbe idée ! Et on pourrait rajouter une grande télévision que l'on fixerait au mur ! Dans l'idéal, le salon et la salle à manger seraient dans la même pièce, on aurait une table qu'on pourrait agrandir en fonction du nombre de convives.

Lisa : Oh oui ! Et il y aurait une grande baie vitrée qui donnerait sur le jardin ! Comme ça, on aurait une belle vue à chaque repas !

Camille : Oh et puisqu'on parle du jardin, ça serait cool d'avoir une piscine, tu n'es pas d'accord ?

4. A Dream Home

Today's story will be about the conversation of two newlyweds who are planning to move in together. They are discussing their dream home.

Camille and Lisa have been together for six years, and got married a year ago. Camille works in cybersecurity, she likes video games, music and board games. Lisa is an actress, loves puzzles and is a musician.

Camille: It would be great to have a big kitchen with an oven, a refrigerator and lots of cupboards and drawers to store everything.

Lisa: I agree! I would see it white or grey, in a sober color and with a marble or granite countertop.

Camille: I see you still have expensive taste!

Lisa: Hey, we are talking about our dream house, I'm not going to deprive myself! By the way, as far as the living room is concerned, I would like a big sofa with a modern coffee table to be able to have an aperitif with guests.

Camille: Oh, great idea! And we could add a big TV that we would fix on the wall! Ideally, the living room and the dining room would be in the same room, we would have a table that we could enlarge according to the number of guests.

Lisa: Oh yes! And there would be a large bay window that would look out onto the garden! That way, we'd have a beautiful view at every meal!

Camille: Oh, and since we're talking about the garden, it would be cool to have a pool, don't you agree?

Lisa : C'est clair ! Mais je veux un peu de place pour pouvoir planter des choses ! Je te préviens, il y aura des fleurs partout dans cette maison et dans le jardin ! On aura aussi un potager où je ferai pousser des tomates, des poivrons et des fraises aussi ! Bref plein de trucs !

Camille : D'accord d'accord ! Pour la salle de bain, une seule suffira, non ?

Lisa : Oui, une seule c'est bien. Peut être deux chambres au cas où l'on devrait héberger de la famille ou que je bouderais !

Camille : Ahah, t'as pas intérêt ! De toute façon je ne te laisserai pas dormir seule. Ce serait bien d'avoir deux bureaux aussi, un chacune. Dans le mien, il y aurait un grand bureau avec mon ordinateur, mes consoles de jeux et deux écrans.

Lisa : D'accord, mais dans le mien, il y aura des fleurs, ainsi que mes instruments ! Je veux pouvoir jouer de la musique !

Camille : On fera le nécessaire pour insonoriser la pièce alors, sinon les voisins risquent de ne pas trop nous apprécier, ahah !

Lisa : Bon d'accord.

Camille : Oh ! Et tu crois qu'il y aurait de la place dans notre salon pour une bibliothèque ?

Lisa : Oh oui ! On pourrait exposer notre collection de mangas et de livres !

Les deux amoureuses passent le reste de la soirée à rêver de leur future maison tout en regardant les annonces sur Internet.

Lisa: Sure! But I want some space to be able to plant things! I'm warning you, there will be flowers all over this house and in the garden! We'll also have a vegetable garden where I'll grow tomatoes, peppers and strawberries too! So lots of stuff!

Camille: Okay, okay! For the bathroom, one will be enough, right?

Lisa: Yes, one is fine. Maybe two rooms in case we have to host family or I sulk!

Camille: Ahah, you better not! I won't let you sleep alone anyway. It would be nice to have two offices too, one each. In mine, there would be a big desk with my computer, my game consoles and two screens.

Lisa: Okay, but in mine there will be flowers, as well as my instruments! I want to be able to play music!

Camille: We'll do what's necessary to soundproof the room, otherwise the neighbors might not appreciate us so much, ahah!

Lisa: Okay.

Camille: Oh, and do you think there would be room in our living room for a library?

Lisa: Oh yes! We could display our collection of manga and books!

The two lovers spend the rest of the evening dreaming about their future house while looking at ads on the Internet.

5. Un Entretien d'Embauche

Aujourd'hui nous allons suivre Melissa : elle a vingt-trois ans, elle est diplômée et aujourd'hui elle passe un entretien d'embauche pour le métier qu'elle rêve de faire depuis qu'elle est toute petite. La directrice l'accueille pour l'entretien :

« Bonjour Melissa, je suis la directrice de cette entreprise. Nous avons reçu votre CV. Suite à votre candidature pour le poste de Manager et après évaluation, votre profil semble très intéressant. Je souhaitais donc en apprendre plus à votre sujet. Parlez-moi un peu de vous ! »

« Bonjour, donc je m'appelle Melissa, j'ai vingt-trois ans et je suis diplômée d'une École de Commerce. Mon passe-temps favori est la musique. J'aime beaucoup jouer du violon durant mon temps libre. Je fais aussi du sport le week-end. »

« Très bien ! Et pouvez-vous m'en dire plus sur votre scolarité ? Pourquoi avoir choisi d'aller en École de Commerce ? »

« Au lycée j'ai passé un Bac ES (Baccalauréat Economique et Social), et j'y ai découvert des matières qui m'ont beaucoup intéressée. Je voulais poursuivre dans cette voie, alors c'est en partie ce qui m'a poussée à poursuivre en École de Commerce. De plus, depuis que je suis toute petite, j'ai toujours rêvé de diriger mon entreprise, et le poste de Manager que vous proposez serait un super départ pour moi ! »

« Très intéressant ! J'apprécie votre ambition ! Il est écrit dans votre CV que vous avez voyagé, où êtes-vous allée ? Parlez-vous plusieurs langues ? »

« Pendant mes études, je suis allée étudier quelques mois en Angleterre, je parle donc très bien anglais ; ensuite je suis allée en vacances avec mes amies au Japon, c'était

5. A Job Interview

Today we're going to follow Melissa: she's twenty-three years old, she's graduated and today she's going for a job interview for the job she's been dreaming of doing since she was a little girl. The director welcomes her for the interview:

"Hi Melissa, I am the manager of this company. We have received your resume. Following your application for the position of Manager and after evaluation, your profile seems very interesting. I wanted to learn more about you. Tell me a little about yourself!"

"Hi, so my name is Melissa, I'm twenty-three years old and I'm a Business School graduate. My favorite hobby is music. I really enjoy playing the violin in my free time. I also play sports on the weekends."

"Very good! And can you tell me more about your schooling? Why did you choose to go to Business School?"

"In high school I did a Bac ES (Economic and Social Baccalaureate), and I discovered subjects there that interested me a lot. I wanted to continue in that direction, so that's part of what pushed me to go to business school. Also, ever since I was a little girl, I've always dreamed of running my own business, and the Manager position you offer would be a great start for me!"

"Very interesting! I appreciate your ambition! It says in your resume that you have traveled, where have you been? Do you speak multiple languages?"

"During my studies, I went to study in England for a few months, so I speak English very well; then I went on vacation with my friends to Japan, it was beautiful but I don't

9

magnifique mais je ne parle pas très bien japonais malheureusement. »

« C'est super ! Pour finir, pourriez-vous me parler de vos précédentes expériences professionnelles ? »

« J'ai travaillé comme serveuse dans un restaurant. J'ai aussi été stagiaire dans une entreprise d'import-export dans le cadre de mon master, à la suite de quoi j'ai dû rédiger un mémoire. »

« C'est très bien. Votre profil nous intéresse beaucoup, nous vous recontacterons dans les prochains jours pour vous communiquer les détails de votre contrat si vous l'acceptez. J'espère vous revoir bientôt, passez une bonne journée ! »

« Merci, moi de même ! Au revoir ! »

Et voilà, l'entretien d'embauche de Melissa s'est très bien passé, elle est devenue Manager dans cette entreprise, et dans les années qui ont suivi elle devenue la nouvelle Directrice. Son rêve s'est réalisé !

speak Japanese very well, unfortunately."

"That's great! Finally, could you tell me about your previous work experiences?"

"I worked as a waitress in a restaurant. I also interned in an import-export company for my master's degree, after which I had to write a thesis."

"That's very good. We are very interested in your profile, we will contact you again in the next few days with the details of your contract if you accept it. I hope to see you soon, have a good day!"

"Thank you! Good-bye!"

And that was it, Melissa's job interview went very well, she became a Manager in this company, and in the following years she became the new Director. Her dream came true!

6. Une Histoire d'Amour / 6. A Love Story

Bonjour ! Aujourd'hui nous allons suivre l'histoire de Quentin, un jeune adulte introverti et timide qui est secrètement amoureux de son amie d'enfance, Anne, mais qui n'arrive pas à trouver le courage de lui déclarer son amour. Il passe donc une partie de son temps libre à rédiger des poèmes pour elle dans son journal intime. Peut-être qu'un jour elle aura l'occasion de les lire...

Hello! Today we're going to follow the story of Quentin, an introverted and shy young adult who is secretly in love with his childhood friend, Anne, but can't find the courage to declare his love. So he spends some of his free time writing poems for her in his diary. Maybe one day she will have the opportunity to read them...

Quentin se trouve dans un parc près du campus universitaire lors de sa pause entre deux cours. Le décor est magnifique et fleuri. Il s'assoit donc au pied d'un arbre, sort un carnet et un stylo et commence à écrire...

Quentin is in a park near the university campus during his break between classes. The setting is beautiful and full of flowers. He sits down at the foot of a tree, takes out a notebook and a pen and starts to write...

« Je ne sais pas si un jour tu liras
Ces sentiments que j'éprouve pour toi,
Depuis bien longtemps déjà,
Car je te veux près de moi.

Les années passent
Mais mon amour jamais ne s'efface,

"I don't know if one day you will read
These feelings I have for you,
For a long time now,
For I want you near me.

The years pass
But my love never fades,

Ton sourire laissant une trace
Dans mon cœur dès que tu passes.

Tu as toujours été la plus gentille,
Celle qui s'est souciée de moi.
La plus jolie des filles,
Et je craque pour toi. »

Quentin raye alors ces quelques lignes qu'il venait d'écrire.

« Non ça ne va pas. C'est trop cliché, on dirait un de ces vieux films à l'eau de rose... Si jamais elle voit ça, elle risque de se moquer de moi. »

Il déchire donc la feuille, la froisse et la jette dans une poubelle à proximité. Puis il se lève et part en direction de l'amphithéâtre pour rejoindre son prochain cours.

Anne se trouve aussi dans le parc à ce moment-là, elle est partie chercher un café avec une de ses amies. Après avoir bu son café, elle le jette dans une poubelle. C'est alors qu'elle remarque un papier froissé dont on distingue le nom « Anne. » Elle hésite donc, puis finit par le ramasser.

Elle le déplie, puis essaie de le lire malgré les rayures. Les larmes lui montent alors aux yeux tellement les mots inscrits sur le papier la touchent. C'est alors qu'elle réalise que cette écriture lui est familière. Il s'agit de celle de son ami d'enfance, Quentin ! Elle doit lui parler...

Elle s'assoit derrière lui dans l'amphi, et lorsque le cours commence, elle chuchote à l'oreille de Quentin « Je ne savais pas que tu avais un goût pour la poésie, tu es doué. »

Quentin faillit s'étouffer avec le bout du stylo qu'il mâchouillait, puis se met à rougir et ne dit rien.

« Depuis quand écris-tu ? » demande Anne.

Your smile leaving a trace
In my heart as soon as you pass.

You were always the kindest,
The one who cared for me.
The prettiest girl,
And I have a crush on you."

Quentin then crosses out these few lines he had just written.

"No, that's not right. It's too cliché, it's like one of those old chick flicks... If she ever sees this, she might laugh at me."

So he tears the sheet, crumples it up and throws it in a nearby trash can. Then he gets up and leaves for the amphitheater to join his next class.

Anne is also in the park at that moment, she went to get a coffee with one of her friends. After drinking her coffee, she throws it in a trash can. That's when she notices a crumpled piece of paper with the name "Anne" on it. So she hesitates, then finally picks it up.

She unfolds it, then tries to read it despite the scratches. Tears come to her eyes as the words on the paper touch her. It is then that she realizes that the writing is familiar to her. It is the handwriting of her childhood friend, Quentin! She must speak to him...

She sits behind him in the lecture hall, and as the class begins, she whispers in Quentin's ear, "I didn't know you had a taste for poetry, you're good."

Quentin nearly chokes on the end of the pen he was chewing on, then blushes and says nothing.

"How long have you been writing?" asked Anne.

« Longtemps. Très longtemps, » répond-il.	"A long time. A very long time," he replies.
« Tu as donc écrit d'autres poèmes ? Je pourrais les lire ? » demande Anne.	"So you've written other poems? Could I read them?" asks Anne.
« Euh... » Quentin ne sait pas quoi répondre, il est gêné, son cœur bat la chamade.	"Uh..." Quentin doesn't know what to say, he's embarrassed, his heart racing.
« Dommage, j'aimais beaucoup ce que tu avais écrit, j'aurais aimé en lire davantage et en parler avec toi. Ou encore mieux, que tu en lises quelques-uns pour moi, » dit Anne.	"Too bad, I really liked what you had written, I would have liked to read more and talk about it with you. Or better yet, have you read some of it for me," Anne said.
C'était comme dans l'un de ses rêves les plus fous ! Il a enfin l'occasion de tout lui dire, en plus, il semble que cela lui plaît !	It was like one of his wildest dreams! He finally had the opportunity to tell her everything, plus it seemed like she liked it!
« Dis-donc jeunes gens ? Je ne vous dérange pas ? » dit le professeur qui s'adresse à Quentin et Anne.	"Say, young people? I'm not disturbing you, am I?" said the professor who addressed Quentin and Anne.
Ils s'asseoient donc en silence et se retrouveront après les cours...	They sit down in silence and will meet again after class...
Fin.	The end.

7. Un Week-end Parfait

L'histoire d'aujourd'hui présentera Valentine et sa femme Marie, mariées depuis trois ans. Et pour cette occasion Valentine a prévu une petite surprise pour Marie...

Cela fait plusieurs jours que Valentine veut faire une surprise à Marie pour célébrer leurs trois ans de mariage, et elle pensait que partir en voyage toutes les deux serait une bonne idée, mais elles sont toutes deux très occupées...

Alors, elle s'est dit que partir seulement le temps d'un weekend permettrait de faire une pause dans la vie de tous les jours sans pour autant poser de problèmes avec leurs métiers respectifs.

Valentine finit à 17h le vendredi soir, et Marie à 18h. Cela laissera juste assez de temps à Valentine pour préparer discrètement leurs petites valises avant que Marie ne rentre à la maison. Elle prévoit donc d'emmener des chaussures de marche, des vêtements contre la pluie, mais aussi des maillots de bain.

Il est 18h, Marie arrive à la maison et découvre sur le palier Valentine qui l'attend avec deux valises et les clés de la voiture.

« Et bien ? Tu vas quelque part ? » demande Marie en rigolant.

« Non, "on" va quelque part ! » répond-elle. « Je t'emmène en weekend ! »

« Ooooh, chouette ! C'est pour ça que je t'ai épousée, t'es la meilleure, » dit Marie.

Elles partent donc toutes les deux en voiture. Après deux heures de route, elles arrivent dans une petite ville de Bretagne.

« Ce soir, je t'invite au restaurant, puis on passera la nuit dans un hôtel pas très loin

7. A Perfect Weekend

Today's story will introduce Valentine and her wife Marie, married for three years. And for this occasion Valentine has planned a little surprise for Marie...

It's been several days that Valentine wants to surprise Marie to celebrate their three years of marriage, and she thought that going on a trip together would be a good idea, but they are both very busy...

So, she thought that going away only for a weekend would allow a break from everyday life without causing problems with their respective jobs.

Valentine finishes at 5 pm on Friday evening, and Marie at 6 pm. This will give Valentine just enough time to discreetly pack their little suitcases before Marie gets home. She plans to bring walking shoes, waterproofs, but also bathing suits.

It is 6 pm, Marie arrives at the house and discovers on the landing Valentine who is waiting for her with two suitcases and the keys of the car.

"Well? Are you going somewhere?" asks Marie laughing.

"No, we're going somewhere!" she answers. "I'm taking you away for the weekend!"

"Ooooh, neat! That's why I married you, you're the best," Marie says.

So they both set off in the car. After a two-hour drive, they arrive in a small town in Brittany.

"Tonight I'll invite you to a restaurant, then we'll spend the night in a hotel not far away

et je vais t'expliquer le programme, » dit Valentine très enjouée.

« Quelque chose me dit que cela fait longtemps que tu prévois ça ! » dit Marie.

« Peut-être... », répond Valentine avec un clin d'œil.

« Donc voici le programme : ce soir il faudra bien se reposer, car demain matin on partira en randonnée dans la forêt de Brocéliande - tu vas voir c'est magnifique, j'y allais souvent avec mes parents quand j'étais petite. Ensuite, on fera un pique-nique le midi. Et le soir, quand on rentrera on ira dans un hôtel 4 étoiles ! Et enfin, dimanche, on restera à l'hôtel pour profiter de leur spa. Qu'en dis-tu ? Cela fait un weekend qui nous changera les idées et nous permettra de nous détendre, » présente Valentine, toute fière.

« Ça m'a l'air d'être une super idée. Je t'aime si fort, » répond amoureusement Marie.

Les jeunes mariées viennent juste de finir leur verre de vin et d'étudier le programme de leur weekend, quand le serveur du restaurant dans lequel elles sont installées arrive avec deux assiettes bien garnies qui n'attendent qu'à être dévorées !

« Bon appétit ! »

and I'll explain the program," Valentine says very cheerfully.

"Something tells me you've been planning this for a long time!" said Marie.

"Maybe...", replies Valentine with a wink.

"So here's the program: tonight we'll have to rest well, because tomorrow morning we'll go hiking in the Broceliande forest - you'll see it's beautiful, I used to go there often with my parents when I was little. Then, we'll have a picnic for lunch. And in the evening, when we come back, we'll go to a four-star hotel! And finally, on Sunday, we'll stay at the hotel to enjoy their spa. What do you say? It makes for a weekend that will take our minds off of things and allow us to relax," Valentine proudly introduces.

"That sounds like a great idea. I love you so much," Mary replies lovingly.

The young married couple have just finished their glass of wine and considered their weekend's agenda, when the waiter from the restaurant they are seated in arrives with two heaping plates just waiting to be devoured!

"Bon appetit!"

8. Une Marche Sportive

Aujourd'hui nous allons suivre l'après-midi de Louise et de son groupe d'amis qui se sont réunis pour faire une marche sportive. J'espère que cela vous plaira !

Louise et ses amis du lycée habitent tous à Bordeaux. Et ce weekend il fait particulièrement beau ! Il n'y a pas de vent ni un seul nuage dans le ciel. Ils ont donc décidé de se retrouver pour une balade et faire un peu d'exercice. Ils se sont donné rendez-vous le long des quais, au Miroir d'Eau.

Louise, tout excitée, est arrivée la première avec son vélo flambant neuf ! Ses amis la rejoignent les uns après les autres :

Thomas est venu en skateboard, Emma en roller, Alexis en trottinette, et Anthony est venu… à pied !

Tout le monde regarde Anthony, lui demandant pourquoi il n'a pas apporté de véhicule.

« Les pneus de mon vélo sont dégonflés, et mes rollers sont trop petits, je ne peux plus les mettre. Alors j'ai mis mes chaussures de sport et je vais courir avec vous ! » explique Anthony.

Ses amis rient un peu, puis ils se mettent en route. Les cinq amis aiment se promener le long des quais, c'est très agréable avec le bruit de l'eau. Après avoir roulé (et couru !) pendant dix minutes, ils font face à un pont.

« Vous voulez le traverser ? », propose Emma.

« Oh que oui ! », répondent-ils en chœur.

Le groupe d'amis doit faire des efforts pour traverser le pont car la montée est rude, mais une fois arrivés au milieu, le pont descend et cela devient moins fatigant.

8. A Power Walk

Today we're going to follow the afternoon of Louise and her group of friends who got together for a power walk. I hope you enjoy it!

Louise and her high school friends all live in Bordeaux. And this weekend the weather is particularly nice! There is no wind and not a single cloud in the sky. So they decided to get together for a walk and do some exercise. They met along the waterfront at the Miroir d'Eau.

Louise, very excited, arrived first with her brand new bike! Her friends joined her one after the other:

Thomas came on a skateboard, Emma on rollerblades, Alexis on a scooter, and Anthony came… on foot!

Everyone looks at Anthony, asking him why he didn't bring a vehicle.

"The tires on my bike are deflated, and my rollerblades are too small, I can't fit them anymore. So I put on my sneakers and I'll run with you!" explains Anthony.

His friends laugh a little, then they set off. The five friends like to walk along the docks, it's very pleasant with the sound of the water. After driving (and running!) for ten minutes, they face a bridge.

"Do you want to cross it?", Emma offers.

"Hell yes!" they reply in chorus.

The group of friends have to work hard to cross the bridge because the climb is rough, but once they get to the middle, the bridge goes down and it becomes less tiring.

« Youpi ! » s'écrient-ils tous, sauf Anthony, essoufflé, qui est obligé de courir, loin derrière eux, pour les rattraper.

Une fois le pont traversé, ils se retrouvent sur l'autre rive et le paysage change un peu : les quais prennent l'allure d'un parc avec de la verdure et quelques arbres procurant de l'ombre et de la fraîcheur. Le changement d'environnement est apprécié du petit groupe d'amis qui, après leur effort intense pour traverser le pont, ont tous très chaud !

« J'ai soif, » dit Anthony.

« Je mangerais bien une glace, » répond Alexis.

« Moi aussi ! », ajoutent les autres.

Et voilà, Louise et ses amis finiront l'après-midi en terrasse à boire des sodas, manger des glaces et profiter des rayons du soleil.

"Yippee!" they all exclaim, except Anthony, out of breath, who is forced to run, far behind them, to catch up.

Once they crossed the bridge, they found themselves on the other bank and the landscape changed a little: the docks looked like a park with greenery and a few trees providing shade and coolness. The change of environment is appreciated by the small group of friends who, after their intense effort to cross the bridge, are all very hot!

"I'm thirsty," says Anthony.

"I could have some ice cream," replies Alexis.

"Me too!" add the others.

And that's it, Louise and her friends will finish the afternoon on the terrace drinking sodas, eating ice cream and enjoying the sunshine.

9. Une Histoire Effrayante

Dans l'histoire d'aujourd'hui, nous allons suivre trois amis partis en randonnée dans la forêt. Notre petit groupe d'amis a décidé de partir camper le weekend afin de profiter de l'été entre eux.

Ils sont partis le samedi matin en voiture, ils ont roulé pendant environ 2h avant d'arriver près de la forêt. Ils se sont garés, ont pris leur sac à dos, et ont commencé leur promenade.

Ils ont marché tout l'après-midi, et sont arrivés à l'endroit prévu pour camper. Le soleil commence à se coucher, ils ont donc installés la tente et ont préparé un petit feu de camp pour se réchauffer et faire cuire des chamallows.

« Et si on se racontait des histoires qui font peur ? », propose Lucie.

« Ça tombe bien, j'en ai une ! », dit Nicolas.

Il fait complètement nuit lorsqu'il commence à raconter son histoire, leur seule source de lumière étant leur feu de camp. La forêt est silencieuse, on entend juste le crépitement du feu et le bruit des chouettes.

« C'est l'histoire d'une famille avec un enfant et un chien qui vivait une vie tranquille. Ils avaient récemment emménagé dans un nouveau quartier d'une petite ville de campagne. Leur fille qui jouait dans le nouveau jardin remarqua que le chien commençait à creuser un petit trou.

Étant jeune, elle trouvait amusant de l'aider. C'est alors qu'elle tomba sur une boîte en métal fermée par un cadenas. La jeune fille prit alors la boîte et l'amena à son père qui, tout aussi curieux que sa fille, alla chercher des outils pour ouvrir la boîte. Ils y découvrirent avec stupéfaction une poupée. La petite fille l'adorait déjà et la prit dans ses bras. Elle jouait avec elle tous les jours et

9. A Scary Story

In today's story, we're going to follow three friends as they go hiking in the forest. Our little group of friends decided to go camping for the weekend to enjoy the summer with each other.

They left on Saturday morning by car, they drove for about two hours before arriving near the forest. They parked, took their backpacks, and started their walk.

They walked all afternoon, and arrived at the place where they would camp. The sun was starting to set, so they set up the tent and prepared a small campfire to warm up and cook marshmallows.

"How about we tell each other some scary stories," Lucie suggests.

"That's good, I have one!" says Nicolas.

It's completely dark when he starts telling his story, their only source of light being their campfire. The forest is silent, just the crackling of the fire and the sound of owls can be heard.

"This is the story of a family with a child and a dog who lived a quiet life. They had recently moved to a new neighborhood in a small country town. Their daughter was playing in the new yard and noticed that the dog was starting to dig a little hole.

Being young, she thought it would be fun to help him. But then she came across a metal box with a lock on it. The girl took the box to her father who, just as curious as his daughter, went to get some tools to open the box. They were amazed to discover a doll inside. The little girl already loved it and held it in her arms. She played with it every day and took it everywhere.

l'emmenait partout.

Après plusieurs semaines, la jeune fille devait retourner à l'école et ne pouvait donc plus emmener la poupée. Elle la laissa donc seule à la maison dans sa chambre posée sur son lit.

Un soir, alors qu'elle était toute heureuse de retrouver sa poupée, la jeune fille ne la trouva pas sur son lit. Elle paniqua et fouilla sa chambre à la recherche de la poupée. Elle la retrouva sous le lit. Elle était soulagée et se dit que le chien avait dû faire tomber la poupée dans la journée.

Avant de dormir, la petite fille posa la poupée sur une chaise près de son lit. C'est alors qu'au milieu de la nuit elle entendit un gros bruit qui venait du couloir. Elle se leva donc pour aller voir, munie d'une lampe de poche.

C'est alors qu'elle a remarqua que le bureau de ses parents était sens dessus-dessous, et que tout était en pagaille. Elle alla donc réveiller ses parents pour leur montrer. C'est en rangeant qu'ils découvrirent une petite note qui disait : « Pourquoi tu m'a laissée seule ? » Mais personne ne comprenait d'où venait cette note.

La jeune fille retourna se coucher, sans remarquer que la poupée avait disparu de la chaise. Elle éteignit la lumière et retourna dans son lit, lorsqu'elle heurta quelque chose sous la couette. Lorsqu'elle souleva le drap, la poupée se trouvait là et la jeune fille cria autant qu'elle put.

Ils se débarassèrent de la poupée le soir-même, car elle était maudite.

Fin. »

After several weeks, the girl had to go back to school and could no longer take the doll with her. So she left her alone at home in her room on her bed.

One evening, the girl was so happy to have her doll back that she couldn't find it on her bed. She panicked and searched her room for the doll. She found it under the bed. She was relieved and thought that the dog must have dropped the doll during the day.

Before going to sleep, the little girl put the doll on a chair near her bed. Then, in the middle of the night, she heard a loud noise coming from the hallway. So she got up to go and see, equipped with a flashlight.

That's when she noticed that her parents' office was turned upside down, and that everything was a mess. So she went to wake up her parents to show them. It was while cleaning up that they discovered a little note that said, "Why did you leave me alone?" But no one understood where the note came from.

The girl went back to bed, not noticing that the doll was gone from the chair. She turned off the light and returned to her bed, when she bumped into something under the comforter. When she lifted the sheet, the doll was there and the girl screamed as much as she could.

They got rid of the doll that night because it was cursed.

The end."

10. Un Rendez-Vous Shopping

L'histoire d'aujourd'hui racontera le rendez-vous shopping d'un jeune couple qui a décidé de consacrer une demie journée à se détendre et faire les magasins.

Léo : Où voudrais-tu aller ?

Marie : Je voudrais bien faire le tour des Galeries Lafayette, il y a toujours plein de choses : des vêtements, de la décoration, etc. Je suis sûre de trouver quelque chose qui me plaise !

Le jeune couple se rend donc au centre commercial où se trouvent les Galeries Lafayette : c'est un grand magasin sur trois niveaux. Le rez-de-chaussée est dédié aux bijoux, sacs à main, bonnets, etc. Au 1er étage se trouvent les vêtements, et au 2ème la décoration. Marie fait le tour des sacs à main, puis se rend au 1er étage. Avec Léo, ils essaient tous les deux des vêtements avant de jeter un œil aux décorations.

Marie : Que penses-tu de cette robe ?

La jeune fille fait un tour sur elle-même en sortant de la cabine d'essayage, faisant onduler la jolie robe rouge.

Léo : Elle est magnifique, elle te va très bien.

Marie : Alors je la prends !

Ensuite, c'est au tour de Léo d'essayer des vêtements mais il n'achète rien. En effet, il économise pour un autre achat dont il n'a pas encore parlé à sa copine...

Au rayon décoration, ils font le tour des luminaires en quête d'une lampe pour illuminer leur salon.

Léo : Celle-ci irait bien avec notre table en verre, non ? Qu'en dis-tu ?

10. A Shopping Date

Today's story will tell of a young couple's shopping date who decided to spend half a day relaxing and shopping.

Léo: Where would you like to go?

Marie: I would like to go to Galeries Lafayette, there are always lots of things: clothes, decoration, etc. I am sure I will find lots of things!

So the young couple goes to the shopping center where the Galeries Lafayette is located: it's a big store on three levels. The first floor is dedicated to jewelry, handbags, hats, etc. On the second floor are the clothes, and on the third floor the decoration. Marie goes around the handbags, then goes to the first floor. She and Léo both try on clothes before looking at the decorations.

Marie: What do you think of this dress?

The girl spins around as she exits the fitting room, making the pretty red dress billow.

Léo: It's beautiful, it looks great on you.

Marie: Then I take it!

Then, it's Léo's turn to try on clothes but he doesn't buy anything. He's saving up for another purchase that he hasn't told his girlfriend about yet...

In the decoration department, they are looking for a lamp to light up their living room.

Léo: This one would go well with our glass table, wouldn't it? What do you think?

La lampe qu'il désigne est longue, presque aussi grande que lui, et de couleur dorée. C'est vrai que cette lampe irait parfaitement avec leur table dont les pieds sont aussi dorés. Ils décident donc de l'acheter.

Marie : Oh ! J'ai aussi besoin de pots de fleurs ! J'ai planté des graines de tomates l'autre jour et ils commencent à germer, il me faut un endroit pour les mettre en terre !

Par chance, son petit ami a repéré du coin de l'œil des pots de différentes tailles et couleurs. Marie jette son dévolu sur un pot vert clair, et un autre rose pastel.

Marie : J'irais bien boire un truc frais, ça te dirait d'aller chez Starbucks ?

La proposition de Marie alors qu'ils sortent du magasin ravit Léo.

Léo : Avec plaisir, mais est-ce que je peux aller faire un dernier achat avant ? C'est dans la boutique juste en face.

Marie suit Léo jusque dans la boutique de vêtements de sport.

Marie : C'est donc pour ça que tu n'as rien acheté, tu voulais t'acheter un maillot de foot !

Léo : Ce n'est pas n'importe quel maillot de foot ! C'est le nouveau maillot de Lionel Messi qui va jouer au club du Paris Saint-Germain !

Marie : Je vois. Même si je trouve que 160€ ça fait un peu cher, si ça te fait plaisir alors vas-y !

Léo : Tu sais que t'es la meilleure ?

Ravi, Léo achète son maillot, puis le jeune couple va boire un verre au Starbucks. Ils finissent leur journée chez eux à redécorer le salon, planter des graines et profiter de leur soirée.

The lamp he points to is long, almost as tall as he is, and gold in color. It's true that this lamp would go perfectly with their table, whose legs are also golden. So they decide to buy it.

Marie: Oh, I need flower pots too! I planted tomato pits the other day and they are starting to sprout, I need a place to put them in the ground!

Luckily, her boyfriend spotted pots of different sizes and colors out of the corner of his eye. Marie chooses a light green pot and another pastel pink one.

Marie: I'd like to go for a cool drink, would you like to go to Starbucks?

Marie's suggestion, as they exit the store, delights Léo.

Léo: I'd love to, but can I make one last purchase first? It's in the store across the street.

Marie follows Léo into the sportswear store.

Marie: So that's why you didn't buy anything, you wanted to buy a soccer jersey!

Léo: This isn't just any soccer jersey! It's the new jersey of Lionel Messi, who is going to play for Paris Saint-Germain!

Marie: I see. Even if I think that €160 is a bit expensive, if it makes you happy then go ahead!

Léo: You know you're the best?

Delighted, Léo buys his jersey, then the young couple goes to Starbucks for a drink. They finish their day at home redecorating the living room, planting seeds and enjoying their evening.

11. Un Voyage Surprise

L'histoire d'aujourd'hui suivra Gabriel et Clément, un jeune couple qui vit ensemble depuis presque deux ans. Mais dernièrement, Gabriel est un peu distant et secret, et cela inquiète Clément...

Clément travaille dans une entreprise d'informatique, et Gabriel dans un cinéma. Souvent, Gabriel rentre plus tard que Clément à cause de son travail. Clément décide donc de faire à manger pour son copain.

Il est 21 heures et Gabriel vient de rentrer à l'appartement. Il enlève ses chaussures et remarque les deux assiettes.

« Oh, tu m'as préparé à manger aussi ? Mais j'ai déjà mangé... », dit Gabriel.

« Ah bon ? Mais tu ne me l'as pas dit ! » dit Clément surpris et un peu déçu. « Bon et bien je vais mettre ta part dans une boîte, tu pourras l'emporter demain midi. »

« Merci, » dit Gabriel en allant s'asseoir sur le canapé pour regarder quelque chose sur son ordinateur portable.

Clément est un peu fâché que Gabriel ne s'assoit pas à table avec lui pour discuter de sa journée comme ils le font d'habitude. Une fois fini de manger, Clément va rejoindre Gabriel sur le canapé pour regarder avec lui, quand soudain Gabriel referme brusquement l'ordinateur pour que Clément ne voit pas l'écran.

« Mais ? Tu faisais quoi ? » demande Clément surpris.

« Rien du tout, » répond Gabriel. « Je suis fatigué, je vais me coucher, bonne nuit ! » puis il s'en va.

Clément est énervé, il ne comprend pas le comportement de Gabriel. Mais il se dit qu'il a sûrement dû passer une mauvaise journée et que ça ira mieux demain. Il va donc dormir lui aussi.

La journée du lendemain se déroule comme d'habitude, Clément envoie un message le soir à Gabriel pour savoir s'il aura mangé en rentrant ce soir ou pas, mais il ne reçoit pas de réponse... C'est décidé, ce soir Clément confrontera Gabriel afin de savoir ce qu'il se passe.

Gabriel rentre à 21 heures et a de nouveau mangé avant, laissant Clément manger tout seul.

« Viens t'asseoir avec moi s'il te plait, il faut qu'on parle, » dit Clément.

Gabriel vient donc s'asseoir.

« Tu es très distant en ce moment, tu me caches des choses. Qu'est-ce qu'il se passe ? » dit Clément inquiet et énervé.

« Rien du tout, » répond Gabriel.

"Thanks," Gabriel says as he goes to sit on the couch to look at something on his laptop.

Clément is a little annoyed that Gabriel doesn't sit down at the table with him to discuss his day like they usually do. Once finished eating, Clément goes to join Gabriel on the couch to watch with him, when suddenly Gabriel closes the computer so that Clément can't see the screen.

"But? What were you doing?" asks a surprised Clément.

"Nothing at all," answers Gabriel. "I'm tired, I'm going to bed, good night!" Then he leaves.

Clément is annoyed, he doesn't understand Gabriel's behavior. But he says to himself that he surely had a bad day and that it will be better tomorrow. So he goes to sleep too.

The next day is as usual, Clément sends a message to Gabriel in the evening to know if he will have eaten when he comes back this evening or not, but he doesn't receive any answer... It is decided, tonight Clément will confront Gabriel to know what is going on.

Gabriel comes home at 9 pm and has eaten again before, leaving Clément to eat by himself.

"Come and sit with me please, we need to talk," says Clément.

So Gabriel comes and sits down.

"You are very distant right now, you are hiding things from me. What's going on?" says Clément worried and annoyed.

"Nothing at all," replies Gabriel.

« Comment ça rien du tout ? Tu me mens ! » crie Clément très énervé.	"What do you mean nothing at all? You're lying to me!" shouts Clément very annoyed.
« Écoute, je ne peux pas continuer comme ça plus longtemps... Tu devrais faire tes valises... », dit Gabriel.	"Listen, I can't go on like this any longer... You should pack your bags..." says Gabriel.
« Comment ça ? Tu me quittes ? » dit Clément en se mettant à pleurer.	"What do you mean? You're leaving me?" says Clément, starting to cry.
« Fais tes valises car nous partons en vacances demain pour fêter nos deux ans de relation, » continue Gabriel en le prenant dans ses bras.	"Pack your bags because we're going on vacation tomorrow to celebrate our two-year relationship," Gabriel continues, taking him in his arms.
« Quoi ? » demande Clément.	"What?" asks Clément.
« Si je travaillais plus c'était pour gagner plus d'argent, et les cachotteries sur mon ordinateur c'était car je cherchais des offres de voyage. Je voulais te faire la surprise, » dit Gabriel.	"If I was working more it was to make more money, and the secrets on my computer was because I was looking for travel deals. I wanted to surprise you," Gabriel says.
Clément sert Gabriel dans ses bras tout en pleurant. « Tu m'as fais peur. Je ne veux pas te perdre, » dit-il.	Clément hugs Gabriel while crying. "You scared me. I don't want to lose you," he says.
« Moi non plus, je ne veux pas te perdre, » dit Gabriel.	"I don't want to lose you either," says Gabriel.

12. Un Événement Tragique

Aujourd'hui je vais vous raconter un évènement tragique qui s'est produit en France en 2015 : l'attentat terroriste du Bataclan à Paris.

Le Bataclan est l'une des salles de spectacle les plus célèbres de Paris, et le soir du 13 Novembre, 2015, avait lieu le concert du groupe Eagles of Death Metal qui rassemblait près de 1.500 personnes.

Le 13 novembre, trois attaques terroristes simultanées ont eu lieu à différents endroits de Paris. La capitale a été touchée par des fusillades et des attaques-suicides. Mais je vais vous raconter l'histoire de Didi, un héros qui a sauvé des vies.

Didi était le chef de la sécurité du Bataclan lorsque ce soir-là, vers 21h40, trois hommes armés de fusils automatiques ont fait irruption dans la salle et ont tiré dans la foule.

Malgré les tirs, les cris, les pleurs et la panique de la foule, malgré le danger, les blessés et les cadavres, Didi a pris son courage à deux mains au lieu de fuir. Il a fait de nombreux allers-retours afin d'ouvrir les portes de secours pour que les survivants puissent s'enfuir.

Aidé par des habitants, il a pu mettre à l'abri des blessés dans des immeubles jusqu'à l'arrivée des secours.

La police a vite été alertée, et les équipes d'intervention sont arrivées sur place pour aider les survivants et essayer de neutraliser les terroristes.

Les trois assaillants, en voyant arriver la police, ont décidé de prendre des spectateurs en otage et de les placer devant les portes et les fenêtres pour éviter qu'ils ne leur tirent dessus.

12. A Tragic Event

Today I'm going to tell you about a tragic event that happened in France in 2015: the Bataclan terrorist attack in Paris.

The Bataclan is one of the most famous concert halls in Paris, and on the evening of November 13, 2015, the concert of the band Eagles of Death Metal was held, which gathered almost 1,500 people.

On November 13, three simultaneous terrorist attacks took place at different locations in Paris. The capital was hit by shootings and suicide attacks. But I will tell you the story of Didi, a hero who saved lives.

Didi was the head of security at the Bataclan when that night, around 9:40 pm, three men armed with automatic rifles burst into the venue and fired into the crowd.

Despite the shooting, the screams, the cries and the panic of the crowd, despite the danger, the wounded and the dead, Didi took his courage in both hands instead of fleeing. He went back and forth many times to open the emergency doors so that the survivors could escape.

With the help of residents, he was able to shelter the injured in buildings until help arrived.

Police were quickly alerted, and response teams arrived on the scene to assist the survivors and attempted to neutralize the terrorists.

The three assailants, upon seeing the police arrive, decided to take bystanders hostage and place them in front of the doors and windows to prevent them from shooting at them.

À 22 heures, l'assaut a été lancé, la police s'est infiltrée dans le bâtiment. Deux des trois terroristes se sont réfugiés à l'étage avec d'autres otages, tandis que le dernier est resté en bas. Quand il a été attaqué par la police, il a fait exploser sa ceinture d'explosifs.

À minuit, les deux autres terroristes ont été neutralisés sans faire de nouvelles victimes. Cette attaque a fait 90 morts et une centaine de blessés.

Didi est resté sur place pour aider les forces de l'ordre et les secours jusqu'au matin, où il a fini par rentrer chez lui sain et sauf, rejoindre sa femme qui était très inquiète et qui n'a été prévenue que tard que son mari était en vie.

Enfin, Didi est rentré chez lui en héros en ayant sauvé des vies, et ce même matin, sa femme lui a annoncé qu'elle était enceinte d'une petite fille.

Voilà, malgré la violence de cette histoire, Didi est un vrai héros qui a été décoré d'une médaille et qui, à présent, a pris sa retraite comme chef de la sécurité et profite de sa petite fille.

Cette histoire est entièrement vraie.

At 10 pm, the assault was launched, the police infiltrated the building. Two of the three terrorists took refuge upstairs with other hostages, while the last one remained downstairs. When he was attacked by the police, he detonated his explosive belt.

At midnight, the other two terrorists were neutralized without causing further casualties. This attack left ninety people dead and about a hundred injured.

Didi stayed on the scene to assist law enforcement and rescue workers until the morning, when he eventually returned home safely to his worried wife, who was not told until late that her husband was alive.

Finally, Didi returned home a hero by having saved lives, and that same morning, his wife told him that she was pregnant with a baby girl.

So, despite the violence of this story, Didi is a true hero who was awarded a medal and is now retired as chief of security and enjoying his baby daughter.

This story is entirely true.

13. A Wedding Anniversary Surprise

Tom is a high school student like any other. He gets up every morning at 7 am, has breakfast, washes up and goes to school. He joins his friends there, with whom he gets along very well. Tom gets good grades. But today will be a little different...

It's 11 am when Tom and the other students receive an email from the administration telling them that the math teacher will be absent this afternoon. The students are happy to be able to go home early.

Tom goes home around 2 pm, after his lunch break with his friends in the canteen. He has already done all his homework and has nothing to do. Then he remembers that today is his parents' wedding anniversary!

His parents work a lot: his mother is the CEO of a bank, and his father is a computer scientist. They work from 8 am to 6 pm

heures tous les jours.

Tom décide donc de mettre à profit le temps qu'il a cet après-midi pour préparer un gâteau pour ses parents. Cela leur fera sûrement très plaisir, et sa petite sœur Camille sera ravie de manger du gâteau aussi !

Tom n'est pas un grand chef cuisinier, mais il sait très bien faire les tartes aux pommes ! Et par chance, il en reste. Il se met donc à les éplucher, puis à les découper. Une fois le plat sorti du placard, il y verse la pâte et ajoute ses pommes.

Ensuite Tom rajoute sa petite touche secrète : de la compote de pomme et de la cassonade. Il met ensuite la préparation au four !

« Hop, cela va cuire pendant 1h30 à 120°C, donc cela devrait être prêt à 16h30. Oh mince ! Il faut que j'aille chercher Camille à la crèche, » se rapelle Tom. Il s'empresse alors de mettre ses chaussures.

La crèche n'est pas très loin de sa maison. Il va donc chercher sa sœur à pied. Une fois rentrés, Camille dit « ça sent bon ! » Son frère lui explique donc la surprise qu'il a préparée pour leurs parents. Camille, toute contente et excitée à l'idée de faire une surprise à ses parents décide de faire un joli dessin pour eux.

Le soir en rentrant, les parents sont étonnés que cela sente aussi bon dans la maison, lorsque leurs deux enfants se précipitent dans leurs bras en leur souhaitant un joyeux anniversaire et leur révélant leur surprise.

Fin !

every day.

So Tom decides to use the time he has this afternoon to make a cake for his parents. They will surely be very happy, and his little sister Camille will be happy to eat cake too!

Tom isn't a great chef, but he can make apple pie very well! And luckily, there are some apples left. So he starts peeling them, then cutting them up. Once the dish is out of the cupboard, he pours in the dough and adds the apples.

Then Tom adds his little secret touch: applesauce and brown sugar. He then puts the mixture in the oven!

"Poof, it will cook for 1h30 at 120°C (248 °F), so it should be ready at 4:30 pm. Oh boy! I have to go pick up Camille from daycare," Tom recalls. He then hurriedly put on his shoes.

The nursery is not very far from his house. So he goes to pick up his sister on foot. When they get home, Camille says, "It smells good!" Her brother explains the surprise he has prepared for their parents. Camille, all happy and excited to surprise her parents, decides to make a nice drawing for them.

In the evening when they get home, the parents are surprised that it smells so good in the house, when their two children rush into their arms wishing them a happy anniversary and revealing their surprise.

The end!

14. Une Rencontre Inattendue

L'histoire d'aujourd'hui présentera Tom, un jeune adulte de 25 ans qui traverse une période un peu difficile...

En effet, la petite amie de Tom a rompu avec lui il y a quelques jours, et cela le rend très triste. Il n'arrive plus à dormir, il mange très peu, il essaie de se changer les idées au travail mais il n'est pas très concentré, bref rien ne va pour lui.

Ce soir, c'est vendredi soir, il est sorti du travail assez tard, il est épuisé, il voudrait juste pouvoir oublier ses problèmes quelques instants. Tom va donc faire quelque chose qu'il ne fait jamais : il va aller seul dans un bar.

Il y a un petit bar près de chez lui avec quelques clients, mais ce n'est pas très bruyant, juste ce qu'il lui faut pour se reposer. Il va donc au comptoir pour commander.

« Qu'est-ce que je vous sers ? » demande le barman.

« Une bière pour commencer s'il vous plaît, » répond Tom.

« Je vois… », dit le barman qui remarque sa tristesse.

Un peu plus tard dans la soirée, le barman revient et lui apporte un coca.

« C'est de la part du monsieur là-bas, » dit le barman en désignant un homme seul à une table.

Tom veut aller remercier le monsieur qui lui a offert ce verre, il va donc s'asseoir à sa table.

« Merci monsi… Eh, mais je vous reconnais ! Vous êtes Jean Dujardin ! Vous êtes mon acteur préféré ! » dit Tom soudain devenu

14. An Unexpected Encounter

Today's story will introduce Tom, a twenty-five-year-old young adult who is going through a bit of a rough patch...

Indeed, Tom's girlfriend broke up with him a few days ago, and this makes him very sad. He can't sleep anymore, he doesn't eat much, he tries to take his mind off work but he's not very concentrated, in short nothing goes well for him.

Tonight, it's Friday night, he's out of work quite late, he's exhausted, he just wants to forget his problems for a while. So Tom is going to do something he never does: he is going to go alone to a bar.

There's a small bar near his house with a few customers, but it's not very noisy, just what he needs to rest. So he goes to the counter to order.

"What can I get you?" the bartender asks.

"A beer to start with please," Tom replies.

"I see…" says the bartender who notices his sadness.

A little later in the evening, the bartender returns and brings him a Coke.

"It's from the gentleman over there," says the bartender pointing to a man alone at a table.

Tom wants to go and thank the gentleman who gave him the drink, so he goes and sits at his table.

"Thank you sir… Eh, but I recognize you! You are Jean Dujardin! You're my favorite actor!" says Tom, suddenly excited.

tout excité.

« Chut, j'essaie de ne pas trop attirer l'attention, » lui répondit le célèbre acteur. « Je t'ai vu essayer de noyer ton chagrin dans l'alcool. Ce n'est pas quelque chose que je recommande, en plus tu es si jeune. Je me suis dit qu'un soda te ferait du bien. »

« Merci.», répond Tom.

« Tu veux discuter un peu ? » propose Jean.

« D'accord. En fait, ma copine m'a quitté il y a quelques semaines, mais j'ai beaucoup de mal à m'en remettre, du coup je voulais me changer les idées. Et au final, vous rencontrer - et en plus que vous m'offriez un verre ! - cela me rend vraiment heureux ! » dit Tom.

« Je suis content d'avoir pu égayer un peu ta soirée alors, » dit Jean en souriant.

« Que faites-vous dans cette ville au fait ? » demande Tom curieux de savoir pourquoi l'acteur avait choisi ce petit bar.

« Je n'ai pas trop le droit d'en parler, mais on tourne notre dernier film dans la ville voisine, et mon hôtel est juste à côté, alors me voilà ! » répond Jean.

« Woah, trop cool ! » dit Tom.

« Ça te dirait de venir un jour voir comment se déroule un tournage ? Je pourrais certainement arranger ça avec le réalisateur, » dit Jean avec un clin d'œil.

« Oh mon Dieu ça serait génial ! Avec plaisir ! » dit Tom tout content.

Et c'est ainsi que la rencontre avec son acteur préféré a embelli la soirée de Tom. Je vous recommande de regarder les films de Jean Dujardin, car ils sont assez comiques !

"Shhh, I try not to attract too much attention," answered the famous actor. "I've seen you try to drown your sorrows in alcohol. It's not something I recommend, plus you're so young. I figured you could have a soda."

"Thanks," Tom replies.

"Want to chat for a bit?" suggests Jean.

"Okay. Actually, my girlfriend left me a few weeks ago, but I'm having a hard time getting over it, so I wanted to take my mind off it. And finally, meeting you - and you buying me a drink! - that makes me really happy!" says Tom.

"I'm glad I could brighten up your evening a little bit then," said Jean with a smile.

"What are you doing in this town anyway?" asked Tom curious as to why the actor had chosen this little bar.

"I'm not really allowed to talk about it, but we're shooting our latest movie in the neighboring town, and my hotel is right next door, so here I am!" answers Jean.

"Woah, so cool!" says Tom.

"How would you like to come over sometime and see how a shoot goes? I could definitely arrange that with the director," says Jean with a wink.

"Oh my God that would be awesome! I'd love to!" said Tom happily.

And that's how meeting his favorite actor made Tom's night. I recommend you to watch Jean Dujardin's movies, because they are quite funny!

15. Une Retrouvaille Inespérée

L'histoire d'aujourd'hui portera sur un jeune couple qui va se marier, et lors du mariage, ils découvriront quelque chose sur leur passé qui risque de changer leur vie.

La mariée se prépare chez elle, avec ses demoiselles d'honneur et sa mère. Elles l'aident à enfiler sa belle robe blanche ornée de petites dentelles et de paillettes qui donnent l'impression que la robe est parsemée d'étoiles lorsqu'un rayon de soleil se pose dessus.

Une fois cette étape passée, elles s'occupent de la coiffure, du maquillage et des derniers préparatifs avant de partir pour la réception avant d'aller à la mairie.

De son côté, le marié a enfilé son costume gris le plus chic et se prépare à partir aussi avec ses témoins et son père.

« Je vais enfin pouvoir rencontrer la famille de ma future belle-fille ! » dit le père du marié.

« Ahah, oui, c'est vrai que vous n'avez jamais eu l'occasion de vous voir. Vous avez plein de choses en commun, je suis sûr que vous vous entendrez très bien, surtout avec son père ! »

« Ah, oui ? Pourquoi penses-tu cela ? » demande son père intrigué.

« Car il me semble qu'il faisait lui aussi partie de l'armée pendant la guerre, vous avez peut-être combattu ensemble qui sait ! Il s'appelle Jean, » dit le marié.

« Hmm... Attends, Jean tu dis ? Ça ne pourrait quand même pas être lui, c'est impossible... » dit le père avant d'être interrompu par le bruit du frein à main alors que la voiture se gare.

Le marié et ses témoins sortent de la voiture,

15. An Unexpected Reunion

Today's story will be about a young couple who are about to get married, and at the wedding, they will discover something about their past that may change their lives.

The bride is getting ready at home with her bridesmaids and mother. They help her put on her beautiful white dress with little laces and sequins that make the dress look like it has stars on it when the sun shines on it.

Once this step is over, they do their hair, makeup and final preparations before leaving for the reception in the town hall.

For his part, the groom has put on his most chic gray suit and is preparing to leave as well with his witnesses and his father.

"I finally get to meet my future daughter-in-law's family!" says the groom's father.

"Ahah, yes, it's true you've never had a chance to meet each other. You two have a lot in common, I'm sure you'll get along just fine, especially with her father!"

"Oh, yeah? Why do you think that?" her father asks puzzled.

"Because it seems to me that he was also in the army during the war, maybe you fought together, who knows! His name is Jean," said the groom.

"Hmm... Wait, Jean you say? It couldn't possibly be him, it's impossible..." says the father before being interrupted by the sound of the handbrake as the car pulls up.

The groom and his witnesses get out of the

s'installent dans la salle de réception décorée pour le mariage, et attendent la mariée et sa famille avant de rejoindre la mairie.

Lorsque la mariée arrive à son tour, elle saute dans les bras de son futur époux et l'embrasse, toute heureuse de vivre le plus beau jour de sa vie. Derrière elle se trouvent sa famille et ses amies qui l'accompagnent. C'est alors que le regard des pères des mariés se croisent...

« Oh mon Dieu ! Mais oui, c'est bien toi Jean ! » dit le père du marié.

« Claude ? C'est vraiment toi ? Oh mon Dieu, cela fait si longtemps ! Je ne pensais jamais te revoir ! » dit Jean.

Tout le monde regarde les deux hommes se prendre dans les bras sans vraiment comprendre ce qu'il se passe. C'est alors que Jean prend la parole pour leur expliquer.

« Claude m'a sauvé la vie pendant la guerre ! La ville se faisait bombarder par les allemands et mon unité s'est retrouvée coincée sous des débris. Claude courait pour se mettre à l'abri lorsqu'il m'a vu et il m'a sorti des décombres malgré le danger et les explosions. Je ne serais sans doute plus là s'il n'était pas arrivé à temps, » raconte Jean.

« Nous avions à peine eu le temps de nous dire nos prénoms qu'une autre explosion retentit et nous ne nous sommes plus jamais revus, » dit Claude. « Quelle coïncidence que nos enfants se marient ! »

Toute la famille et les jeunes mariés vivent un merveilleux moment, célébrant des retrouvailles inespérées et l'union des deux amoureux.

car, sit down in the reception hall decorated for the wedding, and wait for the bride and her family before going to the town hall.

When the bride arrives, she jumps into the arms of her future husband and kisses him, happy to be living the most beautiful day of her life. Behind her are her family and friends who accompany her. It is then that the eyes of the fathers of the bride and groom meet...

"Oh my God! Yes, it's you, Jean!" said the father of the groom.

"Claude? Is it really you? Oh my God, it's been so long! I never thought I'd see you again!" said Jean.

Everyone watches as the two men hug each other without really understanding what is going on. That's when Jean speaks up to explain to them.

"Claude saved my life during the war! The city was being bombed by the Germans and my unit was trapped under debris. Claude was running for cover when he saw me and pulled me out of the rubble despite the danger and explosions. I probably wouldn't be here anymore if he hadn't gotten there in time," says Jean.

"We had barely had time to say our first names when another explosion sounded and we never saw each other again," says Claude. "What a coincidence that our children are getting married!"

The whole family and the newlyweds have a wonderful time, celebrating an unexpected reunion and the union of the two lovers.

16. Choses Gênantes

Aujourd'hui je vais vous parler des petits tracas du quotidien des Français, ces choses qui les énervent. J'essaierai de faire en sorte que cela soit un peu amusant !

1) <u>Les magasins fermés le dimanche</u>
Dans les grandes villes, telles que Bordeaux et Paris, la plupart des magasins sont ouverts le dimanche, mais lorsque vous allez à la campagne ou dans les plus petites villes, tout est fermé ! Cela énerve les citadins.

2) <u>La SNCF</u>
La SNCF est la compagnie ferroviaire française, et les trains sont souvent en retard. Contrairement au Japon où lorsque votre train a deux minutes de retard le personnel s'excuse, en France les trains peuvent avoir entre dix minutes et deux heures de retard et personne ne s'excuse. Cela énerve tout le monde.

3) <u>Le monde dans les transports</u>
Concernant le sujet des transports encore, lorsque l'on doit prendre le bus ou le tramway/métro en fin de jounée pour rentrer chez soi, il y a tellement de monde que l'on est serré les uns contre les autres. C'est insupportable, surtout en été lorsqu'il fait chaud et que tout le monde transpire !

4) <u>Les problèmes de transports</u>
Oui, les Français ont beaucoup de problèmes avec les transports ! Que ce soit les embouteillages sur la route, ou bien les pannes de bus/tram qui font perdre du temps sur la route et obligent les voyageurs à aller au travail à pieds, cela met tout le monde de mauvaise humeur !

5) <u>Les manifestations</u>
Les Français manifestent beaucoup et pour plusieurs raisons : contre une nouvelle loi du gouvernement qui met le peuple en colère, ou pour l'environnement et l'égalité. Il y aura toujours des gens mécontents : que ce soit

16. Annoying Things

Today I'm going to talk to you about the little things that annoy the French in their daily lives. I'll try to make it a little bit funny!

1) <u>Shops closed on Sunday</u>
In big cities, such as Bordeaux and Paris, most of the stores are open on Sundays, but when you go to the countryside or to smaller towns, everything is closed! This irritates city dwellers.

2) <u>The SNCF</u>
SNCF is the French railway company and trains are often late. Unlike in Japan where when your train is two minutes late the staff apologizes, in France the trains can be between ten minutes and two hours late and nobody apologizes. This irritates everyone.

3) <u>The crowd in transport</u>
Concerning the subject of transport again, when you have to take the bus or the tramway/metro at the end of the day to go home, there are so many people that you are squeezed together. It is unbearable, especially in summer when it is hot and everyone is sweating!

4) <u>Transportation problems</u>
Yes, the French have a lot of problems with transportation! Whether it's traffic jams on the road, or bus/tram breakdowns that make people lose time on the road and force them to walk to work, it puts everyone in a bad mood!

5) <u>Demonstrations</u>
The French demonstrate a lot and for many reasons: against a new law of the government that makes people angry, or for the environment and equality. There will always be people who are unhappy: whether

ceux qui manifestent, ou bien ceux qui sont gênés par les manifestations !

6) La météo
Les Français détestent lorsqu'il fait beau le matin, mais qu'il pleut l'après-midi (ou inversement). Soit ils n'auront pas prévu de vêtements de pluie, soit ils auront trop de vêtements et auront chaud.

7) Les impôts
Devoir payer des impôts est quelque chose qui énerve vraiment les Français. Tous les ans les impôts augmentent alors que les salaires n'augmentent pas. Lorsque l'on reçoit une aide financière du gouvernement, cela ne compense pas assez. Tout le monde voudrait que l'on rétablisse l'impôt sur la fortune pour taxer les riches plutôt que d'augmenter les impôts pour les classes moyenne et populaire. Ce sont des détails qui les agacent.

Voilà j'ai essayé de vous donner du nouveau vocabulaire, j'espère que cet email vous aura intéressés et appris des choses !

they are those who demonstrate, or those who are bothered by the demonstrations!

6) The weather
The French hate it when it's sunny in the morning, but rainy in the afternoon (or vice versa). Either they won't have brought rain gear, or they will have too much clothing and will be hot.

7) Taxes
Having to pay taxes is something that really annoys the French. Every year taxes increase while salaries do not. When you receive financial aid from the government, it doesn't compensate enough. Everyone would like to see the wealth tax reinstated to tax the rich rather than raising taxes for the middle and working classes. These are details that annoy them.

Here I have tried to give you some new vocabulary, I hope this email has interested you and taught you some things!

17. Bars

Aujourd'hui nous allons parler des bars. Ces lieux où l'on se rassemble pour boire des verres avec ses amis, ses collègues ou sa famille ; ou bien tout seul, si l'on préfère être mystérieux et mélancolique comme dans les films.

Les bars sont très nombreux en France. Vous en trouverez partout, que ce soit dans les grandes villes, les métropoles ou bien les petites villes de campagne.

En France, je dirais qu'il existe deux principaux types de bars : les bars « simples » et les bars-brasseries.

Les bars « simples » ne sont que des bars qui servent des boissons alcoolisées, des sodas, des cafés ou bien encore des cocktails. Parfois, ils peuvent servir des plateaux de charcuterie ou de fromage afin d'accompagner les apéritifs des clients.

Les bars-brasseries eux sont des bars, mais aussi des restaurants. On peut s'y rendre pour prendre un café, boire un verre ou prendre l'apéro, mais on peut aussi y aller uniquement pour manger. Ils servent le midi mais aussi le soir, et disposent très souvent d'une terrasse.

On peut boire au comptoir dans les bars simples, mais aussi assis à une table. Les bars-brasseries ne disposent pas souvent de comptoirs, mais de tables afin de servir les potentiels clients venus pour manger.

Il y a de nombreux bars à thèmes en France : certains spécialisés dans la vente de rhum auront donc un thème plutôt « pirate » avec des tonneaux en guise de table et une décoration appropriée ; d'autres sont spécialisés dans les bières et auront un style plutôt irlandais, par exemple.

Il existe aussi deux types de bars « simples, »

17. Bars

Today we are going to talk about bars. These places where we gather to have drinks with friends, colleagues or family; or alone, if we prefer to be mysterious and melancholic like in the movies.

Bars are very numerous in France. You will find them everywhere, whether in big cities, metropolises or small country towns.

In France, I would say that there are two main types of bars: the "simple" bars and the "bars-brasseries."

The "simple" bars are only bars which serve alcoholic drinks, sodas, coffees or cocktails. Sometimes, they can serve platters of cold cuts or cheese to accompany the customers' aperitifs.

The "bars-brasseries" or bars-breweries are bars, but also restaurants. You can go there to have a coffee, a drink or an aperitif, but you can also go there just to eat. They serve at lunchtime but also in the evening, and very often have a terrace.

You can drink at the counter in the simple bars, but also sit at a table. Brewery-bars often do not have counters, but tables to serve potential customers who have come to eat.

There are many theme bars in France: some specialized in rum sales will have a rather "pirate" theme with barrels as tables and appropriate decoration; others are specialized in beers and will have a rather Irish style, for example.

There are also two types of "simple" bars, but

mais la différence est plus subtile et concerne les grandes villes. La différence repose sur l'heure de fermeture et le public cible.

De nombreux bars qui ont pour clientèle des jeunes adultes et des étudiants (majeurs), fermeront vers 2h ou 3h du matin et appliqueront des prix attractifs sur les bouteilles d'alcool et les cocktails. Ces jeunes vibreront au rythme de la musique toute la soirée. Ce sont des endroits bruyants et bondés, mais très appréciés si l'on aime faire la fête ! Attention tout de même à certaines personnes ivres qui pourraient venir vous importuner. Mais dans ce cas, ne vous en faites pas, il y a toujours des vigiles pour faire partir les semeurs de troubles.

Les autres bars plus « traditionnels » ferment le soir vers 20h ou 22h. On s'y rend uniquement pour prendre l'apéro et grignoter un peu avec des amis, ou bien pour regarder un événement sportif. Ce sont deux ambiances différentes, mais je vous recommande d'essayer les deux !

Voilà j'espère que cet email vous aura plu ! Je conclurai en disant de faire attention à ne pas boire trop d'alcool, et le cas échéant de ne pas prendre le volant. Soyez prudents !

the difference is more subtle and concerns the big cities. The difference lies in the closing time and the target audience.

Many bars that cater for young adults and students (of legal age) will close around 2 or 3 am and charge attractive prices for liquor and cocktails. These young people will vibrate to the rhythm of the music all evening. These are noisy and crowded places, but very popular if you like to party! Beware, however, of some drunk people who might come and bother you. But in that case, don't worry, there are always security guards to make the troublemakers leave.

The other more "traditional" bars close at night around 8 or 10 pm. You only go there to have a drink and a snack with friends, or to watch a sporting event. These are two different atmospheres, but I recommend you to try both!

I hope you enjoyed this email! I will conclude by saying to pay attention and not to drink too much alcohol, and if you do, not to drive. Be careful!

18. Fête de la Bastille   18. Bastille Day

Aujourd'hui nous allons parler de la fête nationale française qui a lieu le 14 juillet. C'est le jour qui a marqué le début de la révolution française en 1789, la fin de la Monarchie, ce qui a mené à la création de la République française (même si elle a bien évolué depuis).

Histoire :
La Bastille était initialement une forteresse à Paris qui est devenue exclusivement une prison. Le peuple français s'en est emparé suite à de fortes tensions politiques entre la Monarchie (la famille royale de Louis XVI) et ceux qui souhaitaient instaurer un régime démocratique.

En soi, la prise de la Bastille ne représentait pas un atout militaire, mais cela a eu un impact considérable qui a fait écho un peu partout en Europe.

Cela marqua le début de la Révolution et encouragea de plus en plus de civils à se

Today we are going to talk about the French national holiday which takes place on July 14th. This is the day that marked the beginning of the French Revolution in 1789, the end of the Monarchy, which led to the creation of the French Republic (although it has evolved quite a bit since then).

History:
The Bastille was originally a fortress in Paris that became exclusively a prison. The French people seized it following strong political tensions between the Monarchy (the royal family of Louis XVI) and those who wished to establish a democratic regime.

In itself, the storming of the Bastille was not a military achievement, but it had a considerable impact that was echoed throughout Europe.

It marked the beginning of the Revolution and encouraged more and more civilians to

rebeller contre la Monarchie. C'est ainsi que la famille royale fut décapitée quelques temps après, ainsi que ceux qui étaient contre la république et la démocratie.

Le 14 juillet fut instauré comme fête nationale en 1880.

Fête :
Le 14 juillet est un jour férié en France. Cela signifie que la majorité des magasins et des entreprises sont fermés.

Dans la capitale, Paris, chaque 14 juillet donne lieu à une cérémonie et un défilé militaire le matin sur l'Avenue des Champs Elysées auxquels assistent des millions de Français et touristes. De nombreux Chefs d'États et de Gouvernements sont également présents. Le Président français, lui, passe en revue toutes les troupes.

Toutes les forces armées françaises défilent lors de cette parade. Vous pouvez observer des régiments à pieds, à dos de cheval, des véhicules mais aussi des avions !

Le défilé est aussi retransmis à la télévision en direct ce qui permet d'avoir plus de détails sur les différentes troupes.

Enfin, le soir des bals sont organisés et des feux d'artifices sont tirés partout en France. Mais celui de Paris est sûrement le plus majestueux, car il est tiré depuis la Tour Eiffel. La tour est illuminée de plein de couleurs, et les feux l'entourent de partout, c'est vraiment magnifique. Je vous recommande d'en regarder un aperçu sur YouTube !

Voilà j'espère que cet email sur la fête nationale française vous aura intéressés !

rebel against the Monarchy. Thus, the royal family was beheaded some time later, as well as those who were against the republic and democracy.

July 14 was established as a national holiday in 1880.

Holiday:
July 14th is a public holiday in France. This means that most stores and businesses are closed.

In the capital, Paris, every July 14th, there is a ceremony and a military parade in the morning on the Avenue des Champs Elysées, which is attended by millions of French people and tourists. Many Heads of State and Government are also present. The French president reviews all the troops.

All the French armed forces march in this parade. You can observe regiments on foot, on horseback, vehicles but also planes!

The parade is also broadcasted on live television which allows to have more details about the different troops.

Finally, in the evening, balls are organized and fireworks are shot everywhere in France. But the one in Paris is surely the most majestic, because it is shot from the Eiffel Tower. The tower is illuminated with a lot of colors, and the fireworks surround it everywhere, it's really beautiful. I recommend you to watch a preview on YouTube!

I hope this email about the French national day will interest you!

19. L'Ennui

Aujourd'hui nous allons parler de l'ennui, comment y faire face, quelles alternatives trouver pour le contrer, etc.

Je dirais qu'il existe deux types d'ennui : l'ennui vécu seul et l'ennui vécu en compagnie d'autres (avec des amis, de la famille, des collègues, etc.).

Bien qu'il soit rare de vraiment s'ennuyer lorsque l'on travaille ou bien lorsque l'on étudie - car on a toujours quelque chose à faire, des choses à étudier, à lire, etc. - il est possible de n'avoir rien à faire dans les transports ou bien pendant son temps libre. Voici les choses que je fais pour y remédier :

Écouter de la musique : J'aime beaucoup écouter de la musique dans les transports et regarder par la fenêtre voir les paysages défiler. Cela permet de me vider la tête. Sinon, je ferme les yeux et me concentre sur la musique (parfois je peux même m'endormir, et le voyage semble passer plus vite).

Lire un livre : J'ai toujours adoré la lecture, que ce soit des livres de science fiction, des romans fantaisistes, des polars et même des mangas ! J'adore voir ma bibliothèque pleine de livres, et je suis encore plus heureux de les ranger une fois que je les ai lus ! Bref, quand je m'ennuie parfois je lis un chapitre ou deux.

Jouer aux jeux vidéos : J'adore les jeux vidéos, car ils me permettent de m'immerger dans l'univers du jeu et d'oublier le reste. Je ne vois plus le temps passer quand je joue.

Regarder une vidéo : Une courte vidéo sur YouTube ou un épisode d'une série ou un film sur Netflix, il n'y a rien de mieux pour passer le temps !

Enfin, si l'on s'ennuie à plusieurs, comme à

19. Boredom

Today we are going to talk about boredom, how to face it, what alternatives to find to counter it, etc.

I would say that there are two types of boredom: boredom experienced alone and boredom experienced in the company of others (with friends, family, colleagues, etc.).

Although it is rare to be really bored when you are working or studying - because you always have something to do, things to study, to read, etc. - it is possible to have nothing to do in transportation or in your free time. Here are the things I do to remedy this:

Listen to music: I really enjoy listening to music on the commute and looking out the windows to see the scenery go by. It clears my head. Otherwise, I close my eyes and concentrate on the music (sometimes I can even fall asleep, and the trip seems to pass more quickly).

Read a book: I've always loved reading, whether it's science fiction, fantasy novels, thrillers, and even manga! I love seeing my bookshelf full of books, and I'm even happier to put them away once I've read them! Anyway, when I get bored sometimes I read a chapter or two.

Playing video games: I love video games because they allow me to immerse myself in the game world and forget about everything else. I don't see the time passing by when I play.

Watching a video: A short video on YouTube or an episode of a series or a movie on Netflix, there's nothing better to pass the time!

Finally, if you are bored along with several

la fin d'un repas de famille, ou bien en soirée une fois que vous avez épuisé tous les sujets de conversation, voici une petite liste de choses à faire :

Jouer à la pétanque : Vous pouvez être sûrs que la plupart des familles dans le sud de la France disposent d'un jeu de boules de pétanque. Ça se joue à plusieurs, cela fait partie des traditions françaises, et c'est amusant ! Le but du jeu est de lancer, sans prise d'élan, des boules en métal le plus près possible d'une petite boule lancée au préalable. Il faut être précis ! Celui qui atteint treize points a gagné !

Aller se promener : Que vous vous trouviez près d'une plage, en pleine forêt, en ville ou bien à la campagne, se promener peut vous aider à vous débarrasser de votre ennui !

Jouer à des jeux de société : Tout le monde a des jeux de société chez soi, et cela peut être très divertissant ! Les classiques comme Uno, Monopoly, des cartes ou de plateau, tout le monde y trouvera son compte pour bien s'amuser ! Et peut-être même que vous découvrirez de nouveaux jeux !

Voilà, je pense avoir fait le tour de ce que je fais lorsque je m'ennuie. À la prochaine !

people, like at the end of a family meal, or in the evening once you have exhausted all the topics of conversation, here is a small list of things to do:

Play petanque: You can be sure that most families in the south of France have a petanque ball game. It's played in groups, it's part of French tradition, and it's fun! The goal of the game is to throw, without taking a run-up, metal balls as close as possible to a small ball thrown beforehand. You have to be precise! The one who reaches thirteen points wins!

Go for a walk: Whether you are near a beach, in the middle of a forest, in the city or in the country, going for a walk can help you get rid of your boredom!

Play board games: Everyone has board games at home, and they can be very entertaining! Classics like Uno, Monopoly, card games or board games, there is something for everyone to enjoy! And maybe you will even discover new games!

I think I've covered what I do when I'm bored. See you next time!

20. Les Associations Caritatives	20. Charities
Les personnes qui ont recours aux associations caritatives font souvent face à de nombreux préjugés. Souvent on dit d'eux qu'ils n'ont pas assez bien travaillé à l'école et que c'est pour cela qu'ils vivent dans la pauvreté. Mais je ne suis pas d'accord. De nombreux facteurs peuvent entrer en compte lorsque quelqu'un décide de faire appel à des œuvres de charité.	People who use charities often face many prejudices. Often people say that they did not do well enough in school and that is why they live in poverty. But I don't agree. There are many factors that can come into play when someone decides to go to charity.
J'ai donc décidé de parler aujourd'hui des associations caritatives les plus importantes en France, afin de faire un peu de sensibilisation sur le sujet. D'ailleurs, si vous en avez les moyens et l'envie, n'hésitez pas à faire des dons aux associations près de chez vous, ou à aider ceux dans le besoin. Même les plus petites actions peuvent faire le plus grand bien !	So today I decided to talk about the most important charities in France, in order to raise awareness on the subject. By the way, if you have the means and the desire, don't hesitate to donate to associations near you, or to help those in need. Even the smallest actions can do a world of good!
<u>Médecins Sans Frontières</u> : C'est une Organisation Non Gouvernementale médicale fondée en France en 1971. Cette ONG intervient pour porter une assistance médicale aux populations résidant dans des lieux de conflits armés, de pandémies, de catastrophes naturelles ou tout simplement qui n'ont pas accès aux soins.	<u>Doctors Without Borders</u>: This is a medical Non-Governmental Organization founded in France in 1971. This NGO intervenes to bring medical assistance to populations living in places of armed conflict, pandemics, natural disasters or simply who do not have access to health care.
Cette ONG a reçu le Prix Nobel de la Paix en 1999 !	This NGO received the Nobel Peace Prize in 1999!
<u>Amnesty International</u> : Cette ONG, bien que fondée au Royaume Uni, a une place très importante en France. Il y a de nombreuses campagnes et appels aux dons tous les ans.	<u>Amnesty International</u>: This NGO, although founded in the United Kingdom, has a very important place in France. There are many campaigns and appeals for donations every year.
Cette ONG milite pour le respect des droits de l'homme dans le monde, la liberté d'expression, l'abolition de la torture et de la peine de mort, etc.	This NGO campaigns for the respect of human rights in the world, freedom of expression, abolition of torture and death penalty, etc.
<u>Le Secours Populaire</u> : C'est une association à but non lucratif qui	<u>Le Secours Populaire</u>: It is a non-profit association that provides

apporte de l'assistance médicale ou morale auprès des personnes souffrant de famine, victimes de catastrophes naturelles, résidant dans des pays en guerre, etc.

C'est la 3ème association caritative en France ayant le plus gros budget !

<u>Les Restos du Cœur</u> :
Cette association fut créée en 1985 et apporte une aide alimentaire aux personnes dans le besoin. Souvent à la sortie des supermarchés, vous pourrez voir des stands à leur effigie vous invitant à donner des aliments (pâtes, céréales, conserves, etc.) qui seront redistribués. Je trouve cela formidable car, sans donner de l'argent, on donne quelque chose de concret et qui ne coûte pas beaucoup !

Tous les ans, le concert du groupe « Les Enfoirés, » regroupant de nombreuses célébrités françaises, reverse tous les fonds de ce concert à cette association.

<u>Emmaüs</u> :
Cette association lutte contre la pauvreté. En France, ces enseignes récupèrent vos vieux articles (meubles, vêtements,...), les remettent en état et les revendent. Les bénéfices aident les plus démunis.

A l'étranger, cette association peut aussi contribuer à l'agriculture, en Afrique et en Asie notamment !

Voilà j'espère que cela vous aura intéressés ! Bien sûr je n'ai pas pu parler de toutes les associations qui existent en France, je suis sûr que vous connaissez déjà la Croix Rouge ou le Téléthon.

N'hésitez pas à vous entraider, surtout durant les périodes difficiles !

medical or moral assistance to people suffering from famine, victims of natural disasters, living in countries at war, etc.

It is the 3rd charity in France with the largest budget!

<u>Les Restos du Cœur:</u>
This association was created in 1985 and provides food aid to people in need. Often at the exit of supermarkets, you can see stands with their effigy inviting you to give food (pasta, cereals, canned food, etc.) which will be redistributed. I think it's great because, without giving money, you give something concrete that doesn't cost much!

Every year, the concert of the group "Les Enfoirés," which includes many French celebrities, donates all the funds from this concert to this association.

<u>Emmaüs:</u>
This association fights against poverty. In France, these stores collect your old items (furniture, clothes,...), refurbish them, and resell them. The profits help the poorest people.

Abroad, this association can also contribute to agriculture, in Africa and Asia in particular!

I hope that this will have interested you! Of course I could not talk about all the associations that exist in France, I am sure you already know the Red Cross or the Telethon.

Do not hesitate to help each other, especially during difficult times!

21. Choisir un Passe-temps

Aujourd'hui, nous allons suivre Nicolas, un jeune écolier qui a repris les cours récemment. Il est très enthousiaste, car c'est le jour où il va devoir choisir un passe-temps. En effet, il aimerait bien avoir une activité en dehors de l'école, mais il ne sait pas encore s'il préfère pratiquer un sport ou une activité culturelle. Il se rend donc en ville avec ses parents pour assister à un événement qui l'aidera à faire son choix...

Tous les ans en début d'année, les différentes associations sportives et culturelles se réunissent pour promouvoir leurs clubs et faire des démonstrations afin de recruter de nouveaux membres. Nicolas est ravi d'avoir autant de choix, mais il sera difficile de prendre une décision ! Accompagné de ses parents, Nicolas explore les différents stands :

« De ce côté se trouvent les sports, et de l'autre les activités culturelles. Par quoi veux-tu commencer ? », lui demande son père.

« Allons voir les sports ! », dit Nicolas.

Il y a beaucoup d'associations sportives : des clubs de tennis, de football, de volley, d'arts martiaux, d'équitation, etc.

« Les chevaux sont mignons, mais je ne pense pas choisir ça... J'aime bien les sports collectifs, mais je ne suis pas sûr d'apprécier le football... Et en ce qui concerne les arts-martiaux, je suis trop jeune... Pour l'instant, je dirais que c'est le tennis qui me plaît le plus ! », déclare Nicolas.

Ils se dirigent donc du côté des activités culturelles. Il y a plusieurs compagnies de théâtre, des clubs d'art, des cours de musique et de danse.

« Je suis trop nul en dessin, donc l'art ce n'est pas pour moi ! Aussi, je suis trop timide pour

21. Choosing a Hobbie

Today, we will follow Nicolas, a young schoolboy who has recently returned to school. He is very excited because today is the day he will have to choose a hobby. Indeed, he would like to have an activity outside of school, but he does not know yet if he prefers to practice a sport or a cultural activity. So he goes to town with his parents to attend an event that will help him make his choice...

Every year at the beginning of the year, the different sports and cultural associations get together to promote their clubs and give demonstrations to recruit new members. Nicolas is delighted to have so many choices, but it will be difficult to make a decision! Accompanied by his parents, Nicolas explores the different booths:

"On this side are the sports, and on the other are the cultural activities. Which do you want to start with?" his father asks him.

"Let's go see the sports!" says Nicolas.

There are lots of sports associations: tennis clubs, soccer clubs, volleyball clubs, martial arts clubs, horseback riding clubs, etc.

"Horses are cute, but I don't think I'd choose that... I like team sports, but I'm not sure I like soccer... And as far as martial arts go, I'm too young... For the moment, I would say that I like tennis the most," says Nicolas.

So they head towards cultural activities. There are several theater companies, art clubs, music and dance classes.

"I'm too bad at drawing, so art is not for me! Also, I'm too shy to do theater..." says

faire du théâtre... », dit Nicolas à ses parents.

« Et que penses-tu de la musique ou de la danse ? », dit sa maman.

« Ça a l'air sympa la danse, mais je pense que je préfèrerais apprendre à jouer d'un instrument. Mais il y en a tellement ! », répond Nicolas.

Ils font donc le tour des stands musicaux et découvrent pleins d'instruments variés : le violon, le piano, la guitare, la flûte, la batterie, etc.

« J'aime beaucoup la trompette ! Le son est amusant ! », dit Nicolas.

« Tu veux donc t'inscrire aux cours de trompette ? », lui demande son père.

« Je ne sais pas, j'hésite encore avec le tennis... », dit Nicolas.

Ses parents se regardent pendant un instant, puis lui répondent. « Dans ce cas, tu n'as qu'à faire les deux ! »

Les yeux de Nicolas s'illuminent de bonheur alors qu'il s'élance pour enlacer ses parents.

« Merci ! »

Nicolas to his parents.

"What about music or dance?" his mom says.

"Dancing sounds fun, but I think I'd rather learn to play an instrument. But there are so many!", Nicolas replies.

So they go around the music stands and discover lots of different instruments: violin, piano, guitar, flute, drums, etc.

"I really like the trumpet! The sound is fun!" says Nicolas.

"So do you want to sign up for trumpet lessons?" his father asks.

"I don't know, I'm still hesitating with tennis...", says Nicolas.

His parents look at each other for a moment, then reply. "In that case, you just have to do both!"

Nicolas's eyes light up with happiness as he rushes to hug his parents.

"Thank you!"

22. La Veille de Noël

Bonjour ! Aujourd'hui, je vais vous raconter une courte histoire sur les fêtes de Noël, comment nous les préparons en France, ce que nous mangeons le soir du réveillon, etc. Bonne lecture !

Dans cinq jours, c'est le réveillon. Je reçois toute ma famille et rien n'est prêt ! Il faut vite que je m'y mette ! Tout d'abord, je dois trouver un sapin. Je vais donc aller en acheter un au magasin en même temps que les courses pour le dîner, ensuite je m'occuperai des cadeaux pour ma famille.

Pour le réveillon, je vais faire un repas classique : en apéritif je prévois du foie gras et du caviar sur des toasts. En entrée, je ferai des crevettes avec du pain et du beurre. En plat principal, je cuisinerai une dinde avec des pommes de terre et quelques petits légumes. Et enfin pour le dessert, j'achèterai une bûche de Noël à la boulangerie.

Maintenant les cadeaux : pour mon père, je pense lui prendre le dernier album de son groupe préféré, pour ma mère, un joli collier et pour ma sœur, je vais lui acheter un pull rigolo. Ah, et il y aura aussi mes grands-parents au dîner ! Je vais leur acheter des pulls de Noël assortis, ce sera amusant.

Enfin, passons à la décoration du sapin. J'ai trouvé de jolies guirlandes dorées et blanches que je vais enrouler autour. Je vais aussi ajouter une guirlande lumineuse, quelques boules argentées, et enfin l'étoile au sommet. Après avoir emballé les cadeaux, je les déposerai au pied du sapin. Pour le moment, préparons la table : je vais choisir cette jolie nappe et les couverts en argent, et puis ce bouquet de fleurs sera l'ornement central de la table. Il ne reste plus qu'à préparer le repas et voilà ! Je serai prêt à accueillir toute ma famille ! Joyeux Noël !

22. Christmas Eve

Hello! Today I'm going to tell you a short story about Christmas, how we prepare it in France, what we eat on Christmas Eve, etc. Have a good read!

In five days, it's Christmas Eve. I'm having my whole family over and nothing is ready! I have to get started quickly! First of all, I have to find a tree. So I'm going to go to the store and buy one while shopping for dinner, then I'll get to work on the gifts for my family.

For New Year's Eve, I will make a classic meal: as an appetizer we will have foie gras and caviar on toast. As a starter, I will make shrimps with bread and butter. For the main course, I will cook a turkey with potatoes and some small vegetables. And finally for dessert, I will buy a Yule log at the bakery.

Now for the presents: for my father I'm thinking of getting him the latest album of his favorite band, for my mother a nice necklace and, for my sister, I'll buy her a funny sweater. Oh, and my grandparents will be there for dinner too! I'm going to buy them matching Christmas sweaters, it will be fun.

Finally, let's get to decorating the tree. I found some pretty gold and white garland that I'm going to wrap around it. I'm also going to add a string of lights, some silver balls, and finally the star at the top. After wrapping the gifts, I will place them at the foot of the tree. For now, let's prepare the table: I'll choose this pretty tablecloth and silverware, and then this bouquet of flowers will be the central ornament of the table. All that's left is to prepare the meal and that's it! I'll be ready to welcome all my family! Merry Christmas!

23. Les Bandes Dessinées

Comme vous le savez, l'industrie de la bande dessinée est très influente dans le monde, en particulier aux États-Unis, mais aussi partout ailleurs. Il y a de grandes communautés de fans pour chaque franchise et je trouve cela génial, car cela regroupe de nombreuses personnes venant du monde entier qui partagent une même passion.

La France fait partie de ces pays amateurs de bandes dessinées. Les Français aiment la lecture en tout genre, donc vous trouverez des bandes dessinées et des mangas dans chaque librairie, sauf dans des librairies spécialisées.

En français, nous faisons une différence entre le terme « comics » (qui représente les bandes dessinées de super-héros, souvent avec une couverture souple) et le terme « bande dessinée » (qui représente les bandes dessinées de tous les autres genres et qui possèdent une couverture rigide en carton). On utilise souvent l'acronyme BD pour parler des bandes dessinées.

Vous vous en doutez sûrement, les comics de super-héros sont très populaires en France. Que ce soit les comics de chez DC comme Batman ou Superman ; ou bien de chez Marvel comme Avengers ou Spider-man ; mais aussi Spawn, Les Tortues Ninja, etc.

Le marché de la BD francophone est tout aussi important, voire même un peu plus (en France en tout cas). Il existe des centaines d'éditeurs et d'auteurs de BD, sur des thèmes tout aussi variés.

Que vous soyez fan de science-fiction, d'action, ou de fantaisie, il y aura forcément une BD qui vous plaira !

Par ailleurs, dans les librairies qui vendent des bandes dessinées (hors grands magasins), vous y trouverez moins de comics que de

23. Comic Books

As you know, the comic book industry is very influential in the world, especially in the United States, but also everywhere else. There are big fan communities for each franchise and I think that's great, because it brings together a lot of people from all over the world who share the same passion.

France is one of those countries that loves comics. The French love reading all kind of them, so you can find comics and manga in every bookstore, except in specialized bookstores.

In French, we make a difference between the term "comics" (which represents superhero comics, often with a soft cover) and the term "bande dessinée" (which represents comics of all other genres and which have a hard cardboard cover). The acronym BD is often used to refer to comic books.

As you can probably imagine, superhero comics are very popular in France. Whether it is DC comics like Batman or Superman; or Marvel comics like Avengers or Spider-man; but also Spawn, Ninja Turtles, etc.

The French comic book market is just as important, if not more so (in France anyway). There are hundreds of publishers and authors of comics, on equally varied themes.

Whether you are a fan of science fiction, action, or fantasy, there is bound to be a comic book that will please you!

Besides, in bookstores that sell comics (outside of department stores), you will find less comics than *bandes dessinées*! That's

bandes dessinées ! C'est pour dire à quel point c'est populaire en France !

Voici une petite liste des BD francophones les plus célèbres que je vous recommande de lire :

Les Schtroumpfs : Vous connaissez sûrement déjà ces petites créatures bleues ! Près d'une cinquantaine de tomes sont parus.

Astérix & Obélix : Ces deux Gaulois affrontent les Romains dans une saga comique culte qui a été adaptée en films d'animation mais aussi quatre films live-action de plus de trente-huit tomes !

Tintin : Ce jeune garçon intrépide accompagné de son chien Milou vont résoudre des enquêtes et vivre de grandes aventures ! Vingt-quatre tomes sont sortis !

Gaston Lagaffe : Ce garçon essaie de vivre une vie normale, mais il est très maladroit, ce qui rend le tout vraiment drôle. Soixante tomes ont été publiés.

Titeuf : Ce jeune garçon à la célèbre mèche jaune essaie de vivre une scolarité normale alors qu'il découvre la vie et l'éducation sexuelle. Adapté en dessin-animé, dix-sept albums ont également vu le jour.

Voilà pour ces quelques exemples, je vous recommande d'y jeter un œil ! En moyenne, une BD vaut 14€, mais vous pouvez en trouver d'occasion sur Internet pour moins cher !

how popular it is in France!

Here is a small list of the most famous French comics that I recommend you to read:

The Smurfs: You probably already know these little blue creatures! Nearly fifty volumes have been published.

Asterix & Obelix: These two Gauls face the Romans in a cult comic saga that has been adapted into animated films but also four live-action films with more than thirty-eight volumes!

Tintin: This intrepid young boy accompanied by his dog Snowy will solve investigations and live great adventures! Twenty-four volumes have been released!

Gaston Lagaffe: This boy tries to live a normal life, but he is very clumsy, which makes it really funny. Sixty volumes have been published.

Titeuf: This young boy with the famous yellow streak tries to live a normal school life as he discovers life and sex education. Adapted in cartoon, seventeen albums have also been published.

That's it for these few examples, I recommend you to have a look at them! On average, a comic book is worth €14, but you can find second hand ones on the Internet for less!

24. Prénoms et Noms Communs

L'email d'aujourd'hui aura probablement moins de vocabulaire que d'habitude, mais j'ai trouvé que ce sujet pourrait être intéressant. En effet, nous allons parler des noms de famille en France les plus répandus, et pour certains, ce qu'ils voulaient dire à l'origine.

Je vais donc les répartir en deux listes : les noms utilisés comme prénoms, et les noms ayant une signification.

Les noms-prénoms :
Voici les noms de famille les plus répandus en France et utilisés comme prénoms. Comme vous le remarquerez, les noms de famille sont majoritairement des prénoms masculins. Cela s'explique par le fait que lors du mariage, la mariée et les enfants prennent le nom de famille du marié/père.

Martin, Bernard, Thomas, Robert, Richard, Laurent, Simon, Michel, David, Bertrand, Vincent, André, François, Robin, Nicolas, Henry, Mathieu.

Les prénoms féminins :
Avant de poursuivre avec la liste des noms de famille ayant une signification, voici une liste des prénoms féminins les plus répandus :

Emma, Jade, Louise, Alice, Chloé, Léa, Anna, Inès, Ambre, Julia, Manon, Juliette, Camille, Zoé, Lola, Agathe, Jeanne, Lucie, Eva, Sarah, Romane, Charlotte.

Les noms à signification :
Autrefois, on attribuait les noms de famille en fonction de la profession de la personne ou bien d'un trait distinctif. Voici des exemples, vous allez comprendre :

- Dubois : Il peut se décomposer ainsi « du-bois. » À l'origine, la personne devait être bûcheron.

24. Common Names & Last Names

Today's email will probably have less vocabulary than usual, but I thought this topic could be interesting. Indeed, we are going to talk about the most common surnames in France, and for some of them, what they meant originally.

So I'm going to divide them into two lists: the names used as first names, and the names with a meaning.

First names:
Here are the most common surnames in France used as first names. As you will notice, the family names are mostly male. This is due to the fact that at the time of the wedding, the bride and the children take the family name of the groom/father.

Martin, Bernard, Thomas, Robert, Richard, Laurent, Simon, Michel, David, Bertrand, Vincent, André, François, Robin, Nicolas, Henry, Mathieu.

Female names:
Before continuing with the list of surnames with meaning, here is a list of the most common female first names:

Emma, Jade, Louise, Alice, Chloe, Léa, Anna, Ines, Ambre, Julia, Manon, Juliette, Camille, Zoé, Lola, Agathe, Jeanne, Lucie, Eva, Sarah, Romane, Charlotte.

Names with meaning:
In the past, family names were given according to the profession of the person or a distinctive feature. Here are some examples to better understand:

- Dubois: It can be broken down as "du-bois." Originally, the person must have been a lumberjack.

- Roux : à l'origine, la personne devait avoir les cheveux roux. C'est un signe distinctif.

- Dupont : Il peut se décomposer ainsi « du-pont. » À l'origine, la personne devait habiter près d'un pont.

- Fontaine : À l'origine, la personne devait posséder une fontaine.

- Chevalier : À l'origine, la personne devait être chevalier.

- Legrand : Il peut se décomposer ainsi « le-grand. » À l'origine, la personne devait simplement être de grande taille.

- Marchand : À l'origine, la personne devait être marchand ou commerçant.

- Dufour : Il peut se décomposer ainsi « du-four. » À l'origine, la personne devait travailler dans une fonderie ou une boulangerie, quelque part où un four était une partie importante de son métier.

- Meunier : À l'origine, la personne devait être meunier. C'est le nom du métier de ceux qui travaillent dans les moulins.

- Lemoine : Il peut se décomposer ainsi « le-moine. » À l'origine, la personne devait être moine.

- Bourgeois : À l'origine, la personne devait venir d'un milieu aisé, avec un certain statut social.

- Charpentier : À l'origine, la personne devait travailler le bois.

- Deschamps : Il peut se décomposer ainsi « des-champs. » À l'origine, la personne était peut être fermier ou possédait des champs.

- Roux: Originally, the person must have had red hair. It is a distinguishing feature.

- Dupont: It can be broken down as "du-pont." Originally, the person had to live near a bridge.

- Fountain: Originally, the person would have owned a fountain.

- Chevalier: Originally, the person would have been a knight.

- Legrand: It can be broken down as "le-grand." Originally, the person simply had to be tall.

- Merchant: Originally, the person would have been a merchant or shopkeeper.

- Dufour: It can be broken down as "du-four." Originally, the person would have worked in a foundry or bakery, somewhere where an oven was an important part of their trade.

- Meunier: Originally, the person would have been a miller. It is the name of the trade of those who work in mills.

- Lemoine: It can be broken down as "le-moine." Originally, the person must have been a monk.

- Bourgeois: Originally, the person would have come from a wealthy background, with a certain social status.

- Charpentier: Originally, the person had to work with wood.

- Deschamps: It can be broken down as "des-champs." Originally, the person may have been a farmer or owned fields.

25. Le Cyclisme

25. Cycling

L'email d'aujourd'hui portera sur l'un des plus anciens et des plus populaires sports en France : le cyclisme.

Dès le 19ème siècle, le vélo est très populaire en France, mais uniquement parmi les classes bourgeoises (les plus riches), car eux seuls pouvaient s'offrir une bicyclette. De nos jours, tout le monde apprécie de faire du vélo, et bien sûr de regarder la plus célèbre course de vélo en France : le Tour de France.

Le 1er Tour de France a eu lieu en 1903 et a traversé les plus grandes villes telles que Paris, Bordeaux, Toulouse,... Le Tour de France est organisé tous les ans depuis (sauf durant la 1ère et la 2nde Guerre Mondiale).

Le Tour de France est, par ailleurs, le 3ème évènement sportif le plus regardé dans le monde, après les Jeux Olympiques et la Coupe du Monde de Football.

Il existe aussi le Tour d'Italie et le Tour

Today's email will focus on one of the oldest and most popular sports in France: cycling.

As early as the 19th century, cycling was very popular in France, but only among the bourgeois classes (the richest), because only they could afford a bicycle. Nowadays, everyone enjoys cycling, and of course watching the most famous bicycle race in France: the Tour de France.

The 1st Tour de France took place in 1903 and passed through the biggest cities such as Paris, Bordeaux, Toulouse,... The Tour de France has been organized every year since (except during the 1st and 2nd World War).

The Tour de France is the 3rd most watched sport event in the world, after the Olympic Games and the Football World Cup.

There are also the Tour of Italy and the Tour

d'Espagne, mais ils sont moins « prestigieux » et plus récents que le Tour de France.

Lors du Tour de France, une vingtaine d'équipes composées chacunes de huit cyclistes s'affrontent pour remporter le fameux Maillot Jaune. Cela fait donc en moyenne 160 cyclistes par course.

Chaque étape du tour est retransmise en direct à la télévision : les chaînes de télé ont des cameramans et des reporters à moto qui suivent les cyclistes. Il y a aussi des hélicoptères pour filmer depuis le ciel. Les images magnifiques permettent d'apprécier la beauté des paysages. En particulier celui de la campagne.

Lorsque le Tour de France passe par une petite ville, c'est souvent un vrai événement pour cette ville : on installe des banderoles et tous les habitants se rassemblent le long des routes pour acclamer et encourager leurs cyclistes préférés.

Les cyclistes passent aussi en montagne, et c'est parfois dangereux, car les routes sont étroites. Il n'est pas rare que des cyclistes tombent et se blessent lors du Tour de France.

Pour conclure sur le Tour de France, je dirais que c'est un événement qui rassemble des personnes de toutes classes sociales pour observer la beauté des paysages français et encourager leurs sportifs préférés.

J'espère que cet email vous aura intéressés et que vous aurez appris du nouveau vocabulaire !

of Spain, but they are less "prestigious" and more recent than the Tour de France.

During the Tour de France, about twenty teams, each composed of eight cyclists, compete to win the famous Yellow Jersey. This makes an average of 160 cyclists per race.

Each stage of the tour is broadcasted live on television: the TV stations have cameramen and reporters on motorcycles who follow the cyclists. There are also helicopters to film from the sky. The magnificent images allow us to appreciate the beauty of the landscape. Especially the countryside.

When the Tour de France passes through a small town, it is often a real event for that town: banners are set up and all the inhabitants gather along the roads to cheer and encourage their favorite cyclists.

The cyclists also pass through the mountains, and it is sometimes dangerous because the roads are narrow. It is not uncommon for cyclists to fall and injure themselves during the Tour de France.

To conclude on the Tour de France, I would say that it is an event that brings together people from all social classes to observe the beauty of the French landscape and to encourage their favorite sportsmen.

I hope that this email has interested you and that you have learned some new vocabulary!

26. La Danse

Aujourd'hui nous allons parler de la danse avec un « s » (eh oui, faites attention à ne pas l'écrire avec un « c » comme en anglais !). Je vais vous parler des occasions où les Français dansent et sur quels types de musique.

Tout d'abord, il existe de nombreuses écoles de danse en France. Que vous préfériez le style classique des danseurs et danseuses de ballet, ou bien le hip-hop et les danses urbaines, ou encore le Flamenco et autres danses traditionnelles du monde, vous aurez forcément une école où prendre des cours.

À présent, je vais vous parler des danses les plus célèbres en France, et à quelle occasion vous pourrez les rencontrer :

Slow : Cette danse lente et pleine de tendresse souvent partagée avec son âme-sœur, vous pouvez être sûr qu'à chaque soirée vous aurez l'occasion d'en danser ! (Cependant c'est vraiment très rare de nos jours de danser un slow en boîte de nuit).

Salsa, Tango, Flamenco : Ces danses traditionnelles espagnoles et d'Amérique Latine ont de nombreux adeptes en France, il vous sera très facile de trouver des cours ! Vous pourrez danser sur ce style de musique lors d'événements dédiés.

Zumba : Cette danse est très répandue dans les salles de sport pour les personnes qui cherchent à entretenir leur cardio tout en dansant sur une musique rythmée et entraînante.

Madison : Bien que ce soit une danse originaire des États-Unis, de nombreux Français adorent cette danse. Il y aura toujours des gens pour danser le Madison à n'importe quel événement ou concert qui passera une chanson un peu country/rock. Cependant ces personnes seront majoritairement âgées de plus de cinquante

26. Dancing

Today we are going to talk about dancing with an "s" (yes, be careful not to write it with a "c" like in English!). I'm going to tell you about the occasions where the French dance and to what kind of music.

First of all, there are many dance schools in France. Whether you prefer the classical style of ballet dancers, or hip-hop and urban dances, or Flamenco and other traditional dances of the world, you will inevitably find a school where you can take lessons.

Now I'm going to tell you about the most famous dances in France, and where you can find them:

Slow: This slow and tender dance often shared with one's soul mate, you can be sure that at every party you will have the opportunity to dance it! (However, it is very rare these days to do it in a nightclub).

Salsa, Tango, Flamenco: These traditional Spanish and Latin American dances have many followers in France, it will be very easy to take lessons! You can dance to this style of music at dedicated events.

Zumba: This dance is very popular in gyms for people who want to maintain their cardio while dancing to rhythmic and catchy music.

Madison: Although this dance originated in the United States, many French people love it. There will always be people dancing the Madison at any event or concert that plays a country/rock song. However, most of these people will be over fifty years old.

ans.

Danses Électro : Si vous appréciez les rave-party, alors vous adorerez la France, car de nombreuses raves sauvages sont souvent organisées un peu partout (de façon plus ou moins légale). Cependant certaines boîtes de nuit passent de la musique techno, donc vous pourrez y danser aussi !

Pogo : Si vous êtes amateur de métal et que vous ne craignez pas les bleus, alors vous pourrez participer à un pogo/mosh pit dans tous les concerts de métal qui ont lieu en France. Le plus célèbre étant le Hellfest qui a lieu chaque été et rassemble les groupes les plus célèbres du monde entier.

Tecktonik : Cette danse d'origine française a eu un franc succès entre 2008 et 2010, mais elle est vite devenue démodée. Il est donc très rare aujourd'hui de voir quelqu'un danser la Tecktonik (bien que cela se rapproche des danses électro).

Je pense avoir fait le tour des danses les plus présentes en France. Je conclurai en disant que, peu importe si vous dansez bien ou non, ou si vous connaissez certains mouvements précis de Flamenco ou non, ce qui compte c'est la façon dont vous appréciez la musique et dont votre corps bouge au rythme de celle-ci.

Le plus important c'est de profiter de ces moments qui nous rassemblent autour de la musique.

Electro Dancing: If you like rave parties, then you will love France, as many wild raves are often organized a bit everywhere (more or less legally). However, some nightclubs play techno music, so you can dance there too!

Pogo: If you are a metal fan and you are not afraid of bruises, then you can participate to a pogo/mosh pit in all metal concerts that take place in France. The most famous being the Hellfest which takes place every summer and gathers the most famous bands from all over the world.

Tecktonik: This dance of French origin had a great success between 2008 and 2010, but it quickly became out of fashion. It is therefore very rare today to see someone dancing Tecktonik (although it is close to electro dances).

I think I have done the tour of the most common dances in France. I will conclude by saying that it doesn't matter if you dance well or not, or if you know some specific Flamenco moves or not, what matters is how you enjoy the music and how your body moves to the rhythm of it.

The most important thing is to enjoy those moments that bring us together around music.

27. Se Décrire Soi-Même

Aujourd'hui je vais vous apprendre le vocabulaire qui vous permettra de vous décrire physiquement, mais aussi émotionnellement. Cela peut être pratique par exemple si vous souhaitez changer de coupe de cheveux chez le coiffeur, acheter de nouveaux vêtements, ou simplement répondre à la question « comment ça va ? »

La tête :
- Avoir les cheveux longs/courts.
- Être chauve.
- Être blond, châtain, brun, roux.
- Avoir une barbe.
- Avoir une moustache.
- Avoir un grand/gros/petit nez.
- Avoir de petites/grandes oreilles.
- Avoir les oreilles décollées.
- Porter des boucles d'oreilles.
- Avoir un piercing.

Le corps :
- Être grand(e)/petit(e).
- Être mince/gros (grosse)
- Avoir de longues/courtes jambes.
- Avoir les pieds plats.
- La taille.
- La pointure.
- Être poilu(e).
- Être musclé(e).
- Être handicapé(e) = avoir un handicap.
- Être sourd(e)/aveugle/muet (muette)
- Être en fauteuil roulant.

Les émotions :
- Être heureux (heureuse)/triste.
- Se sentir bien/mal.
- Être content(e)/joyeux (joyeuse)
- Être déprimé(e).
- Être malade.

Voilà, je pense avoir fait le tour du vocabulaire principal, je vais à présent vous donner un exemple de conversation pour mettre en pratique ce vocabulaire :

27. Describing Yourself

Today I'm going to teach you the vocabulary that will allow you to describe yourself not only physically, but also emotionally. This can come in handy, for example, if you want to change your haircut at the hairdresser's, buy new clothes, or simply answer the question "how are you?"

Head:
- To have long/short hair.
- To be bald.
- To be blonde, brown, brunette, redhead.
- To have a beard.
- To have a mustache.
- To have a big/large/small nose.
- To have small/big ears.
- To have protruding ears.
- To wear earrings.
- To have a piercing.

Body:
- To be tall/small.
- To be thin/fat.
- To have long/short legs.
- To have flat feet.
- Body size.
- Shoe size.
- To be hairy.
- To be muscular.
- To be handicapped = to have a disability.
- To be deaf/blind/mute.
- To be in a wheelchair.

Emotions:
- To feel happy/sad.
- To feel good/bad.
- To be happy/joyful.
- To be depressed.
- To be sick.

I think I have covered the main vocabulary, now I will give you an example of a conversation to practice this vocabulary:

- Bonjour Marie ! Comment tu vas ?	- Hello Marie! How are you doing?
- Je vais bien et toi ?	- I'm fine and you?
- Je suis un peu malade, mais ça va. J'adore tes nouvelles chaussures rouges ! C'est quelle pointure ?	- I'm a little sick but I'm fine. I love your new red shoes! What size are they?
- C'est du 39, je les ai achetées dans ce magasin. On y vend aussi des vêtements, tu veux y aller ?	- They're size 39, I bought them in this store. They also sell clothes there, do you want to go?
- Oh oui ! J'ai besoin de m'acheter une nouvelle robe et des chaussettes car j'ai beaucoup grandi !	- Yes, I do! I need to buy a new dress and socks because I've grown a lot!
- Tu voudrais une robe à carreaux ? À pois ?	- Would you like a plaid dress? With polka dots?
- Hmm je ne sais pas encore, je suis indécise. En tout cas, je suis très heureuse de faire les magasins avec toi ! C'est super !	- Hmm I don't know yet, I'm undecided. Anyway, I am very happy to go shopping with you! It's great!
- Ça te dirait d'aller chez le coiffeur ensuite ? J'ai envie de faire une couleur et de les couper.	- How would you like to get your hair done next? I want to get my hair colored and cut.
- Oh oui ! Ça va être amusant !	- Oh yes! It will be fun!
- Bonjour, est-ce qu'il serait possible de me couper les cheveux et de faire une couleur violette s'il vous plaît ?	- Hi, would it be possible to cut my hair and do a purple color please?
- Bien sûr ! C'est une couleur magnifique, cela ira très bien avec vos jolies boucles d'oreilles en or.	- Of course it is! It's a gorgeous color, it will look great with your pretty gold earrings.
- Merci, c'est mon fiancé qui me les a offertes, il est vraiment gentil.	- Thank you, my fiancé gave them to me, he is really nice.

28. Les Sujets de Conversation

28. Discussion Topics

Vous vous êtes peut-être déjà demandé si la vie à l'étranger était très différente de la vôtre, si les gens là-bas avaient d'autres préoccupations ? Et bien pour ma part, je pense que ce n'est pas très différent. C'est pour cela qu'aujourd'hui je vais aborder les différents sujets de conversations des Français selon les occasions !

You may have wondered if life abroad is very different from yours, if people there have different concerns? Well, I don't think it's much different. That's why today I'm going to talk about the different topics of conversation of the French depending on the occasion!

Avec des amis :
Comme ailleurs je pense que les Français aiment bien se retrouver après les cours ou le travail autour d'un verre pour discuter. C'est souvent une bonne occasion pour parler des derniers évènements de la vie des uns et des autres.

With friends:
Like elsewhere, I think the French like to get together after class or work and get a drink to chat. It is often a good opportunity to talk about the latest events in each other's lives.

Personnellement, avec mes amis nous discutons beaucoup de nos petits problèmes du quotidien au travail, cela nous fait tous beaucoup rire ! Mais on aime aussi beaucoup les potins, comme par exemple, savoir si notre ami(e) a enfin réussi(e) à sortir avec la personne qui lui plaisait depuis longtemps !

Personally, with my friends, we talk a lot about our daily problems at work, it makes us all laugh a lot! But we also really like to gossip, like for example, knowing if our friend has finally managed to date the person he or she has been attracted to for a long time!

Avec les parents :

Je pense surtout au cadre familial où tout le monde se retrouve le soir autour du dîner. C'est le moment où toute la famille se raconte sa journée : les enfants parlent de l'école, de leurs bonnes (ou mauvaises !) notes ; et les parents parlent de leur journée au travail. Mais aussi, on écoute les informations au journal télévisé.

Lors d'une réunion de famille :

Que ce soit pour un anniversaire, Nöel ou que sais-je encore, c'est l'occasion de revoir toute sa famille, ses grands-parents et ses cousins autour d'un bon repas !

Et bien souvent on n'échappe pas aux questions du genre « Quel est ton métier ? Tu vas faire quoi après tes études ? Tu as un petit-copain (ou petite-copine) ? Quand allez-vous vous marier ? Quand est-ce qu'on aura des petits-enfants ? »

Mais il existe un sujet dont il ne faut jamais parler pendant un repas de famille : la politique. À moins que vous ne vouliez déclencher un vrai débat qui pourrait finir en dispute, je vous recommande de ne jamais parler politique à table ! Les Français sont très expressifs lorsqu'il s'agit de dire ce qu'ils pensent !

J'espère que ce petit email vous aura intéressés !

With parents:

I'm thinking mostly of the family setting where everyone gets together in the evening over dinner. This is the time when the whole family talks about their day: the children talk about school, their good (or bad!) grades; and the parents talk about their day at work. But also, we listen to the news on TV.

At a family gathering:

Whether it's for a birthday, Christmas or whatever, it's an opportunity to see the whole family, grandparents and cousins around a good meal!

And very often we can't escape the questions like "What is your job? What are you going to do after your studies? Do you have a boyfriend (or girlfriend)? When will you get married? When will we have grandchildren?"

But there's one topic you should never talk about during a family dinner: politics. Unless you want to start a real debate that could end up in an argument, I recommend that you never talk about politics at the table! The French are very expressive when it comes to saying what they think!

I hope this little email has interested you!

29. Le Divorce / 29. Divorce

Aujourd'hui nous allons évoquer le sujet des divorces en France. De multiples raisons peuvent amener un couple à se séparer. Que ce soit une dispute, une infidélité ou bien simplement lorsque l'on n'éprouve plus de sentiments pour l'autre. C'est parfois triste, mais cela fait partie de la vie.

En France, il faut impérativement se marier à la mairie, les cérémonies religieuses ne sont qu'optionnelles.

De même pour les divorces, il faudra engager un avocat ainsi qu'un notaire afin de répartir les biens équitablement, mais aussi pour déterminer qui aura la charge des enfants (s'il y en a).

Autrefois, un couple qui divorçait était jugé par la société, mais de nos jours ce n'est plus la même chose ; chacun est libre de faire ce qu'il veut. Il n'y a que l'Église qui accepte mal les divorces (surtout si les ex-mariés se sont mariés à l'Église).

Today we are going to evoke the subject of the divorces in France. Many reasons can lead a couple to separate. Whether it's an argument, an infidelity or simply when you no longer have feelings for each other. It is sometimes sad, but it is part of life.

In France, it is imperative to get married at the town hall, religious ceremonies are only optional.

Also for divorces, you will have to hire a lawyer as well as a notary in order to divide the assets fairly, but also to determine who will have the responsibility for the children (if there are any).

In the past, a couple who divorced was judged by society, but nowadays it is not the same; everyone is free to do what they want. Only the Church does not accept divorces (especially if the ex-husbands were married in the Church).

À présent, voici quelques chiffres :	Now, here are some numbers:

Il y a près de 100 000 divorces par an sur le territoire français (régions d'Outre Mer incluses). Près de 46% des mariages finissent en divorce.

There are nearly 100,000 divorces per year on French territory (including overseas regions). Nearly 46% of marriages end in divorce.

Près de 8% des familles en France sont des familles recomposées, c'est-à-dire issues d'un (ou deux) divorce(s).

Nearly 8% of families in France are reconstituted families, i.e. resulting from one (or two) divorce(s).

La région où l'on constate le plus de divorce est la région parisienne (donc pas uniquement la ville de Paris, mais aussi les départements limitrophes).

The region with the highest divorce rate is the Paris region (not only the city of Paris, but also the surrounding departments).

L'âge moyen des divorcés en France est de 42 ans pour les hommes, et 44 ans pour les femmes. La durée moyenne d'un mariage est de 15 ans, et c'est à partir de la 5ème année de mariage qu'un divorce est le plus probable.

The average age of divorced people in France is forty-two years for men and forty-four years for women. The average duration of a marriage is fifteen years, and it is from the fifth year of marriage that a divorce is most likely.

Bien qu'au début du 21ème siècle les hommes demandaient majoritairement le divorce, ce sont aujourd'hui les femmes qui sont à l'origine de 75% des demandes. La raison est qu'au siècle dernier, les femmes travaillaient peu et dépendaient de leur mari (et de son salaire). Ce n'est plus le cas de nos jours ; elles peuvent donc plus facilement se séparer de leur conjoint si le couple va mal, plutôt que d'être contrainte de rester pour vivre.

Although at the beginning of the 21st century, men were the majority of those who asked for a divorce, today women are the ones who are at the origin of 75% of the requests. The reason is that in the last century, women worked little and depended on their husbands (and their salary). This is no longer the case today, so they can more easily separate from their spouse if the couple is not doing well, rather than being forced to stay and live together.

Ces demandes de divorces faites par les femmes sont majoritairement dues à la découverte d'une infidélité de la part de l'homme.

These divorce requests made by women are mostly due to the discovery of infidelity on the part of the man.

J'espère que cet email vous aura intéressés ! Même s'il est un peu moins joyeux que les précédents, tous les divorces ne sont pas forcément tristes, cela peut apporter du bonheur aux personnes concernées !

I hope that this email has interested you! Even if it is a little less joyful than the previous ones, all divorces are not necessarily sad, it can bring happiness to the people concerned!

30. La Conduite et les Voitures

Aujourd'hui nous allons parler de la conduite en France, des spécificités et des choses auxquelles vous devez être préparés si vous souhaitez conduire ! Alors c'est parti !

Tout d'abord, il faut savoir qu'en France il faut être majeur (18 ans) pour obtenir son permis de conduire et pour conduire seul. Cependant, un jeune de 15 ans, peut opter pour l'Apprentissage Anticipé : la formation se compose d'une partie théorique et d'une partie pratique avec un accompagnateur. Au total, le jeune doit avoir conduit pendant un an minimum et avoir parcouru 3.000 km pour pouvoir se présenter à l'examen du permis de conduire. Il pourra ainsi l'obtenir avant d'avoir 18 ans. Cependant, s'il veut conduire avant 18 ans, il faudra qu'il soit toujours accompagné d'un adulte qui possède le permis de conduire.

À présent, parlons des voitures en France. La majorité des voitures conduites par les Français sont des boîtes manuelles (avec un levier de vitesse) contrairement aux États-Unis. De plus, le conducteur est assis à gauche, et l'on roule du côté droit de la route, contrairement au Royaume-Uni. Enfin, les vitesses sont exprimées en km/h et non en mph !

Les voitures que vous croiserez le plus souvent sont des marques Renault (ex : Clio, Twingo, Megane), Peugeot (ex : 108, 208, 308), Citroën (ex : C1, C3, C4) car ce sont des marques françaises. Cependant, les Français roulent aussi beaucoup avec des voitures allemandes comme des Volkswagen, des Mercedes, des BMW.

Si vous aimez les voitures de luxe, vous verrez souvent dans les grandes villes des Tesla, des Mercedes dernière génération et des Porsches. Il faudra aller dans les villes réputées pour le luxe (Cannes par exemple) si vous voulez voir des Ferrari, Lamborghini,

30. Driving & Cars

Today we are going to talk about driving in France, the specifics and the things you need to be prepared for if you want to drive! So here we go!

First of all, you have to know that in France you have to be eighteen years old to get your driving license and to drive alone. However, a young person of fifteen years old, can opt for Early Learning: the training is composed of a theoretical part and a practical part with an accompanist. In total, the young person must have driven for a minimum of one year and have covered 3,000 km (1,864 miles) in order to be able to take the driving test. They will then be able to obtain it before they are eighteen years old. However, if they want to drive before they are eighteen, they will always have to be accompanied by an adult who has a driver's license.

Now let's talk about cars in France. The majority of cars driven by the French are manual transmissions (with a gearshift) unlike in the United States. Also, the driver sits on the left side of the road, and you drive on the right side of the road, unlike in the UK. Finally, speeds are expressed in km/h and not in mph!

The cars you will most often see are Renault (e.g. Clio, Twingo, Megane), Peugeot (e.g. 108, 208, 308), Citroën (e.g. C1, C3, C4) because they are French brands. However, the French also drive a lot of German cars like Volkswagen, Mercedes, BMW.

If you like luxury cars, you will often see in the big cities Tesla, Mercedes last generation and Porsches. If you want to see Ferraris, Lamborghinis, etc., you will have to go to the cities known for their luxury (Cannes for example).

etc.

Il est rare de croiser de gros pick-ups en France. Peu de gens en ont comme véhicule personnel (et aussi comme voiture professionnelle), d'autant plus qu'il est difficile de circuler dans certaines petites rues avec un aussi gros véhicule (mais pas impossible).

Les différences :
- Les feux rouges sont situés avant les carrefours.
- Sur les autoroutes il faut rouler sur la voie de droite, la (ou les) voie(s) de gauche servent uniquement pour dépasser. Il est interdit de dépasser par la droite.
- Les ronds-points : priorité au véhicule à gauche.

Voilà, je pense avoir abordé les sujets les plus importants. Si vous souhaitez conduire en France, renseignez-vous bien sur le code de la route français avant ! Il y a de nombreuses subtilités auxquelles il faut faire attention si l'on ne veut pas avoir d'accident !

It is rare to see large pick-ups in France. Few people have them as a personal vehicle (and also as a business car), especially since it's difficult to get around on some small streets with such a large vehicle (but not impossible).

The differences:
- Red lights are located before intersections.
- On highways you have to drive in the right lane, the left lane(s) are only used for overtaking. It is forbidden to overtake on the right.
- Roundabouts: priority to the vehicle on the left.

That's it, I think I've covered the most important topics. If you want to drive in France, make sure you know the French traffic rules beforehand! There are many subtleties that you have to pay attention to if you don't want to have an accident!

31. Les Organisations Environnementales

Aujourd'hui nous allons parler de la nature et de sa protection en France. Les associations de lutte contre la pollution et pour la protection de la nature les plus connues sont, bien sûr, Greenpeace, WWF ou encore Sea Shepherd.

Et bien, sachez qu'en France, à l'échelle nationale, il existe aussi plusieurs organisations non gouvernementales (ONG) écologiques. En voici une petite liste ainsi que leurs missions :

Union Internationale pour la Conservation de la Nature (UICN) : Fondée en 1948, cette ONG permet de classer et protéger les espèces menacées. Elle regroupe plusieurs milliers de personnes et agit dans de nombreux pays à travers le monde. C'est aussi l'UICN qui est à l'origine du concept de « développement durable, » qui a pour but la croissance économique, sociale et écologique de la planète.

Société pour l'Étude et la Protection de la Nature en Bretagne (SEPNB) : Fondée en 1958 suite à l'initiative d'un professeur de sciences naturelles et d'ornithologie et d'un professeur de musique, cette association a pour but la protection des espèces présentes en Bretagne, notamment certains oiseaux, mais aussi des mollusques comme certaines moules, ou bien des reptiles tels que les serpents. Cette association est aussi propriétaire de quatre réserves naturelles nationales et en assure la protection.

Société Nationale de la Protection de la Nature (SNPN) : Créée en 1854, c'est la doyenne des associations de protection de la nature en France. Son but est la protection des espèces naturelles animales et végétales. La faune et la flore donc. Elle s'occupe de deux réserves naturelles nationales, et publie aussi des revues scientifiques pour

31. Environmental Organizations

Today we will talk about nature and its protection in France. The most famous associations fighting against pollution and for the protection of nature are, of course, Greenpeace, WWF or Sea Shepherd.

Well, you should know that in France, on a national scale, there are also several ecological non-governmental organizations (NGOs). Here is a small list of them and their missions:

International Union for Conservation of Nature (IUCN): Founded in 1948, this NGO classifies and protects threatened species. It gathers several thousands of people and acts in many countries throughout the world. It is also the IUCN which is at the origin of the concept of "sustainable development," which aims at the economic, social and ecological growth of the planet.

Society for the Study and Protection of Nature in Brittany (SEPNB): Founded in 1958 following the initiative of a professor of natural sciences and ornithology and a music teacher, this association aims to protect the species present in Brittany, including some birds, but also mollusks such as some mussels, or reptiles such as snakes. This association is also the owner of four national nature reserves and ensures their protection.

National Society for the Protection of Nature: Created in 1854, it is the oldest association of nature protection in France. Its goal is the protection of natural animal and plant species. The fauna and the flora. It takes care of two national natural reserves, and also publishes scientific magazines to sensitize the populations to the protection

sensibiliser les populations à la protection de l'environnement.

France Nature Environnement (FNE) : Créée en 1968, cette ONG est le porte-parole de près de 3.000 associations. Leur but est de lutter contre la pollution de l'eau, l'effet de serre, l'utilisation de pesticides, la protection des abeilles et des espèces menacées. Cette ONG dispose d'une forte influence dans le domaine de l'écologie en France.

Ligue pour la Protection des Oiseaux (LPO) : Fondée en 1912, cette ONG protège l'environnement afin de limiter la disparition d'espèces d'oiseaux menacées. Elle dispose aussi de centres de soins un peu partout en France qui permettent de soigner les oiseaux blessés, ainsi que de deux unités mobiles de soins. Je trouve ça génial que l'on puisse se déplacer pour soigner des oiseaux de la même façon qu'on le ferait pour un humain !

Voilà, j'espère que cet email vous aura intéressé ! Il y a pas mal de vocabulaire un peu difficile et scientifique, mais je suis sûr que vous aurez tout compris !

of the environment.

France Nature Environnement (FNE): Created in 1968, this NGO is the spokesman of nearly 3,000 associations. Their goal is to fight against water pollution, the greenhouse effect, the use of pesticides, the protection of bees and endangered species. This NGO has a strong influence in the field of ecology in France.

League for the Protection of Birds: Founded in 1912, this NGO protects the environment in order to limit the disappearance of endangered bird species. It also has care centers all over France to treat injured birds, as well as two mobile care units. I think it's great that we can move to treat birds in the same way we would for a human!

I hope you found this email interesting! There is a lot of difficult and scientific vocabulary, but I hope you enjoyed it!

32. Ethics

Today we are going to talk about the ethical dilemmas that the French may encounter, how it concerns them and impacts their lives, and sometimes leads to debates.

First of all, you have to know that every social issue in France is systematically linked to a political ideology. It is something typically French to talk about politics in every debate.

I am now going to present you in an objective way the most common issues in France:

Immigration: What to do with refugees who flee their country because of war, disease, famine, etc.? We should welcome them in France, but is it really possible to house, feed and give work to everyone?

The Extreme Right in France would like to regulate and limit (and even ban in some cases) immigration because the State would not have the means to pay for them while there is a high unemployment rate and many homeless people in France that we should help before.

The poor/rich: The poor have little money and taxes are increasing. The state provides aid, but sometimes it is not enough. The rich don't have to pay taxes on their wealth anymore. Why tax the poor more and not the rich?

Many reforms have been adopted making the rich in France even richer, while the working class who earn little money has to pay many taxes (proportionally it represents the majority of their salary).

The Left and Socialist parties aim to restore

à rétablir la balance économique.

La sexualité/le genre : Certaines personnes âgées et certains mouvements politiques ont du mal à accepter des concepts qui n'existaient pas ou étaient taboo à leur époque. Comme par exemple l'homosexualité, la non-binarité, la transexualité, etc.

La jeunesse, à l'inverse, est très ouverte d'esprit et revendique fièrement ces changements de mœurs.

L'écologie : Que faire contre le réchauffement climatique ? Il faudrait consommer bio, mais cela coûte plus cher donc peu de gens peuvent se le permettre ; comment arranger cela ? Les transports polluent l'environnement, mais sans transports impossible d'échanger des marchandises dans le monde.

Les partis écologistes, bien qu'ils prennent de plus en plus d'ampleur au fil des années, n'arrivent pas à rivaliser avec les deux autres partis principaux (Gauche et Droite). Il faudrait trouver des solutions pour prendre soin de l'environnement, mais je ne pense pas que cela soit possible à l'échelle d'une personne. Les changements devraient s'appliquer à l'échelle des pays.

J'espère que cet email vous aura intéressés et que vous aurez appris du nouveau vocabulaire !

the economic balance.

Sexuality/gender: Some older people and political movements have difficulty accepting concepts that did not exist or were taboo in their time. For example, homosexuality, non-binarity, transexuality, etc.

The youth, on the other hand, are very open-minded and proudly claim these changes in morals.

Ecology: What to do against global warming? We should consume organic food, but it is more expensive and few people can afford it; how to fix that? Transport pollutes the environment, but without transport it is impossible to exchange goods in the world.

Green parties, although they are growing in size over the years, are not able to compete with the other two main parties (Left and Right). Solutions should be found to take care of the environment, but I don't think it is possible on a personal scale. The changes should be applied on a national scale.

I hope this email has interested you and that you have learned some new vocabulary!

33. Les Liens Familiaux — 33. Family Ties

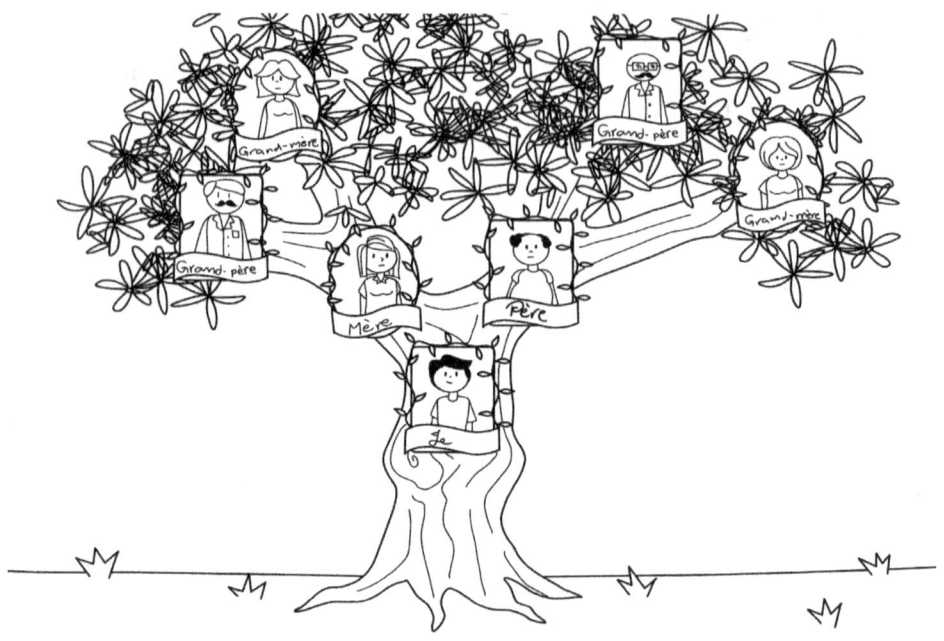

Aujourd'hui nous allons parler des liens familiaux en France. C'est-à-dire, est-ce que les enfants une fois partis de chez leurs parents restent proches d'eux ou non ? Vers quel âge les jeunes vivent seuls et fondent leur propre famille ?

Today we are going to talk about family ties in France. That is to say, do children stay close to their parents once they leave home or not? At what age do young people live alone and start their own family?

Tout d'abord, les jeunes quittent le domicile familial avant tout pour leurs études. Parfois, dès le lycée, s'il se trouve loin de chez eux, l'étudiant devra loger en internat. Ce sont souvent des chambres partagées entre plusieurs élèves avec des bureaux, et les repas sont pris à la cantine.

First of all, young people leave the family home primarily for their studies. Sometimes, as early as high school, if they are far from home, students will have to live in a boarding school. These are often rooms shared by several students with desks, and meals are taken in the canteen.

Lorsqu'ils doivent aller à la fac, c'est souvent vers cet âge là que les jeunes ont leur premier appartement. C'est donc entre 18 et 20 ans. Pour ma part, j'ai eu mon premier appartement à 19 ans, et je rentrais toutes les deux semaines passer le weekend chez mes parents.

When they have to go to college, it is often around this age that young people get their first apartment. So it's between eighteen and twenty years old. As for me, I got my first apartment when I was nineteen, and I used to go home every two weeks to spend the weekend with my parents.

Ensuite, les jeunes adultes seront amenés à

After that, young adults will have to find

trouver un travail et devront probablement déménager encore plus loin. L'âge moyen d'acquisition d'une maison se situe entre 25 et 30 ans.

Malgré tout, les Français restent proches de leur famille en restant dans la même ville ou bien dans la même région. Pour ma part, la maison de mes parents se situe à trente minutes de route de la maison de mes grands-parents. C'est donc assez facile de les voir tous les mois. Mais tout le monde n'a pas cette chance.

Les liens familiaux sont importants pour les Français. Il est important pour eux de rester en contact avec leur famille, avec les parents ou bien la famille éloignée (oncles/tantes, cousins, etc.).

De même, lorsque les parents des Français commencent à vieillir et qu'ils ne peuvent plus vivre seuls, la famille peut décider de les mettre en maison de retraite. Ce sont des établissements où les résidents ont leur propre chambre, et où il y a des assistants médicaux pour leur apporter des soins et s'assurer qu'ils vont bien.

Mais ces maisons de retraite ne sont pas gratuites. Ce sont aux familles (aux enfants des personnes envoyées en maison de retraite) de financer les frais d'hébergement.

Voilà ! J'espère que cet email, un peu plus court que d'habitude, vous aura appris un peu plus de choses sur la vie en France !

a job and will probably have to move even further away. The average age for buying a house is between twenty-five and thirty.

Nevertheless, the French stay close to their family by staying in the same city or in the same region. As for me, my parents' house is located thirty minutes away from my grandparents' house. So it's pretty easy to see them every month. But not everyone is so lucky.

Family ties are important for the French. It is important for them to stay in touch with their family, with parents or distant family (uncles/aunts, cousins, etc.).

Also, when the parents of the French begin to age and can no longer live alone, the family may decide to put them in a retirement home. These are facilities where the residents have their own room, and there are medical assistants to provide care and make sure they are doing well.

But these nursing homes are not free. It is up to the families (the children of the people sent to the nursing home) to pay for the accommodation.

That's it! I hope this email, a little shorter than usual, has taught you a little more about life in France!

34. La Mode / 34. Fashion

Amateurs et amatrices de mode et de produits de luxe, cet email vous est destiné ! En effet, nous allons parler de la mode française, des grandes marques actuelles, ce qu'elles proposent comme produits et pourquoi elles sont célèbres en France.

Fashion and luxury products lovers, this email is for you! Indeed, we are going to talk about French fashion, the current big brands, what they propose as products and why they are famous in France.

Chanel : Créée en 1910, cette marque produit et vend des produits de luxe destinés à un public féminin. Réputée notamment pour ses nombreux parfums, produits de soin pour la peau et de maquillage et vêtements, la marque fabrique aussi des montres de luxe.

Chanel: Created in 1910, this brand produces and sells luxury products for women. Known for its many perfumes, skin care and makeup products and clothing, the brand also makes luxury watches.

Louis Vuitton : Créée en 1854, cette marque est l'une des marques de luxe les plus renommée actuellement. Elle est célèbre pour sa maroquinerie (des sacs) mais aussi pour ses vêtements et accessoires de mode.

Louis Vuitton: Founded in 1854, this brand is one of the most renowned luxury brands today. It is famous for its leather goods (bags) but also its clothing and fashion accessories.

Dior : Créée en 1946, la marque a vendu pendant longtemps uniquement des vêtements et des chaussures. À présent, elle dispose aussi d'une gamme de produits de soins pour la peau, de maquillage, de parfums, etc.

Dior: Founded in 1946, the brand has sold for a long time only clothes and shoes. Now it also has a range of skin care products, makeup, perfumes, etc.

Hermès : Créée en 1837, la marque vend toute une variété de produits, allant des chaussures, aux bijoux et parfums, en passant par des vêtements et de la décoration d'intérieur. Vous trouverez en France différentes boutiques Hermès en fonction de leurs produits ; vous ne pourrez donc pas acheter de montre dans les boutiques spécialisées dans les produits de décoration, par exemple.

Hermès: Founded in 1837, the brand sells a variety of products, from shoes, jewelry and perfumes to clothing and home decor. You will find different Hermès stores in France depending on their products; you will not be able to buy a watch in stores that specialize in home decor, for example.

Yves Saint Laurent : Créée en 1961, cette marque vend principalement du prêt-à-porter, des chaussures et des bijoux. Récemment, elle s'est développée et vend des produits de beauté et des parfums.

Yves Saint Laurent: Created in 1961, this brand sells mainly ready-to-wear, shoes and jewelry. Recently, it has expanded to sell beauty products and perfumes.

Cartier : Créée en 1847, cette marque est

Cartier: Created in 1847, this brand is

spécialisée dans les bijoux et les montres. C'est l'une des plus prestigieuses marques de bijoux au monde. D'autant plus que le roi d'Angleterre Edward VII a commandé une vingtaine de tiares à Cartier pour son couronnement !

Givenchy : Créée en 1952, la marque vend des vêtements de luxe, mais aussi des produits cosmétiques, du parfum et des bijoux.

L'évènement de mode le plus célèbre de France est certainement la Paris Fashion Week, qui a lieu deux fois par an. C'est l'occasion pour de nombreux créateurs de montrer leurs créations de Haute Couture portées par des mannequins lors des défilés. Bien sûr, il existe bien d'autres évènements en dehors de la Paris Fashion Week, et partout en France !

J'espère que cet email vous aura intéressés et que vous aurez appris du nouveau vocabulaire sur le thème de la mode.

specialized in jewelry and watches. It is one of the most prestigious jewelry brands in the world. Especially since the King of England Edward VII ordered twenty tiaras from Cartier for his coronation!

Givenchy: Created in 1952, the brand sells luxury clothing, but also cosmetics, perfume and jewelry.

The most famous fashion event in France is certainly the Paris Fashion Week, which takes place twice a year. It is an opportunity for many designers to show their Haute Couture creations worn by models during the fashion shows. Of course, there are many other events outside of Paris Fashion Week, and all over France!

I hope this email will have interested you and that you will have learned some new vocabulary about fashion.

35. Favorite Drinks

This morning I was in lack of inspiration, so I went to make a coffee, and it's while watching it flow that I got the idea of today's mail: the favorite drinks of the French!

Let's start by talking about sodas. Of course the French love brands like Coca-Cola, Fanta, Sprite, etc. There are also some French brands like Orangina! Children also love Champomy, it is a very popular drink for birthday parties! It's a kind of fake champagne or cider without alcohol.

As for tea (for those who don't make it themselves), the most popular brand in France is Lipton. And for coffee, it is coffee in capsules (like Nespresso for example).

Did you know that France is the European country with the most breweries? If you're

cherchez à acheter des bières artisanales, vous aurez tout l'embarras du choix ! La bière blonde est la préférée des Français. Mais si je devais citer des grandes marques, je dirais que Desperados, Heineken et 1664 sont les plus consommées.

Il y a aussi de nombreux alcools plus ou moins forts que les Français affectionnent tout particulièrement comme le Cognac, le Rhum, le Whisky, le Pastis et le Cidre.

Et évidemment, comment parler d'alcool en France sans parler du vin ! La France produit chaque année plus de quatre milliards de litres de vin, ce qui correspond à 17% de la production mondiale !

Si vous aimez le vin rouge, je vous conseille les bouteilles venant de Bourgogne, du Beaujolais ou de Bordeaux. Si vous préférez le rosé, je vous recommande les bouteilles du Sud-Ouest et du Languedoc ainsi que celles de la Côte d'Azur. Enfin, si vous êtes plutôt vin blanc, je vous recommande les bouteilles d'Alsace et de Bourgogne.

Bien sûr, le choix est tellement vaste que je vous recommande de goûter et de vous forger votre propre avis !

Vous l'aurez compris, les Français aiment les boissons (surtout alcoolisées) et le choix ne manque pas !

looking to buy craft beers, you'll be spoilt for choice! Lager is the favorite of the French. But if I had to name the big brands, I would say that Desperados, Heineken and 1664 are the most consumed.

There are also many alcohols of varying strength that the French are particularly fond of such as Cognac, Rum, Whisky, Pastis and Cider.

And of course, how to talk about alcohol in France without talking about wine! France produces more than four billion liters of wine each year, which corresponds to 17% of the world production!

If you like red wine, I recommend bottles from Burgundy, Beaujolais or Bordeaux. If you prefer rosé, I recommend bottles from the South-West and Languedoc as well as from the French Riviera. Finally, if you prefer white wine, I recommend bottles from Alsace and Burgundy.

Of course, the choice is so vast that I recommend you to taste and make your own opinion!

As you can see, the French love drinks (especially alcoholic ones) and there is no lack of choice!

36. Comédiens Préférés

Bonjour ! Aujourd'hui je vais vous présenter mes comédiens préférés, car ils me font personnellement beaucoup rire et, si cela vous intéresse, cela pourrait être une bonne façon d'améliorer votre niveau de français ! Je vais donc essayer de les classer par catégories et vous les présenter un petit peu.

Youtubeurs :

- McFly & Carlito : Ce duo est hilarant, dynamique et est très populaire auprès des jeunes. Ils ont près de sept millions d'abonnés et font des vidéos en collaboration avec d'autres Youtubeurs et même des célébrités françaises ! Leur concept le plus populaire est « Mario Carte Bleue » : ils jouent à Mario Kart, le perdant donne sa carte bancaire aux gagnants qui doivent lui acheter un truc encombrant et inutile. En 2021, ils ont même fait une vidéo avec le Président de la République, Emmanuel Macron.

Comédiens :

- Gad Elmaleh : Il a débuté sa carrière en faisant du stand-up et des one man show. Il a, au fil des années, tellement gagné en popularité qu'il a joué dans de nombreux films français. Vous trouverez l'un des ses spectacles sur Netflix si jamais vous voulez y jeter un œil (Gad Elmaleh part en Live).

- Paul Mirabel : Ce jeune humoriste français m'a conquis par sa façon d'être : il est très calme et parle lentement, faisant de l'autodérision sur son physique (maigre et grand). C'est un personnage auquel je m'identifie parfois, et il fait rire sans que cela soit au dépend d'une minorité (contrairement à de nombreux humoristes). Je vous recommande son sketch Je me suis fait racketter.

- Anne Roumanoff : Cette humoriste fait des

one woman shows. I find her funny because beyond just telling jokes behind her microphone, she stages them like a play. I recommend her show *Tout va bien*.

Actors:

- Eric & Ramzy: This comedy duo made their debut on stage as comedians, but I loved them especially for their roles in the series H (four seasons), a comedy series set in a hospital whose staff is rather incompetent. They were in the company of other famous comedians such as Jamel Debbouze. They also did the dubbing of an animated series that marked my childhood: *Les Ratz* (for which every French person will be able to sing the credits with gusto). They also played in humoristic movies like *La Tour Montparnasse Infernale*, and made a video with Mcfly & Carlito.

- Eric Antoine: This great man is a humorist magician. He does funny magic tricks, and I think that's great because you can appreciate him whether you're a child or an adult. More recently he even became a member of the jury of *La France a un Incroyable Talent*.

So, I hope I succeeded in making you want to discover these comedians because they make me personally laugh a lot. Moreover, I think that if you learn a language without laughing or enjoying it, it's more difficult and you don't want to continue.

Unfortunately I couldn't name more comedians in detail, but if you want to discover more, here is a small list of names: Muriel Robin, Ahmed Sylla, Les Inconnus (a trio of comedians), Kev Adams...

37. Lieux Préférés pour Partir en Vacances

37. Favorite Places to Go on Vacations

Aujourd'hui nous allons parler des vacances, et tout particulièrement des lieux préférés des Français qui partent en vacances.

Tout d'abord, commençons par les enfants : pendant les vacances scolaires, il est très courant qu'ils aillent passer quelques jours chez leurs grands-parents.

Mais aussi, pendant les vacances d'hiver (décembre ou février), les parents et leurs enfants vont souvent à la montagne pour faire du ski.

En effet, il y a deux grandes chaînes de montagne en France qui sont parfaites pour le ski : les Pyrénées et les Alpes. Pour ma part, j'allais souvent dans les Pyrénées avec ma famille : le matin on avait des cours de ski, et l'après midi on skiait ensemble ou on faisait des randonnées.

À présent, parlons des étudiants : ils ont parfois l'occasion de voyager dans le cadre

Today we are going to talk about vacations, and especially about the favorite places of French people who go on vacations.

First of all, let's start with children: during school vacations, it is very common for them to spend a few days with their grandparents.

But also, during the winter vacations (December or February), parents and their children often go to the mountains to ski.

Indeed, there are two big mountain ranges in France that are perfect for skiing: the Pyrenees and the Alps. As for me, I often went to the Pyrenees with my family: in the morning we had ski lessons, and in the afternoon we skied together or went hiking.

Now, let's talk about students: they sometimes have the opportunity to travel as

de leurs études, que ce soit pour un stage ou bien pour passer quelques mois dans une université à l'étranger.

Le plus souvent, ils choisissent d'aller aux États-Unis, au Canada ou en Angleterre, car c'est assez « prestigieux » sur un CV ; mais comme on enseigne l'allemand et l'espagnol à l'école, ils choisissent aussi parfois d'aller en Allemagne ou en Espagne.

En ce qui concerne les adultes (sans enfants), ils aiment bien voyager dans les pays chauds comme l'Espagne ou le Portugal, car c'est très proche de la France, il y fait chaud et c'est souvent peu cher.

Enfin, les personnes âgées cherchent elles aussi le soleil et la mer, et en dehors des pays mentionnés plus haut, elles aiment bien voyager vers le Maroc ou la Côte d'Ivoire (en Afrique) ou bien en Amérique du Sud.

Mais les personnes âgées restent aussi en France, car il y a de nombreuses cures thermales. Ce sont des sortes de spas pour soigner les rhumatismes et se détendre. Une grosse part de l'activité touristique des côtes françaises dépend de ces cures thermales.

Les pays vers lesquels les Français vont le moins sont l'Asie et les pays slaves (Bulgarie, Russie, etc.).

À bientôt !

part of their studies, either for an internship or to spend a few months at a university abroad.

Most of the time, they choose to go to the United States, Canada or England, because it is quite "prestigious" on a CV; but since German and Spanish are taught at school, they sometimes choose to go to Germany or Spain.

As for adults (without children), they like to travel to warm countries such as Spain or Portugal, because it is very close to France and often inexpensive.

Finally, the elderly are also looking for sun and sea, and apart from the countries mentioned above, they like to travel to Morocco or the Ivory Coast (in Africa) or to South America.

But the elderly also stay in France because there are many thermal cures. They are a kind of spa to cure rheumatism and to relax. A big part of the tourist activity of the French coasts depends on these thermal cures.

The countries to which the French go the least are Asia and the Slavic countries (Bulgaria, Russia, etc.).

See you soon!

38. Les Jeux Vidéo Préférés — 38. Favorite Video Games

Et si nous abordions aujourd'hui un sujet que j'apprécie beaucoup : les jeux vidéos ! Depuis que je suis petit, j'ai grandi avec les consoles de jeu portables et j'ai pu jouer à toutes sortes de jeux. Mes préférés quand j'étais adolescent étaient les jeux Pokémon, j'adorais pouvoir explorer le monde !

Les Français sont très friands de jeux vidéos, que ce soit sur mobile, sur console portable ou de salon, ou même sur ordinateur.

Certains jeux vidéo français sont même devenus très populaires : comme la saga Rayman, qui est un jeu de plateforme créé par Ubisoft en 1995 et a connu un franc succès, ce qui a entraîné des dizaines de jeux de cette franchise !

Un autre jeu français qui a eu beaucoup de succès en France (mais je ne sais pas si ce fût aussi le cas à l'étranger) est Dofus. C'est un MMORPG créé en 2004. L'histoire se déroule dans un univers médiéval fantastique où

Let's talk today about a subject I really enjoy: video games! Ever since I was little, I grew up with handheld game consoles and was able to play all kinds of games. My favorites when I was a teenager were the Pokémon games, I loved being able to explore the world!

The French are very fond of video games, whether it's on mobile, handheld or home console, or even on computer.

Some French video games have even become very popular: like the Rayman saga, which is a platform game created by Ubisoft in 1995 and was a huge success, resulting in dozens of games of this franchise!

Another French game that was very successful in France (but I don't know if it was also the case abroad) is Dofus. It is an MMORPG created in 2004. The story takes place in a medieval fantasy universe where

les joueurs doivent accomplir des missions pour trouver des œufs de dragon cachés. Le joueur peut choisir son personnage parmi plusieurs classes d'êtres fantastiques et je pense que c'est une des raisons de son succès.

La saga Just Dance, produite aussi par Ubisoft a eu (et a toujours) un immense succès en France ! Les jeux de danse sur la console Wii se sont super bien vendus et beaucoup de gens continuent de jouer aux premiers jeux (2009-2010) ! Et il se peut que j'en fasse partie...

Enfin, la saga Assassin's Creed (toujours produite par Ubisoft) a un succès colossal en France. Les dynamiques d'exploration du jeu, les phases d'action et de discrétion, les graphismes, et l'histoire, tout cela rend cette saga si accrocheuse ! D'ailleurs, savez-vous que lorsque la Cathédrale Notre-Dame de Paris a brûlé en 2019, il a été question d'utiliser des plans à échelle réelle qui ont servi à l'élaboration du jeu pour la reconstruction de la Cathédrale ? Je trouve ça fascinant que les développeurs du jeu aient fait autant d'efforts, pour recréer à l'échelle un bâtiment historique aussi immense dans un jeu !

Pour conclure, comme vous avez pu le remarquer, Ubisoft est une entreprise française de développement de jeux vidéo très importante dans ce milieu et qui a sorti de nombreux jeux vidéo à succès !

Je n'en ai pas parlé, mais les Français jouent aussi beaucoup à d'autres jeux très célèbres tels que Call of Duty, Minecraft, The Sims, The Legend of Zelda, ou des jeux de sport comme les sagas Fifa et NBA 2K.

players have to accomplish missions to find hidden dragon eggs. The player can choose their character among several classes of fantasy beings and I think that's one of the reasons of its success.

The Just Dance saga, also produced by Ubisoft was (and still is) a huge success in France! The dance games on the Wii console have sold super well and many people still play the first games (2009-2010)! And I might be one of them...

Finally, the Assassin's Creed saga (also produced by Ubisoft) has a huge success in France. The exploration dynamics of the game, the action and stealth phases, the graphics, and the story, all this makes this saga so addictive! By the way, did you know that when the Notre Dame Cathedral in Paris burned down in 2019, there was a discussion about using the full-scale plans that were used in the game for the reconstruction of the Cathedral? I find it fascinating that the developers of the game have made so much effort to recreate to scale such a huge historical building in a game!

To conclude, as you may have noticed, Ubisoft is a very important French game development company in this field and has released many successful video games!

I didn't mention it, but French people also play a lot of other very famous games such as Call of Duty, Minecraft, The Sims, The Legend of Zelda, or sports games such as the Fifa and NBA 2K sagas.

39. Le Mouvement Féministe

Aujourd'hui nous allons parler du mouvement féministe en France, son influence, ses revendications, etc.

En France, les femmes ont obtenu le droit de vote en 1944 après de multiples revendications. Malheureusement, comme partout dans le monde, les femmes doivent se battre pour obtenir les mêmes droits que les hommes. Et même s'il y a eu de nombreux progrès ces dernières années, il reste encore beaucoup à faire pour être parfaitement égaux...

Les féministes se battent pour obtenir les mêmes droits, que ce soit en France, aux États-Unis, au Royaume-Uni ou autre. Le mouvement d'origine ukrainienne « Femen » a souvent fait la une des journaux en France. Leurs revendications topless contre la sexualisation du corps de la femme par la société est légitime, et les réactions sont mitigées : certains sont entièrement d'accord avec leur combat ; d'autres ne voient qu'une atteinte à la pudeur.

L'égalité des salaires est aussi un combat majeur du mouvement féministe en France. En effet, le salaire moyen d'une femme est inférieur de presque 17% à celui d'un homme. Alors pourquoi un homme et une femme qui occupent le même poste et ont les mêmes compétences n'auraient-ils pas le même salaire ?

Le « plafond de verre » qui empêche les femmes de progresser dans la hiérarchie d'une entreprise est aussi toujours présent en France. Cependant, des lois sont passées pour lutter contre.

Le gouvernement français, quant à lui, est presque paritaire, ce qui veut dire qu'il y a presque autant d'hommes que de femmes, ce qui est plutôt une bonne chose.

39. Feminism Movement

Today we are going to talk about the feminist movement in France, its influence, its demands, etc.

In France, women obtained the right to vote in 1944 after many demands. Unfortunately, as everywhere in the world, women have to fight to obtain the same rights as men. And even if there has been a lot of progress in recent years, there is still a lot to do to be perfectly equal...

Feminists are fighting for the same rights, whether in France, the United States, the United Kingdom or elsewhere. The Ukrainian-born "Femen" movement has often made the headlines in France. Their topless demands against the sexualization of women's bodies by society is legitimate, and reactions are mixed: some people are in full agreement with their struggle; others see it as an attack on modesty.

Equal pay is also a major struggle of the feminist movement in France. Indeed, the average salary of a woman is almost 17% lower than that of a man. So why shouldn't a man and a woman who hold the same position and have the same skills be paid the same?

The "glass ceiling" that prevents women from advancing in the hierarchy of a company is also still present in France. However, laws have been passed to fight against it.

As for the French government, it is almost parity, which means that there are almost as many men as women, which is rather a good thing.

Le dernier évènement « choquant » concernant les femmes en France date de février 2020 : La mairie de Paris a été contrainte de payer une amende de 90 000€, car il y avait « trop de femmes aux postes de direction » (onze femmes contre cinq hommes). Cela fait suite à une loi de 2012 qui obligeait un quota de minimum 40% de femmes dans chaque entreprise ou institution (ce qui est une bonne chose pour commencer à faire évoluer la situation).

Mais comme dans ce cas le nombre de femmes était trop important, la parité n'était pas respectée. Mais comme toutes les entreprises où il y a « trop d'hommes » ne sont pas verbalisées, c'était inégal de mettre une amende.

Cette amende a donc été annulée, et symboliquement, les 90 000€ ont été versés à la Fédération de Solidarité pour les Femmes.

Les femmes se battent aussi pour ne plus avoir à dépendre d'un homme, que ce soit lors des procédures de stérilisation (qui nécessitent l'accord du conjoint), pour faire un emprunt ou acheter une maison par exemple.

J'espère que cet email sur le féminisme vous aura intéressés, comme vous le voyez, la France n'est pas un pays parfaitement paritaire, même s'il y a du progrès. Il faudrait atteindre l'égalité homme-femme partout dans le monde.

The last "shocking" event concerning women in France was in February 2020: Paris City Hall was forced to pay a €90,000 fine because there were "too many women in leadership positions" (eleven women versus five men). This follows a 2012 law that mandated a minimum 40% quota for women in every company or institution (which is a good thing to start changing the situation).

But since in this case the number of women was too high, parity was not respected. But as all companies where there are "too many men" are not fined, it was unequal to impose a fine.

This fine was therefore cancelled, and symbolically, the €90,000 was paid to the Federation of Solidarity for Women.

Women are also fighting not to have to depend on a man anymore, whether it is for sterilization procedures (which require the spouse's agreement), to take out a loan or buy a house for example.

I hope that this email on feminism has interested you, as you can see, France is not a perfectly equal country, even if there is progress. We should reach gender equality everywhere in the world.

40. Les Français et le Fromage

Même s'il est rare de nos jours de voir des Français porter un béret, des certains clichés demeurent vrais : nous tenons à notre baguette de pain, notre vin, mais aussi à notre fromage ! Si vous aussi vous êtes amateur de fromages, alors cet email devrait vous intéresser, car nous allons parler des fromages français les plus connus et appréciés !

Avant toute chose, il faut savoir quand et comment manger le fromage ! En effet, personne n'en prend au petit déjeuner ou pour le goûter. Certains types de fromages se consomment plutôt en apéritif (avant l'entrée), et d'autres après le plat (mais avant le dessert).

Si vous avez la chance d'aller dans un restaurant en France, je suis sûr à 99% que vous trouverez au menu une assiette de charcuterie et une assiette de fromage ! D'ailleurs il n'est pas rare que des morceaux de fromage soient inclus dans l'assiette de charcuterie.

En France, nous dégustons le fromage avec un morceau de pain ainsi qu'un verre de vin (attention, certains vins sont compatibles avec certains fromages, nous ne buvons pas n'importe quel vin avec n'importe quel morceau de fromage. Eh oui, c'est toute une institution !)

Bien, maintenant que vous avez l'eau à la bouche, voici une toute petite sélection des fromages les plus répandus en France (il en existe des centaines) :

Le Bleu d'Auvergne : Fromage au lait de vache, avec une pâte persillée. Comme son nom l'indique, il a des taches bleues (moisissure) en son centre. Ne vous inquiétez pas, c'est ce qui donne tout son goût !

Le Roquefort : Comme le précédent, c'est un

40. French & Cheese

Even if it's rare to see French people wearing a beret these days, some clichés remain true: we love our baguette, our wine, but also our cheese! If you too are a cheese lover, then this email should be of interest to you, because we are going to talk about the most famous and appreciated French cheeses!

First of all, you have to know when and how to eat cheese! Indeed, nobody eats it for breakfast or for a snack. Some types of cheese are best eaten as an aperitif (before the starter), and others after the main course (but before dessert).

If you have the chance to go to a restaurant in France, I am 99% sure that you will find a plate of charcuterie and a plate of cheese on the menu! In fact, it is not uncommon to find pieces of cheese included in the charcuterie plate.

In France, we enjoy cheese with a piece of bread and a glass of wine (be careful, some wines are compatible with some cheeses, we do not drink any wine with just any piece of cheese. Yes, it's quite an institution!)

Well, now that your mouth is watering, here is a small selection of the most common cheeses in France (there are hundreds):

Bleu d'Auvergne: Cow's milk cheese, with a blue-veined paste. As its name suggests, it has blue spots (mold) in its center. Don't worry, this is what gives it its taste!

Roquefort: Like the previous one, it is a blue-

fromage à pâte persillée et à taches bleues. La différence est qu'il est fabriqué à base de lait de brebis !

Le Cantal : Fromage au lait de vache, il est plus compact que les précédents et sans moisissures. Goûtez une fine tranche de ce fromage accompagné d'un verre de vin rouge et je vous assure que vous ne serez pas déçus !

Le Reblochon : C'est un fromage au lait de vache particulièrement crémeux et fondant. C'est l'ingrédient principal de la fameuse tartiflette, un plat à base de reblochon, de lardons et d'oignons.

Le Maroilles : Fromage au lait de vache, c'est l'un des fromages français les plus anciens. Il est fabriqué dans le Nord de la France et est particulièrement odorant ! Petite exception, celui-ci se déguste avec de la bière et non du vin !

Le Camembert de Normandie : Fromage au lait cru de vache, il se déguste la plupart du temps avant le dessert. Faites attention, car beaucoup de fromages dans les commerces se nomment « camembert » mais n'ont rien à voir avec le « camembert de Normandie. »

Ça a été un plaisir de partager ce moment gourmand avec vous. Si vous avez l'occasion de goûter des fromages français, n'hésitez pas ! Il en existe tellement que vous en trouverez forcément un que vous apprécierez, même si vous n'aimez pas trop le fromage !

veined cheese with blue spots. The difference is that it is made from sheep's milk!

Cantal: Made from cow's milk, it is more compact than the previous ones and without mold. Try a thin slice of this cheese with a glass of red wine and I assure you that you will not be disappointed!

Reblochon: This is a particularly creamy and melting cow's milk cheese. It is the main ingredient of the famous tartiflette, a dish made with reblochon, bacon and onions.

Maroilles: Made from cow's milk, it is one of the oldest French cheeses. It is made in the North of France and is particularly smelly! Small exception, this one is tasted with beer and not wine!

Camembert de Normandie: Made from raw cow's milk, it is usually eaten before dessert. Be careful, because many cheeses in the shops are called "camembert" but have nothing to do with "camembert de Normandie."

It was a pleasure to share this gourmet moment with you. If you have the opportunity to try French cheeses, do not hesitate! There are so many of them that you are bound to find one that you will enjoy, even if you don't like cheese much!

41. Villes Françaises

Aujourd'hui je vais essayer de vous donner envie de découvrir d'autres villes en France en dehors de Paris. Je vais vous présenter de grandes villes situées aux quatres coins de la France.

Marseille : Située au sud-est de la France, dans le Bassin Méditerranéen, la ville dispose d'un magnifique port de plaisance, et de nombreux restaurants de fruits de mer traditionnels. Vous y ferez de magnifiques promenades le long de la mer.

Bordeaux : Située à l'ouest de la France, cette ville est réputée pour la variété et la qualité de ses vins. Vous y trouverez une architecture traditionnelle Haussmannienne similaire à Paris ainsi que de nombreux restaurants gastronomiques, et une très longue rue commerçante. Une promenade en soirée le long des quais est vivement recommandée.

Lyon : Située à l'est de la France, cette ville historique dispose d'une somptueuse cathédrale et d'une gastronomie traditionnelle. De plus, on y retrouve des vestiges de l'époque romaine datant de près de 2000 ans !

Biarritz : Proche de la frontière espagnole, la ville (et plus largement la région) basque vous permettra de découvrir une autre gastronomie traditionnelle un peu épicée et réputée pour sa charcuterie. Capitale française du surf, Biarritz est aussi une ville historique avec des monuments datant du 18ème siècle.

Annecy : Un peu plus à l'est de Lyon, proche du Mont Blanc et de la Suisse, cette ville vous permettra de prendre une vraie bouffée d'air frais. Profitez d'une balade au bord du lac ou bien d'une visite de son château et de ses marchés. Enfin, la gastronomie savoyarde est à découvrir, surtout si vous appréciez le fromage !

41. French Cities

Today I will try to make you want to discover other cities in France outside of Paris. I will introduce you to some great cities located in the four corners of France.

Marseille: Located in the south-east of France, in the Mediterranean Basin, the city has a beautiful marina, and many traditional seafood restaurants. You will enjoy beautiful walks along the sea.

Bordeaux: Located in the west of France, this city is renowned for the variety and quality of its wines. You'll find traditional Haussmannian architecture similar to Paris as well as many gourmet restaurants and a very long shopping street. An evening stroll along the quays is highly recommended.

Lyon: Located in the east of France, this historic city has a sumptuous cathedral and traditional gastronomy. In addition, there are Roman remains dating back nearly 2000 years!

Biarritz: Close to the Spanish border, in the city (and more widely in the Basque region) you will get to discover another traditional gastronomy, a little spicy and famous for its delicatessen. French capital of surfing, Biarritz is also a historical city with monuments dating from the 18th century.

Annecy: A little east of Lyon, close to Mont Blanc and Switzerland, in this city you will get to take a real breath of fresh air. Enjoy a walk along the lake or a visit to its castle and markets. Finally, the Savoyard gastronomy is to be discovered, especially if you like cheese!

Saint-Malo : Située au nord-ouest de la France, cette ville est aussi bien une station balnéaire qu'une ville historique ! Vous pouvez vous promener le long des remparts, et observer les statues de personnages historiques. Au bord de la mer, laissez-vous tenter par la dégustation de plats traditionnels bretons !

La Rochelle : Située au nord-ouest de Bordeaux, cette ville dispose d'une histoire maritime importante, d'un quartier historique ainsi que d'un grand campus universitaire et d'un port de plaisance surplombé par deux célèbres tours et des remparts. Si vous appréciez le poisson et les fruits de mer, alors c'est une parfaite destination pour vous !

J'espère que cet email vous aura intéressés et donné envie de découvrir un peu plus la France en dehors de sa capitale. Bien sûr, il existe énormément de villes magnifiques au passé historique à visiter. Ce qui est bien avec la France, c'est que peu importe si l'on préfère les montagnes, la plage ou la forêt, il y aura toujours quelque chose à visiter.

Saint-Malo: Located in the northwest of France, this city is a seaside resort as well as a historical city! You can walk along the ramparts, and see the statues of historical figures. At the seaside, let yourself be tempted by traditional Breton dishes!

La Rochelle: Located northwest of Bordeaux, this city has an important maritime history, a historic district as well as a large university campus and a marina overlooked by two famous towers and ramparts. If you enjoy fish and seafood, then this is a perfect destination for you!

I hope that this email will have interested you and made you want to discover a little more of France outside of its capital. Of course, there are plenty of beautiful cities with historical backgrounds to visit. The great thing about France is that no matter if you prefer the mountains, the beach or the forest, there will always be something to visit.

42. Les Monuments Français

Bonjour à vous, chers lecteurs et lectrices ! J'espère que vous allez bien, car aujourd'hui nous allons parler de l'histoire de France, et plus particulièrement des plus beaux monuments historiques à visiter.

Quand on dit « monuments historiques en France, » on pense tout de suite à la Tour Eiffel, à la Cathédrale Notre-Dame ou au Musée du Louvre à Paris. Et bien, dans cet email, je vais tâcher de vous donner envie de découvrir d'autres monuments historiques se trouvant partout en France !

Le Château de Versailles : Demeure de Louis XIV, aussi connu sous le nom de « Roi Soleil, » qui a régné en France au 17ème siècle. Il a fait construire ce château à quelques kilomètres de Paris, et son jardin compte parmi les plus beaux de France ! De nombreuses visites et balades y sont proposées.

L'abbaye du Mont Saint Michel : Cette abbaye est un peu spéciale, en effet, elle se situe sur un îlot au milieu des côtes de Normandie. On ne peut pas y accéder en voiture. Il faut garer sa voiture sur un parking de l'autre côté du pont, puis y aller à pied, ou alors prendre une navette (les navettes sont gratuites). Au sommet de l'abbaye se trouve une statue de Saint Michel à une hauteur de 157 mètres !

Carnac : L'origine de cet endroit est très mystérieuse. En effet, il s'agit d'un alignement de rochers à la verticale fait par l'homme au Néolithique (1 900 ans avant JC). Il y en a près de 3 000 sur quatre kilomètres ! Et on ne sait pas pourquoi ils sont là...

Le Château de Chenonceau : Moins connu que celui de Versailles, mais tout aussi beau, ce château construit durant la Renaissance comporte une architecture typique et des jardins somptueux.

42. French Monuments

Hello to you, dear readers! I hope you are well, because today we are going to talk about the history of France, and more particularly, about the most beautiful historical monuments to visit.

When we say "historical monuments in France," we immediately think of the Eiffel Tower, the Notre-Dame Cathedral, or the Louvre Museum in Paris. Well, in this email, I'll try to make you want to discover other historical monuments all over France!

The Palace of Versailles: Home of Louis XIV, also known as the "Sun King," who ruled France in the 17th century. He had this castle built a few miles from Paris and its garden is among the most beautiful ones in France! Many visits and walks are offered.

The abbey of Mont Saint Michel: This abbey is a bit special, indeed, it is located on an island in the middle of the Normandy coast. You can't get there by car. You have to park your car on the other side of the bridge, and then go there on foot, or take a shuttle bus (the shuttle buses are free). At the top of the abbey is a statue of Saint Michael at a height of 157 meters (515 feet)!

Carnac: The origin of this place is very mysterious. Indeed, it is a vertical alignment of rocks made by man in the Neolithic period (1900 years BC). There are nearly 3,000 of them over four kilometers (2.4 miles)! And we don't know why they are there...

Chenonceau Castle: Less known than Versailles, but just as beautiful, this castle built during the Renaissance has a typical architecture and sumptuous gardens.

Les Arènes de Nîmes : C'est un amphithéâtre romain construit au 1er siècle après JC. Des visites guidées sur la Rome antique sont proposées, ainsi que des spectacles reproduisant des courses de chars, des combats de gladiateurs, etc.

Le Domaine de Vizille : Encore un château construit au 17ème siècle, celui-ci comporte un musée retraçant l'histoire de la Révolution Française. On peut s'y promener à pied, en petit train ou même à cheval pour visiter les alentours !

La Cathédrale de Strasbourg : Construite au 11ème siècle, cette cathédrale est un chef-d'œuvre de l'architecture médiévale. Les peintures sont magnifiques, et on peut visiter les fondations d'origine sur lesquelles cette cathédrale a été bâtie. Et tous les jours à 12h30, des automates s'animent pour donner l'heure.

Voilà, je suis assez déçu de ne pas pouvoir vous en présenter plus, car cela serait trop long, mais il y a énormément d'endroits et monuments à visiter partout en France et de toutes les époques : de l'ère romaine à la révolution en passant par le temps des chevaliers ! Il y a aussi des endroits liés à la magie, aux sorcières et aux contes de fées, mais peut-être que je vous en parlerai une autre fois !

Les Arènes de Nîmes: It is a Roman amphitheater built in the 1st century AD. Guided tours on ancient Rome are offered, as well as shows reproducing chariot races, gladiator fights, etc.

Le Domaine de Vizille: Another castle built in the 17th century, this one has a museum retracing the history of the French Revolution. You can walk, take the little train or even ride a horse to visit the surroundings!

The Cathedral of Strasbourg: Built in the 11th century, this cathedral is a masterpiece of medieval architecture. The paintings are magnificent, and you can visit the original foundations on which this cathedral was built. And every day at 12:30 pm, automatons come to life to tell the time.

I am disappointed not to be able to present you with more because it would be too long, but there are many places and monuments to visit everywhere in France and of all eras: from the Roman era to the revolution and the time of the knights! There are also places related to magic, witches and fairy tales, but maybe I will tell you about them another time!

43. La Fierté d'Être Français

Le sujet d'aujourd'hui risque peut-être d'être un peu polémique, mais j'ai décidé de vous parler de la « fierté d'être Français, » ce à quoi elle renvoie, et si c'est une bonne ou une mauvaise chose. Vous aurez donc le droit à un petit cours d'histoire française !

On peut interpréter la phrase « Je suis fier d'être français(e) » de deux façons :
- Je suis fier de vivre en France, car c'est un pays laïque, avec une sécurité sociale, etc.
- Je suis fier du passé français que j'ai choisi de me remémorer.

Pour le 1er cas, il est normal que l'on soit heureux de vivre en France car c'est un pays développé, avec une certaine richesse culturelle et historique, une sécurité sociale ainsi que de nombreux avantages sociaux que d'autres pays n'ont pas.

C'est aussi le « Pays des Droits de l'Homme » suite à la rédaction de la Déclaration des Droits de l'Homme et du Citoyen en 1789, la même année que la Révolution française.

On peut aussi être fier d'être Français pour sa gastronomie mondialement réputée. Toutes les raisons précédentes sont des raisons positives d'être fier. Mais de nos jours, lorsque l'on parle d'être fier d'être Français, cela a souvent une connotation d'extrême droite. Je vais donc vous expliquer la 2ème interprétation de ce sentiment.

Le mouvement politique d'extrême droite en France est influent mais n'a jamais gouverné, pour l'instant. Cependant, ils prônent des valeurs françaises anciennes et souhaiteraient revenir à la France d'autrefois. Une France colonisatrice, une France blanche catholique, une France sans migration, une France traditionaliste.

En effet, ce mode de pensée toxique nous ramène à des périodes sombres de notre

43. French Pride

Today's topic might be a bit controversial, but I've decided to talk about "pride in being French," what it refers to, and whether it's a good or a bad thing. So you'll get a little French history lesson!

The sentence "I am proud to be French" can be interpreted in two ways:
- I am proud to live in France, because it is a secular country, with social security, etc.
- I am proud of the French past that I have chosen to remember.

For the 1st case, it is normal that we are happy to live in France because it is a developed country, with a certain cultural and historical richness, a social security as well as many social advantages that other countries do not have.

It is also the "Country of Human Rights" following the writing of the Declaration of the Rights of Man and Citizen in 1789, the same year as the French Revolution.

We can also be proud to be French for its world famous gastronomy. All the previous reasons are positive reasons to be proud. But nowadays, when we talk about being proud to be French, it often has a far right connotation. So I will explain the 2nd interpretation of this feeling.

The far right political movement in France is influential but has never governed, yet. However, they advocate old French values and would like to return to the France of the past. A colonizing France, a white Catholic France, a France without migration, a traditionalist France.

Indeed, this toxic way of thinking brings us back to dark periods of our past, notably

passé, notamment avec l'Algérie, une ancienne colonie française jusqu'en 1962 ; le commerce triangulaire et les esclaves ; la collaboration avec les Nazis pour la déportation des Juifs pendant la Seconde Guerre Mondiale, etc. Pour le mouvement politique d'extrême droite, les Français devraient être blancs, catholiques (ou athée à la limite, mais pas d'autres religions) et hétérosexuels.

Il est donc rare d'entendre quelqu'un dire à haute voix « je suis fier d'être Français, » car cette personne sera jugée extrémiste, raciste. Surtout si c'est un homme blanc qui le dit.

Cependant la jeunesse, bien plus ouverte d'esprit et tolérante que les vieilles générations essaie de changer cela. En effet, le mouvement Black Lives Matter, ainsi que la communauté LGBT+ ont beaucoup de succès et militent contre cette vision traditionaliste de la France.

Ne devrait-on pas pouvoir vivre en paix n'importe où dans le monde peu importe qui l'on aime, quel dieu on prie ou de quelle couleur de peau nous sommes ?

with Algeria, a former French colony until 1962; the triangular trade and slaves; the collaboration with the Nazis for the deportation of Jews during the Second World War, etc. For the extreme right-wing political movement, the French should be white, Catholic (or atheist perhaps, but not of other religions) and heterosexual.

It is therefore rare to hear someone say out loud "I am proud to be French," because this person will be judged as an extremist, a racist. Especially if it is a white man who says it.

However, the youth, much more open-minded and tolerant than the older generations, is trying to change this. Indeed, the Black Lives Matter movement, as well as the LGBT+ community are very successful and militate against this traditionalist vision of France.

Shouldn't we be able to live in peace anywhere in the world no matter who we love, what god we pray to or what color of skin we have?

44. Les Régions Françaises   44. French Regions

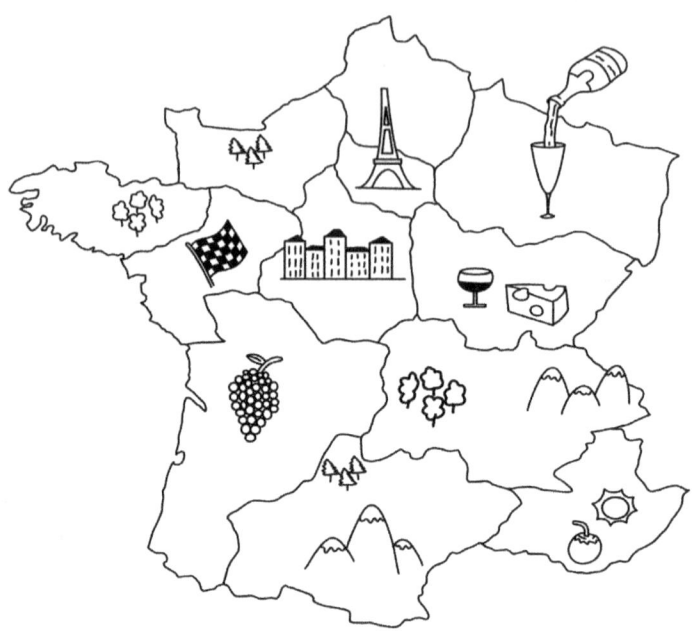

L'email d'aujourd'hui parlera des Français au sens large et des différentes traditions françaises selon les régions habitées.

La différence majeure que vous remarquerez en écoutant parler les Français de différentes régions sera l'accent. L'accent du sud est différent de l'accent du nord, etc. Souvent chaque région a son accent et son « patois. »

Le patois est une sorte de dialecte local propre à une région ou une culture. Mais ne vous inquiétez pas, tout le monde parle français en plus de son patois ! Seulement quelques expressions peuvent changer. Par exemple:

En Bretagne, il existe plusieurs patois qui appartiennent au breton, la langue régionale de Bretagne qui descend elle-même des langues celtiques. Vous verrez donc sur la route des panneaux écrits en français et en

Today's email will talk about the French in the broadest sense and the different French traditions according to the regions they live in.

The major difference you will notice when listening to French people from different regions speak is the accent. The southern accent is different from the northern accent, etc. Often each region has its own accent and "patois."

Patois is a kind of local dialect specific to a region or culture. But don't worry, everyone speaks French in addition to their patois! Only a few expressions may change. For example:

In Brittany, there are several patois that belong to Breton, the regional language of Brittany, which itself descends from Celtic languages. So you will see on the road signs written in French and in Breton.

breton.

Dans le Pays Basque, au sud-ouest, on parle la langue basque. Les chants traditionnels sont donc en basque, de même que les panneaux de signalisation.

En Alsace, l'alsacien constitue un ensemble de dialectes essentiellement issus de langues germaniques. Ce sont des patois très proches de l'allemand ou de l'autrichien.

Voici la traduction de la phrase « je vais très bien » dans différents patois et langues :

- Bordelais : Je vais gavé bien.
- Toulousain : Je vais tarpin bien.
- Breton : Mont a ra mat ganin.
- Basque : Oso ondo nago.
- Corse : Và bè.

Certains clichés persistent quant aux traits de personnalités liés aux différentes régions de France. Par exemple : les Corses sont réputés pour être très proches de leur famille (un peu comme les italiens), les Basques sont des bons-vivants qui apprécient la bonne nourriture, les Bretons sont fiers de leurs origines celtes, les parisiens n'ont pas de patois, mais ils agissent souvent comme des bourgeois riches et peuvent paraître méprisants.

Mais ne vous inquiétez pas, les Français sont gentils ! Et peu importe la région où vous vous trouvez, tout le monde parle français. Le patois est de moins en moins utilisé, et souvent ce ne sera que dans le contexte familial.

Je trouve vraiment amusant que les patois puissent être utilisés comme langues régionales ! Si le sujet vous intéresse, je vous recommande de faire des recherches (bien qu'il n'existe pas de vrai traducteur en patois comme Google Traduction).

In the Basque Country, in the southwest, the Basque language is spoken. The traditional songs are in Basque, as well as the road signs.

In Alsace, the Alsatian language is a set of dialects essentially coming from Germanic languages. These are dialects very close to German or Austrian.

Here is the translation of the sentence "I'm doing very well" in different dialects and languages:

- Bordelais: Je vais gavé bien.
- Toulousian: Je vais tarpin bien.
- Breton: Mont a ra mat ganin.
- Basque: Oso ondo nago.
- Corsican: Và bè.

Some clichés persist as to the personality traits of the different regions of France. For example: Corsicans are known to be very close to their family (a bit like Italians), Basques are good-natured and enjoy good food, Bretons are proud of their Celtic origins, Parisians don't have a patois, but they often act like rich bourgeois and can come across as contemptuous.

But don't worry, the French are nice! And no matter where you are, everyone speaks French. Patois is used less and less, and often it will only be in a family context.

I find it really funny that patois can be used as a regional language! If you're interested in the subject, I recommend you do some research (although there is no real translator for patois like Google Translate).

45. Les Territoires Français

Bonjour, aujourd'hui nous allons parler de la France. Mais pas celle en Europe ! Car oui, la France ce n'est pas juste ce pays entre l'Espagne et l'Allemagne ayant pour capitale Paris, la France c'est aussi des départements et des territoires « d'outre-mer » qui font partie de la France, et où l'on parle Français.

Ces départements sont connus sous les acronymes de DROM-COM ou DOM-TOM. Ils sont issus d'anciens empires coloniaux français et se situent un peu partout dans le monde : en Amérique, en Océanie, dans l'Océan Indien. Etudions ça en détail !

Voici les onze départements français habités d'outre-mer (il en existe deux autres inhabités) :

La Guadeloupe : C'est un archipel constitué de sept îles au cœur des Caraïbes. Cet archipel regroupe un peu moins de 400 000 habitants et on y parle français et créole guadeloupéen.

La Martinique : Cette île se trouve aussi dans les Caraïbes et a été découverte par le célèbre explorateur Christophe Colomb. Il y a près de 400 000 habitants aussi et on y parle français et créole martiniquais (il existe plusieurs variations du créole).

La Guyane : Elle se situe en Amérique du Sud, juste à côté du Brésil. Les habitants sont au nombre de 300 000 et on y parle français et créole guyanais.

(L'île de) La Réunion : C'est une île qui se situe à l'est de l'Afrique, juste à côté de Madagascar dans l'hémisphère sud. Elle regroupe près de 850 000 habitants et on y parle français et créole réunionnais.

Saint-Pierre-et-Miquelon : C'est un petit archipel qui se situe en Amérique du Nord

45. French Territories

Hello, today we will talk about France. But not the one in Europe! Because yes, France is not just this country between Spain and Germany with Paris as its capital, France is also departments and territories "overseas" that are part of it, and speak French.

These departments are known under the acronyms of DROM-COM or DOM-TOM. They come from former French colonial empires and are located all over the world: in America, in Oceania, in the Indian Ocean. Let's study it in detail!

Here are the eleven inhabited French overseas departments (there are two other uninhabited ones):

Guadeloupe: It is an archipelago made up of seven islands in the heart of the Caribbean. This archipelago gathers a little less than 400,000 inhabitants and French and Guadeloupean Creole are spoken.

Martinique: This island is also in the Caribbean and was discovered by the famous explorer Christopher Columbus. There are about 400,000 inhabitants and they speak French and Martinique Creole (there are several variations of Creole).

Guyana: It is located in South America, right next to Brazil. There are 300,000 inhabitants and they speak French and Guyanese Creole.

Reunion (Island): It is an island located in the east of Africa, right next to Madagascar in the southern hemisphere. It has about 850,000 inhabitants and they speak French and Reunionese Creole.

Saint-Pierre and Miquelon: It is a small archipelago located in North America, in

dans l'Océan Atlantique et qui regroupe à peine plus de 6 000 habitants. On y parle français.

Mayotte : Mayotte se situe juste au-dessus de Madagascar et regroupe près de 250 000 habitants. Les deux principales langues parlées sont le français et le malgache (la langue officielle de Madagascar).

Saint-Barthélemy : C'est une petite île de 10 000 habitants qui se situe dans les Caraïbes. On y parle majoritairement français.

Saint-Martin : Ce département se situe aussi dans les Caraïbes. Ses 35 000 habitants parlent de multiples langues : français, anglais, créole haïtien, néerlandais, espagnol et créole guadeloupéen !

Wallis-et-Futuna : Ce sont 2 îles situées en Océanie dans l'Océan Pacifique, à l'est de l'Australie. C'est le territoire français le plus éloigné de la France. Il y a 11 500 habitants et on y parle français, wallisien et futunien (les deux langues de ces îles).

La Polynésie Française : Elle regroupe cinq archipels dont 118 îles localisées au sud de l'Océan Pacifique, à l'est de l'Australie. Il y a près de 300 000 habitants et on y parle français ainsi que diverses langues locales (tahitien notamment).

La Nouvelle-Calédonie : C'est un ensemble d'îles et d'archipels situés aussi en Océanie. Ils sont habités par 270 000 habitants qui parlent français ainsi que près de vingt-huit langues et dialectes différents.

Donc si vous souhaitez aller en territoire français, il n'est pas nécessaire d'aller jusqu'en Europe pour cela !

the Atlantic Ocean, and has a population of just over 6,000 inhabitants. French is spoken there.

Mayotte: Mayotte is located just above Madagascar and has about 250,000 inhabitants. The two main languages spoken are French and Malagasy (the official language of Madagascar).

Saint-Barthélemy: It is a small island of 10,000 inhabitants located in the Caribbean. Mostly French is spoken there.

Saint-Martin: This department is also located in the Caribbean. Its 35,000 inhabitants speak multiple languages: French, English, Haitian Creole, Dutch, Spanish and Guadeloupean Creole!

Wallis and Futuna: These are two islands located in Oceania, in the Pacific Ocean, east of Australia. It is the most distant French territory from France. There are 11,500 inhabitants and they speak French, Wallisian and Futunian (the two languages of these islands).

French Polynesia: It includes five archipelagos including 118 islands located in the south of the Pacific Ocean, east of Australia. There are nearly 300,000 inhabitants and French is spoken there as well as various local languages (Tahitian in particular).

New Caledonia: It is a group of islands and archipelagos also located in Oceania. They are inhabited by 270,000 people who speak French as well as nearly twenty-eight different languages and dialects.

So if you want to go to a French territory, you don't have to go all the way to Europe for that!

46. Les Jeux d'Argent

Aujourd'hui nous allons parler des jeux d'argent en France, si c'est populaire, ce que l'on peut faire ou non, etc.

Tout d'abord, il faut savoir qu'une loi datant de 1907 réglemente les casinos. En effet, on ne peut pas construire un casino n'importe où ni dans n'importe quelle ville.

Les casinos se trouvent dans les stations balnéaires, ainsi que les villes touristiques principales de chaque agglomération de plus de 500 000 habitants disposant d'un théâtre ou opéra (et seulement si l'agglomération finance à 40% le casino).

Il existe en France 202 casinos.

Vous l'aurez donc compris, c'est bien différent de Las Vegas où il y a des centaines de casinos dans toute une ville. La plupart de ces casinos sont des lieux distingués et ils sont localisés à proximité d'hôtels de luxe afin d'attirer la clientèle.

En ce qui concerne les jeux qu'on y trouve, voici une petite liste :

Les machines à sous : On tire un levier, ce qui déclenche une action dont le résultat aléatoire donne (ou non) de l'argent.

La roulette : On parie sur un nombre et une couleur, on lance une bille dans une roulette qui tourne, et si elle tombe sur le bon nombre, jackpot !

Le keno : C'est un jeu semblable au bingo ou au loto.

Et bien évidemment on peut jouer aux jeux de cartes comme :

Le poker : La version avec deux cartes en main et cinq au milieu.

46. Gambling

Today we are going to talk about gambling in France, if it is popular, what you can do or not, etc.

First of all, you should know that a law dating from 1907 regulates casinos. Indeed, you can't build a casino just anywhere or in any city.

Casinos are located in seaside resorts, as well as in the main tourist towns of each agglomeration of more than 500,000 inhabitants with a theater or opera (and only if the agglomeration finances 40% of the casino).

There are 202 casinos in France.

As you can see, this is quite different from Las Vegas, where there are hundreds of casinos in a whole city. Most of these casinos are distinguished places and they are located near luxury hotels to attract customers.

As far as the games that can be found there, here is a small list:

Slot machines: You pull a lever, which triggers an action whose random result gives (or not) money.

Roulette: You bet on a number and a color, the dealer throws a ball into a spinning roulette wheel, and if it lands on the right number, jackpot!

Keno: This is a game similar to bingo or lotto.

And of course you can play card games like:

Poker: The version with two cards in hand and five in the middle.

Le blackjack : On joue contre le croupier et on essaie de se rapprocher du score 21 pour gagner.	Blackjack: You play against the dealer and try to get closer to 21 to win.
Comme vous vous en doutez, il faut être majeur pour aller jouer au casino (18 ans en France, je le rappelle).	As you can imagine, you have to be over eighteen to play in a casino.
Du fait que les casinos se trouvent dans des stations balnéaires, ils dépendent beaucoup du tourisme, et donc ils risquent d'être fermés en basse saison (en dehors des vacances).	Because casinos are located in seaside resorts, they depend a lot on tourism, so they may be closed in low season (outside of vacations).
Mais lorsqu'ils sont ouverts, ce sont des lieux très fréquentés par les riches étrangers en vacances en France, mais aussi par les Français habitant à proximité.	But when they are open, they are very popular with wealthy foreigners on vacation in France, but also with French people living nearby.
On y distingue souvent deux types de joueurs : les habitués qui viennent fréquemment, dépensent beaucoup d'argent et sont addicts ; et ceux qui y vont juste pour faire la fête et s'amuser.	There are often two types of gamblers: the regulars who come frequently and spend a lot of money and are addicted; and those who just go there to party and have fun.

Pour finir, voici une liste des plus beaux casinos de France :
- Casino le Lyon Vert
- Casino Barrière de Deauville
- Casino Barrière Enghien-les-Bains
- Casino Barrière de Nice
- Casino Monte Carlo

À bientôt !

Finally, here is a list of the most beautiful casinos in France:
- Casino le Lyon Vert
- Casino Barrière de Deauville
- Casino Barrière Enghien-les-Bains
- Casino Barrière de Nice
- Monte Carlo Casino

See you soon!

47. Grands-parents et petits-enfants

L'histoire d'aujourd'hui se déroule un jour d'été, où trois enfants passent une journée de vacances chez leurs grands-parents.

« Papy ! Mamy ! » crient les enfants tout contents de revoir leurs grands-parents.

« J'espère que vous appréciez les balades en forêt, car cet après-midi nous irons au parc qui se trouve à côté de la forêt, » dit la grand-mère.

« Super ! Mais que va-t-on faire en attendant pour s'occuper ? » demandent les enfants.

Âgés de 9, 10 et 12 ans, les enfants possèdent tous un téléphone ou bien une tablette sur laquelle ils regardent des vidéos et jouent à des jeux. Mais, malheureusement pour eux, il n'y a pas beaucoup de réseau chez les grands-parents !

« Asseyez-vous, » dit le grand-père, « je vais vous raconter mon enfance, et comment je m'occupais à votre âge. »

« À l'époque les smartphones n'existaient pas, on avait des téléphones cellulaires qui ne servaient qu'à téléphoner et à envoyer des sms. Le seul jeu que l'on pouvait trouver dessus était Snake mais l'écran était minuscule et la résolution plutôt mauvaise.

Quand j'étais jeune, pour m'occuper je jouais avec mes jouets comme vous, des Action Man, des GI-Joe, ou bien des petites voitures.

Parfois, je regardais la télévision, mais mes parents n'avaient pas les chaînes où passaient les dessins animés, alors ça ne m'intéressait pas vraiment.

Et lorsqu'on se voyait avec mes amis, on faisait souvent des balades à vélo dans le quartier, on allait acheter des glaces ou un

47. Grandparents & Grandchildren

Today's story takes place on a summer day, when three children spend a vacation day at their grandparents' house.

"Grandpa! Grandma!" the children shout, all happy to see their grandparents again.

"I hope you are enjoying the walks in the forest because this afternoon we are going to the park next to the forest," says the grandmother.

"Great! But what are we going to do in the meantime to be busy?" the children ask.

Aged nine, ten and twelve, the children all have a phone or a tablet on which they watch videos and play games. But, unfortunately for them, there isn't much network at the grandparents' house!

"Sit down," said the grandfather, "I'll tell you about my childhood, and how I was occupied at your age."

"Back then smartphones didn't exist, we had cell phones that were only used to make calls and send texts. The only game you could find on them was Snake but the screen was tiny and the resolution was pretty bad.

When I was young, I used to play with my toys like you, Action Man, GI-Joe, or little cars.

Sometimes I would watch TV, but my parents didn't have the cartoon channels, so I wasn't really interested.

And when I got together with my friends, we often went for bike rides around the neighborhood, went to buy ice cream or

goûter ou on allait au cinéma.

Et puis un jour, on a commencé à s'intéresser aux jeux de société, vous connaissez sûrement Donjons & Dragons ? » demande le grand-père.

Les enfants n'avaient jamais entendu parler de ce jeu.

« C'était très amusant ; en fait chacun de nous devait créer un personnage fantastique comme un sorcier ou bien un guerrier avec des pouvoirs ou aptitudes. Et l'un d'entre nous racontait une histoire qui mettait en scène nos personnages, et pour chaque action on lançait des dés, et en fonction du résultat soit on progressait, soit on perdait des points de vie.

Cela permettait de développer notre imagination ! »

« Moi j'aimerais bien être une sorcière, » dit l'un des enfants.

« Oh cool ! Moi je préfèrerais être un chevalier ! » ajoute le second.

« Et moi un magicien, » dit le dernier.

« Copieur ! » dit la fille.

« Mais tu es une sorcière, et moi un magicien ce n'est pas pareil ! »

« Du calme les enfants, vous voulez faire une partie en attendant d'aller au parc ? J'ai encore tout ce qu'il faut pour jouer ! » intervient le grand-père.

« Oui ! » crient les enfants.

Toute la petite famille se met donc à jouer à Donjons & Dragons.

snacks or went to the movies.

And then one day, we started to get interested in board games, you must have heard of Dungeons & Dragons?" asks the grandfather.

The children had never heard of the game.

"It was a lot of fun; basically each of us had to create a fantasy character like a wizard or a warrior with specific powers or abilities. And one of us would tell a story that involved our characters, and for each action we would roll dice, and depending on the result we would either progress or lose life points.

This allowed us to develop our imagination!"

"Me, I'd love to be a witch," said one of the kids.

"Oh cool! Me I'd rather be a knight!" added the second.

"And me a magician," said the last one.

"Copycat!" says the girl.

"But you're a witch, and I'm a magician it's not the same!"

"Relax kids, do you want to play a game while you go to the park? I still have everything we need to play!" intervenes the grandfather.

"Yes!" shout the children.

So the whole family starts playing Dungeons & Dragons.

48. La Santé

Aujourd'hui nous allons parler de la santé, des maladies, comment les Français réagissent s'ils sont malades, comment le système français fonctionne (dans les grandes lignes, je ne vais pas trop détailler sinon cela serait beaucoup trop long).

Maladies les plus fréquentes :

Le rhume : c'est sûrement la maladie la plus répandue, quelques maux de tête, de la fièvre, le nez qui coule, voici quelques symptômes qui vous seront certainement familiers.

Souvent on ne va pas chez le médecin pour un rhume. On peut aller à la pharmacie pour acheter du paracétamol contre les mots de tête si besoin, mais un peu de repos suffit pour être vite remis sur pieds.

La bronchite : cette maladie (ainsi que d'autres maladies semblables) a pour symptômes une irritation de la gorge et de la trachée entraînant de la toux. C'est particulièrement contagieux, de ce fait on recommande de rester chez soi le temps de la guérison. Pour de simples maux de gorge, du sirop peut suffire, mais il peut parfois être nécessaire d'aller chez le médecin pour pouvoir avoir des antibiotiques grâce à une ordonnance.

(J'en profite pour préciser qu'une consultation chez le médecin coûte 25€).

La gastro : la nausée, des vomissements et la diarrhée sont les symptômes majeurs de cette maladie. Il est fréquent d'aller chez le médecin pour ce genre de symptômes.

(Il faut savoir que grâce à l'Assurance Maladie, la majorité des médicaments sont remboursés au moins en partie. Il est donc facile d'avoir accès aux soins pour soigner de petits rhumes ou de plus importantes maladies. De même, les opérations sont

48. Health Issues

Today we are going to talk about health, diseases, how the French react if they are sick, how the French system works (in the broad lines, I will not detail too much otherwise it would be too long).

Most frequent diseases:

The common cold: this is surely the most common illness, a few headaches, fever, runny nose, here are some symptoms that will certainly be familiar to you.

Often we do not go to the doctor for a cold. You can go to the pharmacy to buy paracetamol for headaches if you need it, but a little rest is enough to get back on your feet quickly.

Bronchitis: this disease (as well as similar ones) has for symptoms an irritation of the throat and the trachea leading to cough. It is particularly contagious, so it is recommended to stay at home until it is healed. For simple sore throats, syrup can be enough, but it may sometimes be necessary to go to the doctor to get antibiotics with a prescription.

(I take this opportunity to point out that a visit to the doctor costs €25).

Gastro: nausea, vomiting and diarrhea are the major symptoms of this disease. It is common to go to the doctor for these symptoms.

(It is important to know that thanks to the health insurance, the majority of medications are reimbursed at least in part. It is therefore easy to have access to care for small colds or more important illnesses. Similarly, operations are reimbursed).

remboursées.)

Opérations les plus fréquentes :	Most frequent operations:

Appendicectomie : Après être allé chez le médecin qui aura diagnostiqué une appendicite, on est envoyé aux urgences (puis dans le service dédié). L'opération dure une petite heure, puis on passe une journée à l'hôpital pour s'assurer que tout va bien. Des antibiotiques seront prescrits.

Appendectomy: After going to the doctor, who will have diagnosed appendicitis, one is sent to the emergency (then to the dedicated department). The operation lasts about an hour, then you spend a day in the hospital to make sure that everything is fine. Antibiotics will be prescribed.

(Point de) sutures : Que ce soit une petite plaie, ou bien une grosse blessure, parfois il peut être nécessaire de faire des points de suture. Pour les plus petites, un simple médecin peut le faire, mais parfois, pour les grosses blessures, il faudra recourir à un chirurgien.

Stitches: Whether it is a small wound or a large one, sometimes it may be necessary to make stitches. For small wounds, a simple doctor can do it, but sometimes, for large wounds, a surgeon will be needed.

Chimiothérapie : Chaque année de nombreux Français ont malheureusement recours à la chimio pour soigner leurs cancers. Par chance, ce traitement est aussi remboursé par l'assurance maladie.

Chemotherapy: Every year, many French people have to undergo chemotherapy to treat their cancers. Luckily, this treatment is also reimbursed by the health insurance.

Accouchement : Donner naissance à un bébé n'est pas de tout repos, cela nécessite des infirmiers et des sage-femmes pour s'occuper de la mère et du bébé.

Childbirth: Giving birth to a baby is not easy, it requires nurses and midwives to take care of the mother and the baby.

Voilà, je pense avoir fait le tour du domaine médical le plus courant en France. Nous sommes chanceux d'avoir un système de santé aussi efficace qui nous permet de nous soigner presque gratuitement.

That's it, I think I've covered the most common medical fields in France. We are lucky to have such an efficient health system that allows us to get treated almost free of charge.

Malheureusement, avec la COVID-19 et les réformes passées (et à venir), nous avons de moins en moins de personnel de santé et de médecins, et cela rend assez difficile l'accès aux soins (surtout pour les personnes vivant en campagne).

Unfortunately, with the COVID-19 and the past (and future) reforms, we have less and less health care personnel and doctors, and this makes it quite difficult to access care (especially for people living in the countryside).

49. Les Loisirs

49. Hobbies

Bonjour tout le monde ! Notre thème d'aujourd'hui portera sur les loisirs, ce que l'on peut faire durant ses jours de repos, le weekend ou les vacances. Voici donc l'histoire de quatre amis qui se racontent leurs passe-temps :

« Alors les amis ? Qu'avez-vous fait hier ? C'est cool de ne pas avoir cours, hein ! » dit André.

« C'est vrai ! J'avais besoin de repos ! J'ai fait la grasse matinée, j'ai pris un bon petit déjeuner et j'ai fait de la musique toute la journée ! », dit Alicia.

« Oh super ! Tu joues d'un instrument ? » demandent ses amis.

« Oui, je joue de deux instruments : du violon et de la guitare. Comme ça, je peux jouer plein de styles de musique différents comme de la musique classique ou du rock ! J'ai toujours voulu jouer des chansons des

Hello everyone! Our theme today is about hobbies, what you can do on your days off, on the weekend or on vacation. So here's a story about four friends telling each other about their hobbies:

"Hey guys! What did you do yesterday? It's cool not to have class, huh!" says Andre.

"It's true! I needed to rest! I slept in, had a nice breakfast and made music all day!" said Alicia.

"Oh great! Do you play an instrument?" her friends ask.

"Yes, I play two instruments: violin and guitar. That way I can play lots of different styles of music like classical music or rock! I always wanted to play Beatles songs, but my parents prefer Chopin, so this is a good

Beatles, mais mes parents préfèrent Chopin, alors comme ça c'est un bon compromis. Et toi Matthieu ? Tu as fait quoi hier ? », demande Alicia.

« Je me suis levé tôt comme d'habitude et j'ai fait du sport. Et l'après-midi, j'ai lu des mangas, » dit Matthieu.

« Cool ! Moi j'ai fait de la peinture. J'adore le dessin en général et cela faisait longtemps que je n'avais pas pris le temps de dessiner. Je me suis même lancé dans la décoration de ma chambre ! J'ai commencé une grande peinture murale sur tout un mur de ma chambre, et je le peindrai bientôt, » dit André.

« Eh bien en ce qui me concerne... » dit Marie, « j'ai fait les magasins, comme d'habitude. J'adore flâner dans les rues en regardant les vitrines. Je n'achète pas souvent grand-chose cependant. »

« Ahh c'était si court ! Vivement les vacances cette fois ! J'ai hâte d'aller faire du ski avec ma famille dans les Pyrénées ! », dit Alicia.

« Nous, on préfère plutôt bronzer à la plage sur le sable chaud et jouer au volley, » disent Matthieu et André.

Ils rient tous de bon cœur et se dirigent vers leur salle de classe afin de reprendre les cours.

compromise. What about you Matthieu? What did you do yesterday?", Alicia asks.

"I got up early as usual and did some sports. And in the afternoon, I read manga," says Matthew.

"Cool! I did some painting. I love drawing in general and it's been a long time since I took the time to draw. I even got into decorating my room! I've started a large mural on an entire wall in my room, and I'll be painting it soon," says Andre.

"Well as for me..." said Marie, "I've been shopping, as usual. I love strolling the streets looking at the windows. I don't buy often though."

"Ahh it was so short! Can't wait for the vacations this time! I can't wait to go skiing with my family in the Pyrenees!" says Alicia.

"We'd rather sunbathe at the beach on the warm sand and play volleyball," say Matthew and Andre.

They all laugh heartily and head to their classrooms to resume classes.

50. Vacances avec des Amis - Première Partie

Aujourd'hui est le premier jour de vacances pour Léo et ses amis. Ils ont enfin réussi à trouver une date pour se réunir, et ils ont décidé d'aller à la plage. Par chance, il fait très beau !

Léo a préparé son sac à dos le matin, il a prévu de la crème solaire, une serviette pour s'essuyer et s'allonger sur le sable, son maillot de bain, et bien sûr de quoi manger. Notre groupe d'amis a prévu de faire un pique-nique sur la plage !

Léo est le premier arrivé au lieu de rendez-vous, à quelques mètres de la plage. C'est alors qu'il aperçoit au loin Clémence et Arthur arriver ensemble.

« Je vois que tu as amené un parasol ! » dit Léo à Clémence en pointant du doigt le long objet accroché à son sac.

« Oui ! J'ai même amené ma propre petite chaise ! » répond-elle en tendant sa main tenant une chaise de plage.

« Et moi j'ai la glacière ! » dit Arthur.

« Avec les bières ? » demande Léo avec un clin d'œil.

« Evidemment ! » répond Arthur.

C'est alors qu'arrive Mathilde. Elle ne le sait pas, mais Léo est secrètement amoureux d'elle.

« Coucou tout le monde ! » dit Mathilde en souriant.

« Salut ! » répondent les autres.

Nos quatre amis se dirigent vers la plage et installent leur serviette, leur parasol et leur chaise. Une fois installés et en maillot de

50. Holidays with Friends - Part I

Today is the first day of vacation for Léo and his friends. They finally managed to find a date to get together, and they decided to go to the beach. Luckily, the weather is great!

Léo packed his backpack in the morning, he brought sunscreen, a towel to get dried and lie on the sand, his bathing suit, and of course food. Our group of friends planned to have a picnic on the beach!

Léo was the first to arrive at the meeting place, a few meters from the beach. That's when he sees Clémence and Arthur arrive together in the distance.

"I see you brought an umbrella!" says Léo to Clémence, pointing to the long object hanging from her bag.

"Yes! I even brought my own little chair!" she replies, holding out her hand carrying a beach chair.

"And I have the cooler!" says Arthur.

"With the beers?" asks Léo with a wink.

"Of course!" replies Arthur.

It is then that Mathilde arrives. She doesn't know it, but Léo is secretly in love with her.

"Hi everyone!" says Mathilde, smiling.

"Hi!" the others reply.

Our four friends head to the beach and set up their towels, umbrella, and chairs. Once settled and in their bathing suits, they decide

bain, ils décident de manger !

« J'ai ramené des bières et des sodas, » dit Arthur.

« Moi j'ai fait un gâteau au chocolat ! » dit Léo.

« Super ! Le préféré de Mathilde ! » dit Clémence, faisant rougir Mathilde. En effet, Clémence sait que son amie a le béguin pour Léo !

« Et moi j'ai fait des sandwichs, » dit Mathilde.

Nos quatre amis sont contents de manger et de profiter du soleil ensemble. C'est alors que Mathilde propose à Léo d'aller se baigner. Clémence et Arthur préfèrent bronzer encore un peu avant de les rejoindre.

« Tu savais que Mathilde était amoureuse de Léo ? » dit Clémence à Arthur.

« Vraiment ? Parce que Léo est amoureux de Mathilde ! » s'exclame Arthur alors qu'ils se mettent à rigoler.

« Tu crois qu'on devrait leur dire ? » demande Arthur.

« Non, laissons-les, c'est plus amusant de les voir flirter ensemble. Ils sont si mignons tous les deux, » répond Clémence.

« Bon, alors, vous venez ? » crie Léo aux deux autres restés sur le sable.

« On arrive ! » répondent-ils.

Nos quatre amis profitent donc de leur après-midi alternant baignade et bronzage.

to eat!

"I brought beers and sodas," says Arthur.

"I made a chocolate cake!" says Léo.

"Great! Mathilde's favorite!" said Clémence, making Mathilde blush. Indeed, Clémence knows that her friend has a crush on Léo!

"And I made sandwiches," says Mathilde.

Our four friends are happy to eat and enjoy the sun together. Then Mathilde invites Léo for a swim. Clémence and Arthur prefer to sunbathe a little more before joining them.

"Did you know that Mathilde is in love with Léo?" says Clémence to Arthur.

"Really? Because Léo is in love with Mathilde!" exclaims Arthur as they start laughing.

"Do you think we should tell them?" asks Arthur.

"No, let's leave them, it's more fun to see them flirting together. They are both so cute," replies Clémence.

"Well, then, are you coming?" shouts Léo to the other two left on the sand.

"We're coming!" they reply.

Our four friends thus make the most of their afternoon alternating bathing and sunbathing.

51. Vacances avec des Amis - Deuxième Partie

Nous retrouvons notre groupe d'amis : Arthur, Clémence, Léo et Mathilde un peu plus tard dans la journée. Le soleil commence à se coucher et l'air se rafraîchit. Il va bientôt être l'heure pour eux de rentrer chez eux.

Les garçons sont partis jeter à la poubelle leurs déchets, et les filles rangent les autres affaires.

« Tu devrais inviter Mathilde à sortir avec toi, » dit Arthur à Léo.

« Mais et si elle ne m'aime pas ? » répond Léo avec inquiétude.

« Fonce ! On ne sait jamais, tu pourrais être surpris... », lui dit Arthur avec un clin d'œil.

Pendant ce temps, les filles discutent elles aussi.

« Quand est-ce que tu vas proposer un rencard à Léo ? Ça se voit qu'il en meurt d'envie lui aussi ! » dit Clémence à Mathilde.

« Vraiment ? T'es sûre ? » répond Mathilde.

Les amis se rassemblent afin de se dire au revoir. Clémence et Arthur partent devant lorsque Mathilde se tourne vers Léo et lui dit : « Léo, je dois te demander quelque chose. »

« Ça te dirait d'aller au restaurant avec moi ce soir ? » dit Léo avant que Mathilde ne lui demande quoi que ce soit.

« Oh ! Euh ! Oui, bien sûr ! J'allais te demander la même chose ! » répond-elle. Ils rougissent alors tous les deux en se dirigeant vers le restaurant que Léo a choisi. C'est un chic restaurant italien en bord de mer, avec une splendide vue. C'est très romantique !

51. Holidays with Friends - Part II

We meet our group of friends: Arthur, Clémence, Léo and Mathilde a little later in the day. The sun starts to set and the air gets cooler. It will soon be time for them to go home.

The boys have gone to throw away their garbage, and the girls are putting away the rest of their stuff.

"You should ask Mathilde out," Arthur says to Léo.

"But what if she doesn't like me?" replies Léo with concern.

"Go for it! You never know, you might be surprised...", Arthur tells him with a wink.

Meanwhile, the girls are also talking.

"When are you going to ask Léo out on a date? It's obvious he's dying for one too!" says Clémence to Mathilde.

"Really? Are you sure?" replies Mathilde.

The friends gather to say goodbye. Clémence and Arthur leave in front when Mathilde turns to Léo and says, "Léo, I have to ask you something."

"Would you like to go to a restaurant with me tonight?" says Léo before Mathilde can ask him anything.

"Oh, uh, yes, of course! I was going to ask you the same thing!" she answers. They both blush as they head to the restaurant Léo has chosen. It's a fancy Italian restaurant by the sea, with a gorgeous view. It's very romantic!

Ils commandent leurs plats ainsi qu'un verre de vin chacun. Un peu gênés, ils discutent malgré tout, rigolent et passent un bon moment.	They order their food and a glass of wine each. A little embarrassed, they chat despite everything, laugh and have a good time.
« J'ai bien mangé ! C'était délicieux ! » dit Léo.	"I ate well! It was delicious!" says Léo.
« Moi aussi ! » répond Mathilde. « Ça te dirait de partager un dessert ? J'ai envie d'en goûter un, mais je ne pense pas avoir assez faim pour le manger en entier… »	"Me too!" answers Mathilde. "Would you like to share a dessert? I want to try one, but I don't think I'm hungry enough to eat the whole thing…"
« Avec plaisir ! » dit Léo en souriant.	"With pleasure!" says Léo with a smile.
Ils dégustent donc leur dessert, puis s'en vont après avoir payé. Ils décident de marcher un peu le long de la plage pour digérer un peu. Un peu timidement, Léo demande à Mathilde : « Je peux te tenir la main ? »	So they enjoy their dessert, then leave after paying. They decide to walk a little along the beach to digest a little. A little shyly, Léo asks Mathilde: "Can I hold your hand?"
Mathilde rougit puis lui attrape la main, leurs doigts s'enlaçant. Il fait nuit, et un vent frais commence à souffler. Sentant Mathilde frissonner un peu, Léo la serre dans ses bras.	Mathilde blushes then grabs his hand, their fingers entwining. It is night, and a cool wind is beginning to blow. Feeling Mathilde shiver a little, Léo hugs her.
« J'ai passé une super soirée, » lui dit-il.	"I had a great time tonight," he tells her.
« Moi aussi. Tu voudrais qu'on se revoit samedi ? » propose Mathilde.	"So did I. Would you like to meet again on Saturday?" offers Mathilde.
« Avec plaisir, » dit Léo.	"With pleasure," says Léo.
Il l'embrasse sur le front, puis ils se disent au revoir, un peu embarrassés de leur relation naissante, mais excités à l'idée de leur prochain rendez-vous !	He kisses her on the forehead, then they say goodbye, a little embarrassed about their budding relationship, but excited about their next date!

52. Logement / 52. Housing

Aujourd'hui nous allons parler du logement en France. Je vais essayer de vous expliquer le plus simplement possible les différentes façons de se loger, ainsi que quelques comparaisons de prix au mètre carré en France.

Le premier logement d'un Français sera très certainement un appartement en location. Que ce soit parce que l'on est étudiant ou que l'on vient d'avoir son premier emploi, nous n'avons pas forcément les moyens d'acheter une maison (surtout que dans les grandes villes, il y a surtout des appartements).

Pour trouver un appartement à louer on peut soit passer par une agence immobilière, soit directement par le propriétaire via des sites d'annonces.

Si l'on choisit la première option, on devra payer des frais de dossier, ainsi que plusieurs mois de loyer en avance (entre 1 et 3 en général). Il faudra aussi avoir un « garant, »

Today we are going to talk about housing in France. I will try to explain as simply as possible the different ways to live in France, as well as some price comparisons per square meter in France.

The first housing of a French person will certainly be a rented apartment. Whether it is because we are students or because we have just had our first job, we do not necessarily have the means to buy a house (especially since in the big cities, there are mostly apartments).

To find an apartment to rent we can either go through a real estate agency or directly by the owner via websites.

If you choose the first option, you will have to pay an application fee, as well as several months of rent in advance (between one and three in general). You will also have to have

c'est-à-dire quelqu'un qui - si jamais par malheur vous ne pouvez pas payer - pourra payer à votre place, il faut donc que cette personne soit stable financièrement (en CDI).

Pour la deuxième option, tout se règle avec le propriétaire, donc les conditions peuvent varier ; il n'y a pas de frais de dossiers.

Ensuite, lorsque l'on veut acheter une maison, la plupart du temps on va effectuer un emprunt à la banque pour payer la maison, ainsi qu'un crédit pour rembourser cette somme petit à petit (avec les intérêts) chaque mois pendant plusieurs années (environ 25). Vous pouvez aussi faire construire une maison sur un terrain qui vous appartient, mais il y aura des frais de travaux !

À partir de là, la maison vous appartient et vous devenez propriétaire ! Il y a beaucoup de procédures administratives pour acheter une maison ou un appartement (et encore plus si vous la faites construire !).

À présent, je vais vous donner quelques exemples de prix de terrain selon les villes, et selon si vous souhaitez acheter une maison ou un appartement (les prix sont des moyennes pour l'année 2021) :

- Paris : 10 000€ le mètre carré
- Bordeaux / Lyon : 5 000€ le mètre carré
- Marseille : 3 500€ le mètre carré
- Bayonne : 4 000€ le mètre carré
- Strasbourg : 3 000€ le mètre carré

Hors des grandes villes, à la campagne, le prix au mètre carré est d'environ 2 000€.

J'espère que cela vous aura intéressés de savoir comment on se loge en France ainsi que de comparer les prix entre votre pays et la France !

a "guarantor", that is to say someone who - if you are unlucky enough not to be able to pay - will be able to pay in your place, so this person must be financially stable (with a permanent contract).

For the second option, everything is settled with the owner, so the conditions may vary; there are no application fees.

Then, when you want to buy a house, most of the time you will take out a loan at the bank to pay for the house, as well as a loan to pay back this sum little by little (with interest) each month for several years (about twenty-five). You can also have a house built on a piece of land that you own, but there will be construction costs!

From then on, the house belongs to you and you become the owner! There are a lot of administrative procedures to buy a house or an apartment (and even more if you have it built!).

Now, I will give you some examples of land prices according to the cities, and depending on whether you want to buy a house or an apartment (prices are averages for 2021):

- Paris: €10,000 per square meter
- Bordeaux / Lyon: €5,000 per square meter
- Marseille: €3,500 per square meter
- Bayonne: €4,000 per square meter
- Strasbourg: €3,000 per square meter

Outside the big cities, in the countryside, the price per square meter is about €2,000.

I hope that this will have interested you to know about housing in France and to compare prices between your country and France!

53. Je Ne Peux Pas Le Croire !

L'histoire d'aujourd'hui aura comme personnage principal Clara. Clara est une étudiante comme les autres : elle vit seule dans son appartement et a un job le weekend. Mais cette journée sera un peu différente pour elle...

Après s'être levée ce matin, elle va se préparer un café avec son petit déjeuner. Là, elle se rend compte que la dernière capsule de café a disparu !

« Étrange, j'aurais juré qu'il m'en restait une ! Tant pis, je vais aller au café au coin de la rue, ça me fera une petite sortie, » dit-elle.

Elle sort de chez elle, ouvre sa boîte aux lettres en passant, et y trouve une enveloppe étrange. Elle l'ouvre et y découvre un simple trèfle à quatre feuilles.

« Oh ? Je vais le garder, cela me portera peut-être chance. »

Elle met le trèfle dans son porte monnaie, puis se dirige vers le café, en commande un à emporter, puis s'en va à l'université. En chemin, elle trouve par terre une pièce de 2€.

« Quelle chance ! C'est peut-être grâce au trèfle de ce matin ? » dit-elle. « Et si j'allais acheter un ticket de loto avec ? On sait jamais ! »

Elle va donc acheter un ticket de loto. Elle coche les numéros qu'elle a choisis, puis range le ticket dans son porte monnaie avec le trèfle à quatre feuilles. Elle se dirige ensuite vers l'université.

En arrivant à l'université, elle rejoint ses amies. Elle se rendent alors en salle de classe. La journée se passe normalement, Clara réussit ses contrôles, elle est contente.

53. I Can't Believe It!

Today's story will have Clara as the main character. Clara is a student like any other: she lives alone in her apartment and has a job on weekends. But this day will be a little different for her...

After getting up this morning, she goes to make herself a coffee with her breakfast. There, she realizes that the last coffee capsule is missing!

"Strange, I could have sworn I had one left! Never mind, I'll go to the coffee shop around the corner, it'll give me a little outing," she says.

She leaves her house, opens her mailbox and finds a strange envelope. She opens it and finds a simple four-leaf clover.

"Oh? I'll keep it, maybe it will bring me luck."

She puts the clover in her wallet, then heads to the coffee shop, orders one to go, then heads off to university. On the way, she finds a €2 coin on the ground.

"What luck! Maybe it's because of the shamrock this morning?" she says. "What if I bought a lottery ticket with it? You never know!"

So she goes and buys a lottery ticket. She checks off the numbers she has chosen, then puts the ticket in her wallet with the four-leaf clover. She then heads to university.

When she arrives at university, she joins her friends. They then go to the classroom. The day goes by normally, Clara passes her tests, she is happy.

Le soir, elle rentre chez elle, puis allume la télé afin de regarder le tirage du loto tout en dégustant le repas qu'elle vient de préparer. Elle sort le ticket de loto et le trèfle afin d'augmenter ses chances.	In the evening, she goes home and turns on the TV to watch the lottery draw while enjoying the meal she has just prepared. She takes out the lottery ticket and the clover to increase her chances.
Et là… Les chiffres sortent les uns après les autres, et ils correspondent tous à ceux que Clara avait choisis.	And there… The numbers come out one after the other, and they all match the ones Clara had chosen.
« Quoi ? Mais ce n'est pas possible ? Je n'ai jamais joué au loto, et là j'ai tiré tous les bons numéros ? » s'écrit-t-elle sous le choc.	"What? But that's not possible? I've never played the lottery, and now I've drawn all the right numbers?" she writes in shock.
S'affiche alors à l'écran : « Nous avons une gagnante ce soir : Clara. Félicitations, vous venez de gagner la somme de deux millions d'euros. Nous vous contacterons bientôt. »	The following message appears on the screen: "We have a winner tonight: Clara. Congratulations, you have just won the sum of two million euros. We will contact you soon."
Clara, choquée par le montant qu'elle vient de gagner, fixe l'écran sans bouger, le ticket de loto dans une main, le trèfle dans l'autre.	Clara, shocked by the amount she has just won, stares at the screen without moving, the lotto ticket in one hand, the clover in the other.
« Il faut que j'appelle ma famille ! Personne ne va me croire ! Ça veut dire que je ne suis plus obligée de travailler le weekend ! Et que je pourrai aller dans cette prestigieuse école, puisque maintenant je suis riche ! » s'écrit-t-elle heureuse de pouvoir mener la vie dont elle rêvait.	"I have to call my family! No one will believe me! It means I don't have to work weekends anymore! And that I'll be able to go to that prestigious school, since now I'm rich!" she says happily to herself as she will be able to lead the life she dreamed of.
Fin !	The end!

54. L'Impact de la COVID-19 en France

NB : Cet email a été écrit pendant la pandémie d'où l'utilisation du présent pour certaines phrases.

Malheureusement, je suis sûr que la vie de tout le monde sur terre a drastiquement changé depuis que le virus de la COVID-19 s'est répandu... Il y a eu beaucoup trop de morts à travers le monde et c'est vraiment triste...

Cet email aura donc pour but de vous raconter comment la France a géré la pandémie. Je vais faire de mon mieux pour rester neutre et vous exposer certains faits.

Selon un sondage récent auprès de la population, 60% des français n'ont pas confiance en leur gouvernement pour gérer cette crise.

Le gouvernement se contredit très souvent dans ses annonces. Au tout début de la crise, en décembre 2019, on nous a dit que la France n'avait rien à craindre, car le virus n'arriverait pas jusqu'ici. Puis, on nous a dit que les masques n'étaient pas nécessaires, alors qu'ils étaient rendus obligatoires seulement quelques jours après. À ce moment-là, la France a fait face à une pénurie de masques. Il était très difficile de s'en procurer et ils étaient souvent très chers.

En France nous en sommes actuellement au 3ème confinement national :
- 1er confinement : 17 mars au 11 mai.
- 2ème confinement : 30 octobre au 15 décembre.
- 3ème confinement : Depuis le 5 avril.

Le premier confinement était très dur pour tout le monde, car personne ne s'y était préparé ; beaucoup de personnes ont perdu leur emploi, tous les magasins ont fermé en dehors des supermarchés, les restaurants et

54. Impact of COVID-19 in France

Note: This email was written during the pandemic and is why the present tense is used in some sentences.

Unfortunately, I'm sure that everyone's life on earth has changed drastically since the COVID-19 virus spread... There have been too many deaths around the world and it is really sad...

So this email will be about how France handled the pandemic. I will do my best to remain neutral and give you some facts.

According to a recent survey, 60% of the French people do not trust their government to manage this crisis.

The government contradicts itself very often in its announcements. At the very beginning of the crisis, in December 2019, we were told that France had nothing to fear, because the virus would not reach here. Then, we were told that masks were not necessary, while they were made mandatory only a few days later. At that time, France faced a shortage of masks. It was very difficult to get them and they were often very expensive.

In France we are currently in the 3rd national lockdown:
- 1st lockdown: March 17 to May 11.
- 2nd lockdown: October 30 to December 15.
- 3rd lockdown: Since April 5th.

The first lockdown was very hard for everybody because nobody was prepared for it; many people lost their jobs, all the stores closed except the supermarkets, the restaurants and cinemas closed too.

cinémas ont fermé aussi.

Si nous voulions sortir, il fallait remplir une attestation précisant l'objet de notre sortie : faire les courses, faire du sport (limité à une heure), travailler (si possible), etc. Si la police nous contrôlait et que nous ne portions pas de masque ou ne respections pas le couvre-feu, nous risquions une amende de 135€.

La France a mis énormément de temps avant d'être capable de réaliser des tests pour dépister la population, et à présent, la campagne de vaccination est très lente. Les personnes âgées sont privilégiées, les jeunes n'ont pas encore le droit d'être vaccinés et seulement certains adultes travaillant dans une profession médicale ont le droit de se faire vacciner.

Cela fait 1 an que les universités sont fermées (alors que les collèges et lycées sont ouverts), de même pour les restaurants et les salles de spectacle.

Les hôpitaux sont débordés, car il n'y a pas assez de place et le gouvernement diminue encore le nombre de places et de soignants, alors qu'il faudrait au contraire les augmenter.

Cette semaine, il y a eu un scandale, car de riches parisiens (dont des ministres) ont participé à un repas dans un restaurant clandestin alors que ce genre de rassemblement est interdit. Ils sont aussi en train de débattre au Sénat pour interdire la prière dans les couloirs des universités (quelque chose que personne ne fait) alors que cela fait un an qu'aucun étudiant ne peut y aller.

En conclusion, la population française est énervée contre la façon dont le gouvernement gère cette crise, d'ailleurs la France a été classée 73ème sur 98 parmi les pays qui ont le mieux géré cette crise (ce qui est très mauvais). Il y a tellement de choses à dire

If we wanted to go out, we had to fill in a certificate specifying the purpose of our outing: shopping, sports (limited to one hour), work (if possible), etc. If the police controlled us and we did not wear a mask or did not respect the curfew, we risked a fine of €135.

France took a long time to be able to test the population, and now the vaccination campaign is very slow. The elderly are privileged, young people are not yet allowed to be vaccinated and only certain adults working in a medical profession are allowed to be vaccinated.

Universities have been closed for a year (while high schools and colleges are open), as well as restaurants and theaters.

Hospitals are overflowing because there is not enough space and the government is still reducing the number of places and caregivers, when they should be increased.

This week there was a scandal, because rich Parisians (including ministers) attended a meal in a clandestine restaurant while this kind of gathering is forbidden. They are also debating in the Senate to ban prayer in the halls of universities (something nobody does) when it has been a year since any student can go there.

In conclusion, the French population is angry with the way the government is managing this crisis, besides France was ranked 73rd out of 98 countries that managed this crisis the best (which is very bad). There are so many things to say on this

sur ce sujet mais cela serait trop long. Mais si vous avez l'occasion, essayez de regarder les informations ou lire des journaux français pour avoir les dernières informations !

subject but it would be too long. But if you have the opportunity, try to watch the news or read French newspapers to get the latest information!

55. L'Internet   55. Internet

Aujourd'hui nous allons parler d'Internet en France, à quel point il est facile d'y avoir accès ou non, combien cela peut coûter, etc.

Tout d'abord, il faut savoir que vous trouverez des points de Free Wifi dans toutes les gares de France (ou presque), ainsi que dans les centres commerciaux, la plupart des restaurants et des cafés.

Les cybercafés se font de plus en plus rares en France. Vous pourrez sûrement en trouver quelques-uns dans les plus grandes villes, mais leur succès a grandement diminué avec l'accès aux technologies.

En ce qui concerne le débit, grâce à la fibre, ce dernier a grandement augmenté et recouvre presque toute la France. Seules quelques régions de campagne ne sont pas encore entièrement équipées, mais cela ne saurait tarder (cela dépend majoritairement des opérateurs qui sont chargés de fournir ce service).

À présent, pour vous donner une idée de

Today we are going to talk about Internet in France, how easy it is to access it or not, how much it can cost, etc.

First of all, you should know that you will find Free Wifi points in all (or almost all) train stations in France, as well as in shopping malls, most restaurants and cafes.

Cybercafés are becoming more and more rare in France. You can probably find a few in the bigger cities, but their success has greatly diminished with the access to technology.

As far as the speed is concerned, thanks to the fiber, it has greatly increased and covers almost all of France. Only a few rural areas are not yet fully equipped, but this will happen soon (it depends mostly on the operators who are responsible for providing this service).

Now, to give you an idea of how much a

combien coûte un forfait téléphonique en France avec la 4G en illimité, voici le prix d'un abonnement chez l'opérateur Free : 19,99€/mois (ou 15,99€/mois si vous êtes déjà abonné Freebox).

Les Français passent beaucoup de temps sur Internet, que ce soit dans un cadre professionnel ou non. Pendant leur temps libre, je dirais que les Français regardent beaucoup de séries, c'est pour cela que les plateformes telles que Netflix, Disney+, Amazon Prime, etc., ont énormément de succès.

De même, YouTube a un énorme succès, notamment auprès de la jeunesse avec de nombreuses personnalités influentes avec plusieurs millions d'abonnés comme Mcfly & Carlito, Squeezie, Cyprien, etc.

Et plus récemment, la plateforme de vidéos TikTok a un succès grandissant, semblable à celui qu'a connu Vine il y a près de dix ans. Il n'est donc pas rare de croiser quelqu'un en train de regarder des tiktoks dans la rue.

À présent, les réseaux sociaux : les Français vont très souvent sur les réseaux sociaux pour s'informer des dernières actualités ou pour leurs centres d'intérêt. Que ce soit au travail lors d'une pause café ou bien dans les transports, vous verrez que tout le monde est soit sur Twitter, Facebook, Instagram, etc.

Enfin, la dernière utilisation d'Internet dans le quotidien des Français qui me vient à l'esprit concerne l'accès à la musique. Tout le monde écoute de la musique dans les transports, dans la rue, en voiture... C'est pourquoi Spotify, Deezer et autres ont de très nombreux utilisateurs en France.

J'espère que ce mail vous en a appris un peu plus sur le quotidien des Français.

phone package with unlimited 4G costs in France, here is the price of a subscription with the operator Free: €19.99 per month (or €15.99 per month if you are already a Freebox subscriber).

The French spend a lot of time on the Internet, whether it's for business or pleasure. In their free time, I would say that the French watch a lot of series, which is why platforms such as Netflix, Disney+, Amazon Prime, etc., are very successful.

Similarly, YouTube has a huge success, especially among young people with many influential personalities with several million subscribers like Mcfly & Carlito, Squeezie, Cyprien, etc.

And more recently, the video platform TikTok has a growing success, similar to the one Vine had almost ten years ago. It is therefore not uncommon to come across someone watching tiktoks on the street.

Now, social networks: the French go very often on social networks to get the latest news or for their interests. Whether it's at work during a coffee break or while commuting, you will see that everyone is either on Twitter, Facebook, Instagram, etc.

Finally, the last use of the Internet in the daily life of the French that comes to my mind concerns access to music. Everyone listens to music on the move, in the street, in the car... That's why Spotify, Deezer and others have a very large user base in France.

I hope this email has taught you a little more about the daily life of the French.

56. Les Blagues et l'Humour

Aujourd'hui nous allons parler de l'humour en France, ce qui fait rire les Français (ou non), de quoi on peut rire (ou non) et avec qui. Enfin je vous donnerai quelques exemples de blagues courtes.

<u>Les jeux de mots</u> :
Les Français adorent faire des jeux de mots, parfois plus ou moins drôles ou recherchés. Il y a un cliché comme quoi ce sont les « darons » (argot pour dire « pères ») qui font ce genre de jeux de mots. C'est l'équivalent des « Dad jokes. »

Ex : Ce n'est pas parce que deux chauves complotent qu'ils sont de mèche.

(« Être de mèche » est une métaphore pour dire qu'on collabore avec quelqu'un. C'est un jeu de mot car un chauve n'a pas de cheveux et ne peuvent donc pas avoir de mèches - de cheveux).

<u>Toc-Toc</u> :
C'est le genre de blague qu'on a tous fait dans la cour de récréation, cela fait toujours beaucoup rire les enfants. Et si c'est absurde, cela peut peut-être faire rire des adultes.

Ex : Toc Toc. Qui est là ? Agathe. Agathe qui ? Agathe the Power.

(Référence à la chanson The Power du groupe SNAP !).

<u>Les blagues sur d'autres régions/pays</u> :
Il est amusant de faire des jeux de mots sur d'autres pays, villes, régions ou habitants du monde (tant que cela reste respectueux).

Ex : Quel est le bar préféré des Espagnols ? Le bar-celone (Barcelone).

Quel est le café préféré des Espagnols ? Le café olé (café au lait).

56. Jokes & Humor

Today we will talk about humor in France, what makes the French laugh (or not), what we can laugh about (or not) and with whom. Finally I will give you some examples of short jokes.

<u>Puns:</u>
The French love to make puns, sometimes more or less funny or researched. There is a cliché that it is the "darons" (slang for "fathers") who make this kind of puns. It's the equivalent of "Dad jokes."

Ex: Just because two bald guys are plotting doesn't mean they're in cahoots.

("Being in cahoots" is a metaphor for collaborating with someone. It's a play on words because a bald man has no hair and therefore can't have strands - of hair).

<u>Knock-knock:</u>
This is the kind of joke we've all done in the playground, it always makes kids laugh a lot. And if it is absurd, it can perhaps make adults laugh.

Ex: Knock Knock. Who is there? Agatha. Agatha who? Agathe the Power.

(Reference to the song The Power by the group SNAP!).

<u>Jokes about other regions/countries:</u>
It's fun to make puns about other countries, cities, regions or people in the world (as long as it's respectful).

Ex: What is the favorite bar in Spain? The bar-celona (Barcelona).

What is the favorite coffee of the Spanish? Ole coffee (coffee with milk).

<u>Toto</u> :	<u>Toto:</u>
Les blagues de Toto sont toujours destinées aux enfants (pour la plupart). Elles sont basées sur le personnage de Toto qui est un peu bête.	Toto's jokes are always aimed at children (for the most part). They are based on the character of Toto who is a little silly.
Ex : La maîtresse demande à Toto : « Quel est le passé de "je baille" ? » « Je baillais. » « Et quel est le futur ? » « Euh... Je dors ? »	Ex: The teacher asks Toto: "What is the past of 'I yawn'?" "I yawned." "And what is the future?" "Uh... I'm sleeping?"
(Il n'a pas conjugué le verbe bailler mais a mentionné l'action que l'on fait après avoir baillé).	(He did not conjugate the verb yawn but mentioned the action one does after yawning).
<u>L'humour noir</u> :	<u>Dark humor:</u>
Il faut faire attention car même si la liberté d'expression nous dit que l'on peut rire de tout, on ne peut pas en rire avec n'importe qui. Il faut être sûr que la/les personne(s) avec vous comprennent que c'est de l'humour et du second degré.	You have to be careful because even though freedom of speech tells us that you can laugh at anything, you can't laugh with just anyone. You have to be sure that the person(s) with you understand that it is humor and second degree.
Je dirais qu'il y a deux types d'humour noir : les blagues raciste et les blagues sur la mort.	I would say that there are two types of black humor: racist jokes and jokes about death.
Je vais vous donner des exemples de blagues sur la mort, mais pas de blague raciste ni sur les religions, ni les handicapés.	I'll give you examples of death jokes, but not racist jokes or jokes about religions or the disabled.
Ex : Mon cœur où est le bébé ? Dans son lit, pourquoi ? Non, il n'y a qu'un poulet. ETEINS VITE LE FOUR ALORS !	Ex: Sweetheart where is the baby? In his bed, why? No, there is only a chicken. TURN OFF THE OVEN QUICKLY THEN!
Voilà j'espère que cet email vous aura amusés, à bientôt !	I hope you enjoyed this email, see you soon!

57. Les Jeux pour les Enfants

Aujourd'hui nous allons parler des jeux auxquels jouent les enfants seuls ou à plusieurs, chez eux ou à l'école, à l'intérieur ou en extérieur, etc.

Pour commencer, parlons des billes. Bien que cela ne soit plus autant à la mode qu'au début des années 2000, quelques enfants continuent d'y jouer dans la cour de récréation et chez eux. Je me souviens qu'on collectionnait les plus jolies que l'on gagnait en battant les autres, c'était le bon vieux temps.

Avec les nouvelles technologies, les enfants ont accès aux smartphones, tablettes et ordinateurs de plus en plus tôt. Il n'est donc pas rare d'en voir en train de jouer à des jeux mobiles (sauf à l'école, la plupart interdisent l'usage des téléphones dans leur enceinte).

Il y a une grande communauté de jeunes joueurs de jeux vidéo comme Fortnite, Call of Duty ou PUBG. Personnellement - même si je ne suis plus un enfant - j'aime bien jouer à mes vieux jeux Pokémon, cela me rend nostalgique.

Lorsqu'ils jouent dehors, bien évidemment les traditionnels jeux de ballon comme le basket ou le football sont très populaires auprès des jeunes (et des moins jeunes !). Dans certaines villes où il y a des parcs dédiés pour jouer au ballon avec des paniers de basket ou des buts, vous pouvez être sûrs qu'il y aura toujours des gens en train de s'amuser !

Parfois, on peut en voir certains jouer à des jeux de raquettes comme le tennis ou le badminton sur la plage ou dans les parcs. Ou même encore au frisbee !

Personnellement, j'aimais beaucoup jouer avec mon cerf-volant (quand la météo le permettait), c'était fun de le faire voler et

57. Kids' Games

Today we are going to talk about the games that children play alone or with others, at home or at school, inside or outside, etc.

To begin, let's talk about marbles. Although it is not as fashionable as it was in the early 2000s, some kids still play with them in the playground and at home. I remember collecting the prettiest ones and beating the others, those were the good old days.

With new technologies, children have access to smartphones, tablets and computers at an even earlier age. So it's not uncommon to see some of them playing mobile games (except in schools, most of which prohibit the use of phones on their premises).

There is a large community of young gamers playing video games like Fortnite, Call of Duty or PUBG. Personally - even though I'm not a kid anymore - I like to play my old Pokémon games, it makes me nostalgic.

When playing outside, the traditional ball games like basketball or soccer are very popular with the young (and not so young!). In some cities where there are dedicated parks to play ball with basketball hoops or goals, you can be sure that there will always be people having fun!

Sometimes you can see some playing racquet games like tennis or badminton on the beach or in the parks. Or even frisbee!

Personally, I loved playing with my kite (when the weather allowed it), it was fun to fly and twirl it while holding it with all my

virevolter tout en le retenant de toutes mes forces contre le vent.

Enfin, le temps en France n'est pas un problème lorsque les enfants ont envie de jouer. Malheureusement, à moins d'habiter dans les montagnes, il est très rare qu'il neige en France, donc les batailles de boules de neige sont encore plus rares. Mais s'il pleut, avec les nouvelles technologies, ils peuvent se retrouver en ligne pour jouer aux jeux vidéo. Et s'ils veulent se voir en vrai, ils peuvent jouer à des jeux de société.

En parlant de jeux de société populaires chez les enfants, il y a les jeux de cartes comme Pokémon et Yu-Gi-Oh ! (les enfants n'ayant pas grandi avec Magic the Gathering, ils n'y jouent pas). Ces jeux de carte ont de plus en plus de succès et de plus en plus de jeunes se découvrent une passion pour la collection.

Et pour quelques exemples de jeux de société « classiques » auxquels jouent les enfants, on peut citer le Puissance 4, Uno, Qui est-ce ?, Monopoly, etc.

J'espère que cet email aura parlé à l'enfant qui sommeille en vous et qu'il vous aura plu, à bientôt !

strength against the wind.

Finally, the weather in France is not a problem when children want to play. Unfortunately, unless you live in the mountains, it rarely snows in France, so snowball fights are even more rare. But if it rains, with new technologies, they can meet online to play video games. And if they want to meet in person, they can play board games.

Speaking of popular board games for kids, there are card games like Pokémon and Yu-Gi-Oh! These card games are becoming increasingly popular and more and more kids are discovering a passion for collecting.

And for some examples of "classic" board games that kids play, we can mention Connect 4, Uno, Guess Who?, Monopoly, etc.

I hope this email spoke to your inner child and that you enjoyed it, see you soon!

58. Languages Taught at School

You may have already asked yourself, "but what language(s) do school children learn at school in France?" Well, if you haven't, I'm going to answer you anyway!

In France, the first foreign language taught in school is English. We have English classes starting in elementary school. The classes teach the basics like how to pronounce the letters of the alphabet correctly, how to count, some verbs, etc.

I remember that it was very playful, with pictures, and we had to describe them with the appropriate vocabulary. We also learned nursery rhymes or children's songs to start getting used to speaking and understanding.

Then in middle school, we must choose a second compulsory foreign language between German and Spanish (in addition

L'espagnol est souvent préféré à l'allemand, mais j'ai choisi cette dernière quand même !

On peut aussi choisir d'apprendre en option le latin ou le grec (dans mon collège en tout cas, mais c'est assez répandu en France). J'avais choisi latin, c'était intéressant mais un peu difficile avec toutes les déclinaisons. Cela ressemble un peu à l'allemand avec la construction des phrases, mais comme je n'étais pas très doué en allemand...

Enfin au lycée, comme au collège, nous avons des cours d'anglais obligatoires ainsi que des cours d'allemand ou d'espagnol (souvent on choisit celle que l'on apprenait au collège car c'est mieux de déjà maîtriser un peu la langue).

En fonction des lycées, il peut y avoir plus de choix en ce qui concerne les options de LV3 : on peut avoir latin ou grec, mais aussi russe, portugais, arabe voire même coréen ou japonais dans certains lycées.

J'ai pu remarquer que souvent les élèves ne sont pas tous très enthousiastes d'apprendre les langues à l'école, mais avec le recul, je trouve cela super d'apprendre si tôt des langues étrangères, ça permet de s'ouvrir au monde et d'élargir nos futures opportunités.

En conclusion, si un Français se moque de votre accent lorsque vous parlez français, demandez lui de parler une autre langue sans son accent, cela devrait le remettre à sa place !

Je rigole, tous les Français ne sont pas si méchants, ne vous inquiétez pas !

to English). Spanish is often preferred to German, but I chose the latter anyway!

You can also choose to learn Latin or Greek as an option (in my school anyway, but it is quite common in France). I chose Latin, it was interesting but a bit difficult with all the declensions. It was a bit like German with the construction of sentences, but as I was not very good in German...

Finally, in high school, as in college, we have compulsory English classes as well as German or Spanish classes (often we choose the one we were learning in college because it's better to already know the language a little).

Depending on the school, there may be more choice in terms of LV3 (modern or foreign language) options: you can have Latin or Greek, but also Russian, Portuguese, Arabic or even Korean or Japanese in some schools.

I have noticed that often students are not all that enthusiastic about learning languages at school, but in retrospect, I think it is great to learn foreign languages so early on, it opens up the world and broadens our future opportunities.

In conclusion, if a French person makes fun of your accent when you speak French, ask them to speak another language without their accent, that should put them in their place!

Just kidding, not all French people are so mean, don't worry!

59. Apprendre la Musique   59. Learning Music

Aujourd'hui nous allons parler de la musique et de comment elle est enseignée en France, que ce soit pour chanter, danser ou jouer d'un instrument.

Dans la majorité des collèges, il y a des cours de musique. On y apprend les gammes, et l'on chante. Le professeur choisit quelques chansons chaque année et les élèves doivent les apprendre et les chanter en chœur en fonction de leur voix.

L'histoire de la musique est aussi enseignée, comme par exemple les compositeurs de l'époque baroque ou de la Renaissance. Quelques années en arrière, on enseignait la flûte à bec, mais la plupart des établissements scolaires ont arrêté de l'enseigner.

On trouve aussi des ateliers chorale où les élèves apprennent des chants qu'ils chantent ensemble. Cela ne rentre pas en compte dans la notation, mais c'est un passe-temps que certains apprécient au même titre que le

Today we are going to talk about music and how it is taught in France, whether it is to sing, dance or play an instrument.

In most schools, there are music classes. You learn scales and you sing. The teacher chooses a few songs each year and the students have to learn them and sing them in chorus according to their voices.

The history of music is also taught, such as the composers of the Baroque and Renaissance periods. Some years ago, the recorder was taught, but most schools have stopped teaching it.

There are also choral workshops where students learn songs and sing them together. This does not count for grading purposes, but it is a hobby that some people enjoy in the same way as drama.

théâtre.

Mais si l'on souhaite apprendre à chanter, alors il faudra prendre des cours auprès d'associations ou de professeurs particuliers.

En ce qui concerne la danse et l'apprentissage d'un instrument et du solfège, on peut apprendre au conservatoire. Il y a des professeurs de tous styles de danse et d'instruments. Les cours de solfège y sont obligatoires si l'on veut apprendre à jouer d'un instrument.

Aussi, il n'est pas nécessaire d'acheter son propre instrument (car cela coûte souvent très cher), le conservatoire peut vous en louer un la plupart du temps !

C'est une superbe occasion pour apprendre à jouer en groupe aussi, car des orchestres sont formés en fonction des niveaux des apprentis musiciens.

En ce qui concerne les instruments les plus joués en France, je dirais que ce sont la guitare, le piano, le violon, l'accordéon, la flûte et la clarinette.

Pour la danse, je dirais que la danse classique est la plus répandue, même s'il y a des amateurs d'autres styles comme la salsa, le break dance, le hip-hop, etc.

Les jeunes musiciens formés au conservatoire se produisent souvent sur scène. Certains sont gratuits, cela vaut le coup de se renseigner pour y assister, cela pourrait être une bonne expérience ! De même pour les spectacles de danse !

Voilà, j'espère que cet email vous aura intéressés !

But if one wishes to learn to sing, then one should take lessons from associations or private teachers.

As for dancing and learning an instrument and music theory, you can learn at the conservatory. There are teachers for all styles of dance and instruments. Music theory classes are mandatory if you want to learn to play an instrument.

Also, it is not necessary to buy your own instrument (as it is often very expensive), the conservatory can rent you one most of the time!

This is a great opportunity to learn to play in a group as well, as orchestras are formed according to the level of the apprentice musicians.

As far as the most played instruments in France are concerned, I would say that they are the guitar, piano, violin, accordion, flute and clarinet.

For dance, I would say that classical dance is the most widespread, even if there are fans of other styles such as salsa, break dance, hip-hop, etc.

Young musicians trained at the conservatory often perform on stage. Some of them are free, so it's worth asking about them, it could be a good experience! The same goes for the dance shows!

I hope this email has interested you!

60. Liste des Objectifs

L'histoire d'aujourd'hui mettra en scène Lucien, un jeune homme un peu triste qui a du mal à être heureux en ce moment. Il a donc pris rendez-vous chez un psychologue, et ce dernier lui donne un conseil qui lui redonne espoir.

Lucien : Avec tout ce qui se passe dans le monde actuellement, j'ai peur pour l'avenir, je ne sais pas ce qui pourrait se passer, serons-nous un jour en paix ? D'abord un virus qui entraîne une pandémie, puis de nouveaux conflits en Afghanistan et ailleurs dans le monde, enfin des incendies dans de très nombreux pays !

Psychologue : Vous craignez que ces événements aient un impact sur votre vie, c'est bien cela ?

Lucien : Oui... Je ne me sens pas en sécurité, peut être que dans cinq ans ce sera la fin du monde ! J'ai peur de ne pas avoir vécu suffisamment de choses...

Psychologue : Dans ce cas, ce soir en rentrant chez vous, essayez de créer une liste de choses à faire avant de mourir. Tout ce qui peut vous faire plaisir ! Même gravir l'Everest si vous voulez ! Cela vous permettra de vivre en ayant des objectifs !

La fin du rendez-vous de Lucien lui remonte un peu le moral, et après être allé boire un café en ville pour se changer les idées, il rentre chez lui.

Il ouvre son journal intime, comme tous les soirs, et y écrit le résumé de sa journée.

« Cher journal, aujourd'hui j'ai enfin pu exprimer ce que je ressentais grâce à mon psychologue. Cela m'a fait du bien d'en parler, je me sens un peu soulagé. Il m'a conseillé de faire une liste de choses à faire avant de mourir, alors je vais essayer de la

60. List of Goals

Today's story will feature Lucien, a young man who is a little sad and is having a hard time being happy right now. So he made an appointment with a psychologist, who gives him some advice that gives him hope.

Lucien: With everything that is happening in the world right now, I am worried for the future, I don't know what could happen, will we ever be at peace? First a virus that causes a pandemic, then new conflicts in Afghanistan and elsewhere in the world, then fires in many, many countries!

Psychologist: You are afraid that these events will have an impact on your life, right?

Lucien: Yes... I don't feel safe, maybe in five years it will be the end of the world! I'm worried I haven't experienced enough...

Psychologist: In that case, tonight when you get home, try to create a bucket list. Anything that will make you happy! Even climb Everest if you want! This will allow you to live with goals!

The end of Lucien's appointment cheers him up a bit, and after going for a coffee in town to take his mind off things, he goes home.

He opens his diary, as he does every night, and writes a summary of his day.

"Dear Diary, today I was finally able to express how I felt thanks to my psychologist. It felt good to talk about it, I feel a little relieved. He advised me to make a bucket list, so I'm going to try to create it."

créer. »

Il finit de rédiger le résumé de sa journée puis tourne les pages jusqu'à la dernière page de son journal où il s'apprête à écrire sa liste de choses à faire :

- Manger au restaurant en haut de la Tour Eiffel.
- Faire du camping en forêt avec mes amis.
- Faire de la plongée sous-marine pour observer la Barrière de Corail.
- Apprendre le Kung Fu avec un Moine Shaolin.

Lucien : Hmm, celui-là m'a l'air assez difficile à réaliser... Je ferais mieux de l'effacer... Oh, et puis non ! On ne sait jamais ! En plus, ça serait carrément cool !

- Recueillir un chat abandonné à la SPA.
- M'acheter ma propre maison.
- Pouvoir payer des vacances à mes parents.

Lucien : Voilà, je pense avoir fait le tour de toutes mes idées... Il me reste de la place alors je pourrai sûrement rajouter des choses !

Lucien ferme son journal, tout content à l'idée d'avoir de nouveaux objectifs dans sa vie.

He finishes writing the summary of his day then turns the pages to the last page of his journal where he is about to write his bucket list:

- Eat at the restaurant on top of the Eiffel Tower.
- Go camping in the forest with my friends.
- Scuba diving to see the Barrier Reef.
- Learn Kung Fu with a Shaolin Monk.

Lucien: Hmm, that one sounds pretty hard to achieve... I'd better delete it... Oh, what the hell! You never know! Plus, it would be totally cool!

- Take in an abandoned cat from the SPA.
- Buy my own house.
- To be able to pay for my parents' vacation.

Lucien: I think I've covered all my ideas... I still have some space left, so I'll probably be able to add some things!

Lucien closes his journal, happy to have new goals in his life.

61. Le Loto

Aujourd'hui nous allons parler du Loto en France, de son succès, et des sommes d'argent que l'on peut gagner.

Le mot « Loto » provient de l'italien Lotto qui signifie « lot. » À l'origine, ce « jeu » était simplement le mode de renouvellement des membres du Conseil Municipal d'une province italienne jusqu'à ce que François 1er le rapporte en France.

On appelle aussi ce jeu « bingo, » surtout dans les pays anglophones, car autrefois on recouvrait les cases avec des haricots (beans) ce qui a donné le nom de « bingo. »

Il faut savoir qu'en France, il faut être majeur (18 ans) pour pouvoir avoir le droit de jouer à des jeux d'argent : que ce soit pour jouer au loto, aux jeux à gratter, ou pour entrer dans un casino, etc.

En ce qui concerne les lotos nationaux il y a deux grands tirages auxquels les Français participent beaucoup, car il y a de grosses sommes d'argent en jeu : le Loto et l'Euromillion.

Pour ces deux jeux, le joueur doit sélectionner une série de numéros sur une grille. Il espère ensuite que ces numéros soient tirés au sort pour gagner le gros lot.

Le Loto permet de gagner des sommes entre un et dix millions d'euros. L'Euromillion quant à lui est un jeu à dimension européenne, cela signifie des joueurs dans toute l'Europe, par conséquent, les sommes d'argent à gagner sont plus conséquentes, entre 10 et 100 millions d'euros.

Bien sûr, il faut réunir les six bons numéros et dans le bon ordre pour espérer gagner une telle somme, mais il n'empêche que l'on peut gagner un petit peu d'argent si l'on obtient deux ou trois numéros à la suite.

61. Lottery

Today we are going to talk about lottery in France, its success, and the amount of money that can be won.

The word "Lotto" comes from the Italian Lotto which means prize or batch. Originally, this "game" was simply the method of renewing the members of the Municipal Council of an Italian province until Francis 1st brought it to France.

It is also called "bingo," especially in English-speaking countries because, in the past, the squares were covered with beans, which gave the name "bingo."

It should be noted that in France, you must be of age (eighteen years) to have the right to gamble: whether it is lotto, scratch games, entering a casino, etc.

As far as the national lotto is concerned, there are two big draws in which the French participate a lot, because there are big sums of money at stake: the Lotto and the Euromillion.

For both games, the player must select a series of numbers on a grid. They then hope that these numbers are drawn to win the jackpot.

The Lotto can win amounts between one and ten million euros. The Euromillion is a game with a European dimension, which means that there are players all over Europe, so the amounts of money to be won are more substantial, between ten and one hundred million euros.

Of course, you have to get the six numbers right and in the right order to win such a sum, but you can still win a little money if you get two or three numbers in a row.

Pour jouer au loto, vous pouvez acheter les tickets chez un buraliste ou bien en ligne directement sur le site du Loto ou de l'Euromillion.	To play the lotto, you can buy the tickets at a tobacconist's or online directly on the Lotto or Euromillion websites.
Tout le monde rêve de gagner au loto et de devenir millionnaire. Que feriez-vous avec autant d'argent ? Vous achèteriez-vous une grande maison ? Ou pourquoi pas un château ? Ou bien encore une voiture de luxe ?	Everyone dreams of winning the lottery and becoming a millionaire. What would you do with that kind of money? Would you buy a big house? Or why not a castle? Or a luxury car?
Garderiez-vous tout l'argent pour vous ou bien en donneriez-vous une partie à vos amis, à votre famille ou bien à des associations caritatives ?	Would you keep all the money for yourself or would you give some of it to friends, family or charities?
Continueriez-vous à travailler ou bien prendriez-vous votre retraite ?	Would you continue to work or would you retire?
Personnellement, je pense que je donnerais une partie de cet argent à mes parents pour compenser toutes les dépenses qu'ils ont dû faire pour moi depuis que je suis né. Ils ont sans doute dû faire des sacrifices pour m'élever et ça compenserait un peu.	Personally, I think I would give some of the money to my parents to make up for all the expenses they have had for me since I was born. They probably had to make sacrifices to raise me and that would make up for it a little bit.
Ensuite, je pense que je m'achèterais une belle voiture et que je partirais en vacances avec ma famille et mes amis.	Then I think I would buy a nice car and go on vacation with my family and friends.

62. La Culture du Machisme

Bonjour à vous ! Aujourd'hui nous allons parler d'un sujet peut-être un peu controversé mais important malgré tout : la culture du machisme. Mais vous entendrez plus souvent le mot « macho » qui en est une abréviation.

Un machiste est une personne qui croit que les hommes sont supérieurs aux femmes dans tous les domaines, et que celles-ci devraient se contenter de faire des tâches subalternes (cuisine, ménage, élever les enfants, etc.).

De nombreux hommes pensent encore de cette façon à travers le monde, et la hiérarchie de certaines sociétés de nos jours est encore basée sur le patriarcat.

Depuis l'apparition du mouvement #MeToo, on dénombre toujours plus de témoignages de harcèlement sexuel et de violences envers les femmes en France, notamment dans les grandes villes, et je pense pouvoir affirmer que les femmes en France craignent encore trop souvent de se faire agresser un jour.

On peut remarquer que dans les métropoles, les jeunes femmes travaillent beaucoup et sont indépendantes, alors que dans les campagnes (où la population est plus âgée), on retrouve plus de femmes au foyer. Cela est dû à la façon dont cette population (post 2ème Guerre Mondiale) a été éduquée.

À présent, sur une note plus légère, j'aimerais vous parler d'un phénomène de société français : le « beauf. » « Beauf » est l'abréviation de « beau-frère » et cela représente un cliché d'une personne inculte, bornée et vulgaire.

Mais de nos jours la signification de ce mot a légèrement changé pour définir un type de Français parfois tourné en ridicule.

62. Machismo

Hello to you! Today we're going to talk about a subject that may be a bit controversial but is important nonetheless: the culture of machismo. But you will hear more often the word "macho" which is an abbreviation of it.

A macho is a person who believes that men are superior to women in every way, and that women should be content to do menial tasks (cooking, cleaning, raising children, etc.).

Many men still think this way around the world, and the hierarchy in some societies today is still based on patriarchy.

Since the emergence of the #MeToo movement, there are more and more testimonies of sexual harassment and violence towards women in France, especially in big cities, and I think it's safe to say that women in France are too often afraid of being assaulted one day.

We can notice that in the metropolises, young women work a lot and are independent, whereas in the countryside (where the population is older), we find more housewives. This is due to the way this population (post World War II) has been educated.

Now, on a lighter note, I'd like to tell you about a French social phenomenon: the "beauf." "Beauf" is short for "beau-frère" and it represents a cliché of an uncultured, narrow-minded and vulgar person.

But nowadays the meaning of this word has changed slightly to define a type of Frenchman sometimes ridiculed.

Caractéristiques d'un beauf :	Characteristics of a *beauf*:
- Goût prononcé pour l'alcool : souvent peu cher comme le Pastis, le vin rouge ou la bière bas de gamme. - Vêtements ringards : t-shirt sans manches, short, et le fameux claquettes-chaussettes (mettre des chaussettes dans ses sandales). - Prend souvent l'apéro (abréviation « d'apéritif ») : avant chaque repas, c'est la tradition de manger du saucisson, du fromage, du pain et boire de l'alcool. - Goûts musicaux douteux : chansons paillardes et fan inconditionnel de Johnny Hallyday. - Possède une voiture ou une caravane. - A une coupe mulet et une grosse moustache. - Fan de football. - Son humour est basé sur les blagues sexuelles et misogynes.	- Strong taste for alcohol: often cheap like Pastis, red wine or cheap beer. - Nonsense clothes: sleeveless t-shirt, shorts, and the famous "claquettes-chaussettes" (wearing socks with your sandals). - Aperitif: before every meal, it is traditional to eat sausage, cheese, bread and drink alcohol. - Dubious musical tastes: bawdy songs and unconditional fan of Johnny Hallyday. - Owns a car or a caravan. - Has a mullet and a big moustache. - A soccer fan. - His humor is based on sexual and misogynistic jokes.
Tout ceci représente un cliché, mais certaines personnes possèdent ces caractéristiques et de nos jours on en rigole beaucoup, surtout parmi les adolescents et jeunes adultes !	All of this is a cliché, but some people have these characteristics and nowadays we laugh about them a lot, especially among teenagers and young adults!
Certains sont même fiers d'être « beauf, » pas besoin d'être un homme macho pour être beauf ! Et si jamais un jour vous allez en France hors des grandes villes, vous aurez l'occasion d'en croiser !	Some people are even proud to be a "beauf," you don't have to be a macho man to be a *beauf*! And if one day you go to France outside the big cities, you will have the opportunity to meet some!
Pour finir, je dirais que la culture machiste en France est moins présente avec l'évolution des mentalités, mais les femmes font quand même toujours face à certaines inégalités et sont victimes de violence. Mais cela n'est pas inhérent aux Français, c'est le cas partout dans le monde et il faudrait que cela change !	To finish, I would say that the macho culture in France is less present with the evolution of mentalities, but women still face some inequalities and are victims of violence. But this is not inherent to the French, it is the case everywhere in the world and it should change!

63. La Magie et la Sorcellerie # 63. Magic & Sorcery

Aujourd'hui nous allons parler de magie... Mais pas des tours de passe-passe ni d'illusionnistes, mais bien de la vraie magie : la sorcellerie. Car, vous ne le savez peut-être pas, mais la France a un certain passé avec la sorcellerie, les créatures féériques et les chasses aux sorcières.

Comme aux États-Unis avec les fameux Procès des Sorcières de Salem, de nombreuses chasses aux sorcières ont eu lieu en Europe, et surtout en France. Dès le Moyen-Âge, les pratiques occultes sont très craintes par la population, et surtout par l'Eglise Chrétienne.

En effet, l'Eglise Chrétienne a longtemps eu un rôle majeur dans les décisions de l'État. Il a d'ailleurs fallu attendre 1905 pour avoir une loi qui sépare les pouvoirs de l'Eglise et de l'État.

La période de chasses aux sorcières et de procès se situe principalement entre le

Today we are going to talk about magic... But not about sleight of hand or illusionists, but about real magic: witchcraft. Because, you may not know it, France has a certain history with witchcraft, fairy creatures and witch hunts.

As in the United States with the famous Salem Witch Trials, many witch hunts have taken place in Europe, and especially in France. Since the Middle Ages, occult practices have been feared by the population, and especially by the Christian Church.

Indeed, the Christian Church has long had a major role in the decisions of the State. It was not until 1905 that a law was passed separating the powers of the Church and the State.

The period of witch hunts and trials was mainly between the 14th and 17th centuries,

XIVème et le XVIIème siècle, l'Église ayant assimilé la pratique de la magie au Satanisme et à une forme de culte du Diable.

De nos jours, on trouve toujours des voyantes ou des Marabouts qui proposent de lire votre avenir avec un jeu de tarot par exemple.

De même, (enfin ce n'est pas vraiment de la « magie » mais plutôt « une approche énergétique ») il est commun de trouver des thérapeutes pratiquant le Reiki ou le magnétisme.

Mais il reste toujours quelques lieux en France auxquels on prête une histoire en rapport avec la magie ou dont on dit qu'ils sont hantés. Quelques châteaux hantés du Moyen-Âge ou de la Renaissance se trouvent dans la région du Périgord en France, même si on en trouve aussi dans d'autres régions. Cependant, le lieu magique dont je voudrais vous parler est une forêt...

La Forêt de Brocéliande, située en Bretagne, est une forêt liée à la célèbre Légende du Roi Arthur. On raconte que le sorcier Merlin ou les Chevaliers de la Table Ronde y ont vécu de nombreuses aventures. Il parait aussi que c'est l'endroit où Merlin serait mort.

De nos jours, il est possible de visiter cette forête et de découvrir des vestiges comme la Fontaine de Jouvence, le Tombeau de Merlin, et d'autres lieux liés à cette légende. Il paraît même que des fées y habitent, jouant des tours aux voyageurs...

J'ai déjà eu la chance de visiter cette forêt une fois quand j'étais enfant, et j'aimerais beaucoup y retourner, c'est vraiment un lieu magnifique !

when the Church considered the practice of magic as Satanism and a form of devil worship.

Nowadays, there are still clairvoyants or marabouts who propose to read your future with a tarot deck for example.

In the same way, (well it's not really "magic" but rather "an energetic approach") it is common to find therapists practicing Reiki or magnetism.

But there are still some places in France that have a history with magic or that are said to be haunted. Some haunted castles from the Middle Ages or the Renaissance are to be found in the Périgord region of France, although they are also to be found in other regions. However, the magical place I would like to talk about is a forest...

The Forest of Broceliande, located in Brittany, is a forest linked to the famous legend of King Arthur. It is said that the sorcerer Merlin or the Knights of the Round Table have lived many adventures there. It is also said that it is the place where Merlin died.

Nowadays, it is possible to visit this forest and discover vestiges such as the Fountain of Youth, Merlin's Tomb, and other places linked to this legend. It even seems that fairies live there, playing tricks on travelers...

I already had the chance to visit this forest once when I was a child, and I would love to go back there, it's really a beautiful place!

64. Le Déménagement   64. Moving Out

Aujourd'hui nous allons lire l'histoire d'Emma, jeune étudiante entrant à l'université.

Emma a eu 18 ans il y a quelques mois. Elle a fini le lycée et a eu son baccalauréat scientifique avec une note de 15/20 ! En plus, elle a été acceptée dans la Faculté de Médecine de Bordeaux, elle est super contente !

À présent, il faut qu'elle trouve un appartement car ses parents n'habitent pas à Bordeaux... Ce sera la première fois qu'elle vivra toute seule, comme la plupart des étudiants entrant à l'université.

Après plusieurs jours de recherche et de visites, Emma et sa famille ont réussi à trouver un appartement près de la Place de la Victoire, en plein dans le centre de Bordeaux. C'est juste à côté de la Rue Sainte Catherine, l'une des plus grandes rues commerçantes de France, alors Emma est ravie !

Today we will read the story of Emma, a young student entering college.

Emma turned eighteen a few months ago. She finished high school and got her scientific baccalaureate with a mark of 15/20! On top of that, she has been accepted in the Faculty of Medicine of Bordeaux, she is very happy!

Now she has to find an apartment because her parents don't live in Bordeaux... It will be the first time she will live alone, like most students entering university.

After several days of searching and visiting, Emma and her family managed to find an apartment near the Place de la Victoire, right in the center of Bordeaux. It's right next to Rue Sainte Catherine, one of the biggest shopping streets in France, so Emma is thrilled!

Mais l'appartement n'est pas meublé, alors Emma et sa famille vont faire les magasins pour l'aménager. Tout d'abord ils vont à Ikea pour trouver un lit et une armoire pour ranger ses vêtements, des étagères pour ranger ses livres, et bien sûr un bureau pour travailler.

Mais en ce qui concerne la décoration de l'appartement, Emma veut s'en occuper toute seule. Alors, elle arpente les rues de Bordeaux et trouve plusieurs objets pour décorer son nouveau chez-elle.

« Cette jolie lampe ira sur mon bureau à côté de mon ordinateur, ce vase et ces fleurs feront un très joli centre de table, et ce cadre ira très bien sur le mur à côté de mes posters préférés, » dit Emma.

Enfin le soir venu, ses parents lui disent au revoir, et la voilà qui se retrouve seule chez elle. Son appartement n'est ni trop grand ni trop petit, elle s'y sent bien. Toute excitée à l'idée d'être chez elle, elle décide d'appeler sa meilleure amie Elise, qui elle aussi habite à Bordeaux, pour visiter son appartement et boire un verre.

C'est une nouvelle vie qui démarre pour Emma dans son nouvel appart' et elle a hâte que l'année scolaire commence pour aller à l'université.

J'espère que cette histoire vous aura plu, à très bientôt !

But the apartment isn't furnished, so Emma and her family are going shopping to furnish it. First they go to Ikea to find a bed and a closet to store her clothes, shelves to store her books, and of course a desk to work at.

But when it comes to decorating the apartment, Emma wants to do it herself. So she walks around Bordeaux streets and finds several objects to decorate her new home.

"This pretty lamp will go on my desk next to my computer, this vase and these flowers will make a lovely centerpiece, and this frame will look great on the wall next to my favorite posters," Emma says.

Finally, at night, her parents said goodbye, and she was home alone. Her apartment is not too big or too small, and she feels comfortable there. Excited to be home, she decided to call her best friend Elise, who also lived in Bordeaux, to visit her apartment and have a drink.

It's a new life for Emma in her new apartment and she can't wait for the school year to start and to go to college.

I hope you enjoyed this story, see you soon!

65. La Musique

Aimez-vous la musique ? Personnellement j'adore ça, j'en écoute tout le temps : dans le bus, dans la rue, dans la voiture, quand je travaille ou fait le ménage, bref tout le temps ! C'est pour cela qu'aujourd'hui j'ai décidé de vous parler des goûts musicaux des Français en fonction des générations !

Personnes nées à partir de 1970 :
Les adultes écoutent beaucoup de chansons avec lesquelles ils ont grandi, souvent celles que l'on entendait à la radio ou à la télévision à cette époque.

Pour donner quelques exemples d'artistes français dont la carrière a décollé à partir de 1970 on peut citer : Johnny Hallyday, Michel Sardou, Claude François, Daniel Balavoine, Céline Dion.

Ces mêmes adultes écoutaient aussi des artistes étrangers célèbres à l'international tels que AC/DC, Stevie Wonder, Police, David Bowie, Michael Jackson, Madonna et bien d'autres.

De nos jours, ils écoutent majoritairement des chansons de leur enfance, mais s'intéressent aussi un peu aux groupes récents (souvent de la pop ou variété française).

Personnes nées entre 1990 et 2003 :
Ce sont les premiers jeunes de la génération Z. Ils ont connu l'apparition du MP3 et ont été influencés par les vagues grunge et émo, alors évidemment les groupes tels que Nirvana, Green Day ou Evanescence étaient très populaires à cette époque.

Certains groupes ou chanteurs français ont aussi cartonné au début des années 2000. On peut citer notamment : Florent Pagny, Pascal Obispo, Patrick Bruel, Fatal Bazooka, -M-, Lorie, Jennifer, David Guetta, etc.

Pour les succès internationaux populaires

65. Music

Do you like music? Personally I love it, I listen to it all the time: on the bus, in the street, in the car, when I work or do the housework, in short all the time! That's why today I decided to tell you about the musical tastes of the French according to the generations!

People born from 1970:
Adults listen to a lot of the songs they grew up with, often the ones you heard on the radio or TV at that time.

To give a few examples of French artists whose careers took off in 1970, we can mention: Johnny Hallyday, Michel Sardou, Claude François, Daniel Balavoine, Céline Dion.

These same adults also listened to internationally famous foreign artists such as AC/DC, Stevie Wonder, Police, David Bowie, Michael Jackson, Madonna and many others.

Nowadays, they mostly listen to songs from their childhood, but also have some interest in recent bands (often pop or French variety).

People born between 1990 and 2003:
These are the first young people of generation Z. They experienced the appearance of MP3 and were influenced by the grunge and emo waves, so obviously bands like Nirvana, Green Day or Evanescence were very popular at that time.

Some French bands or singers were also very popular in the early 2000s. We can mention Florent Pagny, Pascal Obispo, Patrick Bruel, Fatal Bazooka, -M-, Lorie, Jennifer, David Guetta, etc.

For the popular international successes of

du début des années 2000 en France on a connu Britney Spears, Eminem, Snoop Dog, Backstreet Boys, Beyoncé, Lady Gaga, Rihanna, Black Eyed Peas, Coldplay, etc.

Il faut aussi que je vous parle de la mode Tecktonik. Elle est apparue en France en 2007 et a connu un énorme succès. Un peu moquée au début, elle est vite devenue très tendance. Et même si beaucoup ne l'admettront pas, tout le monde a déjà dansé la Tecktonik au moins une fois dans sa vie !

<u>Personnes nées entre 2010 et maintenant</u> :
Beaucoup d'artistes français célèbres aujourd'hui ont commencé leur carrière en 2010 comme par exemple Stromaé, Zazie, Soprano, Bigflo et Oli, Daft Punk, etc.

Et évidemment, en ce qui concerne les stars internationales populaires en France, on retrouve : Justin Bieber, Ke$ha, Pink, Katy Perry, Shakira, et Muse pour ne citer que les plus célèbres.

Le Top 50 français actuel comporte majoritairement des titres de rap français. Si vous appréciez ce style, je vous recommande d'écouter Booba, Jul, SCH, Lorenzo ou Nekfeu. En revanche si vous souhaitez apprendre à parler français ce n'est peut être pas la meilleure option, car l'argot et le verlan sont très utilisés dans les paroles, et 64% des chansons du Top 50 Français (d'après Spotify) ont des paroles « explicites. »

Voilà, j'espère que le sujet d'aujourd'hui vous aura plu ! À très bientôt !

the early 2000s in France, we knew Britney Spears, Eminem, Snoop Dog, Backstreet Boys, Beyoncé, Lady Gaga, Rihanna, Black Eyed Peas, Coldplay, etc.

I also have to tell you about the Tecktonik fashion. It appeared in France in 2007 and was a huge success. A little mocked at the beginning, it quickly became very trendy. And even if many will not admit it, everyone has already danced Tecktonik at least once in their life!

<u>People born between 2010 and now</u>:
Many famous French artists today started their career in 2010, like for example Stromaé, Zazie, Soprano, Bigflo and Oli, Daft Punk, etc.

And of course, as far as the international popular stars in France are concerned, we find: Justin Bieber, Ke$ha, Pink, Katy Perry, Shakira, and Muse to name only the most famous.

The current French Top 50 has a majority of French rap songs. If you like this style, I recommend you to listen to Booba, Jul, SCH, Lorenzo or Nekfeu. On the other hand, if you want to learn to speak French, this might not be the best option, as slang and verlan are used a lot in the lyrics, and 64% of the songs in the French Top 50 (according to Spotify) have "explicit" lyrics.

There you go, I hope you enjoyed today's topic! See you soon!

66. Mes Corvées Hebdomadaires

66. My Weekly Chores

Je vis seul dans un appartement et je dois faire toutes les corvées moi-même. En général, j'aime bien faire les tâches ménagères car j'écoute de la musique sur mon enceinte Bluetooth en même temps, cela rend les choses plus amusantes ! Je suis quelqu'un de très organisé. J'aime que mon appartement soit aussi bien rangé et propre que possible, donc j'essaie de répartir les tâches ménagères sur toute la semaine.

Je fais la vaisselle tous les soirs si possible, car comme mon évier n'est pas très grand, il déborde vite d'assiettes, de verres, de couverts, d'ustensiles, de poêles et de casseroles. Comme je n'ai pas de lave-vaisselle, je lave tout à la main avec une éponge et du liquide vaisselle.

Habituellement, je fais le reste des corvées les weekends :

Tout d'abord, pour nettoyer le sol, j'utilise un aspirateur pour aspirer la poussière qui se trouve sur le sol et le tapis. Ensuite, j'utilise

I live alone in an apartment and have to do all the chores myself. I usually like to do the chores because I listen to music on my Bluetooth speaker at the same time, it makes things more fun! I am a very organized person. I like to keep my apartment as neat and clean as possible, so I try to spread the chores out over the week.

I do the dishes every night if possible, because my sink is not very big and it quickly overflows with plates, glasses, cutlery, utensils, pots and pans. Since I don't have a dishwasher, I wash everything by hand with a sponge and dishwashing liquid.

I usually do the rest of the chores on weekends:

First, to clean the floor, I use a vacuum cleaner to suck up the dust that is on the floor and carpet. Then I use a mop to make

une serpillère pour m'assurer que tout est impeccable. Enfin, comme je n'ai pas de machine à laver non plus, je vais à la laverie automatique pour laver mes vêtements.

Puis, le samedi je vais faire les courses pour toute la semaine. Habituellement j'achète des pâtes, des légumes, du jambon, du poulet, des yaourts, etc. J'adore cuisiner, même si je n'ai pas tellement le temps de le faire. J'aime découper les légumes et créer de nouvelles sauces. De temps en temps, si j'ai le temps, j'aime faire des crêpes (c'est une sorte de pancake français mais plus large et plus fin, en général nous les mangeons avec du sucre, mais certains aiment les beurrer ou mettre de la confiture. Pour ma part je les adore avec du Nutella !).

Enfin, tous les dimanches je sors les poubelles et nettoie ma salle de bain : je lave le sol, j'utilise de l'eau de javel pour les canalisations de l'évier et des toilettes, je nettoie le miroir avec un bout de tissu et j'utilise du spray dans la douche pour nettoyer les joints.

sure everything is spotless. Finally, since I don't have a washing machine either, I go to the laundromat to wash my clothes.

Then on Saturday I go shopping for the whole week. Usually, I buy pasta, vegetables, ham, chicken, yogurt, etc. I love to cook, even though I don't have much time to do it. I like to cut up vegetables and create new sauces. From time to time, if I have time, I like to make crepes (it's a kind of French pancake but wider and thinner, usually we eat them with sugar, but some people like to butter them or put jam. I love them with Nutella!).

Finally, every Sunday I take out the garbage and clean my bathroom: I wash the floor, I use bleach for the sink and toilet pipes, I clean the mirror with a piece of cloth and I use spray in the shower to clean the joints.

67. Les Fêtes Nationales

Aujourd'hui nous allons aborder le sujet des fêtes nationales en France. Ce sont des dates importantes pour les Français, et ces dates-là sont des « jours fériés, » ce qui veut dire que l'on ne travaille pas.

La plupart de ces jours fériés sont liés à des fêtes d'origine chrétienne. Je ne vais donc pas trop m'attarder sur celles-ci, mais je vais parler plus en détails des événements d'origine historique. Voici les dates de 2021 :

Fêtes Chrétiennes :

- Le Lundi de Pâques : lundi 5 avril 2021.
- Le Jeudi de l'Ascension : jeudi 13 mai 2021.
- Le Lundi de Pentecôte : lundi 24 mai 2021.
- L'Assomption : dimanche 15 août 2021.
- La Toussaint : lundi 1er novembre 2021.
- Noël : samedi 25 décembre 2021.

Fêtes historiques :

- La Fête du Travail : 1er mai. La Fête du Travail est d'origine australienne : le 21 avril 1856, des travailleurs se mettent en grève pour réclamer la journée de 8 heures de travail. Ces revendications font écho à l'international, et en 1919, la journée de huit heures est mise en place en France : le 1er mai reste une journée non travaillée et non payée. C'est donc une fête internationale, et en France c'est la seule date où il est « interdit » de travailler : ce jour-là, toutes les boutiques et tous les restaurants sont fermés !

- La Fête de la victoire des Alliés sur l'Allemagne nazie et la fin de la Seconde Guerre mondiale de 1945 : 8 mai. C'est la date de la signature de l'Armistice de la Seconde Guerre Mondiale après la capitulation de l'Allemagne nazie en Europe. C'est une journée de

67. National Holidays

Today we are going to talk about the national holidays in France. These are important dates for the French, and these dates are "public holidays," which means that we do not work.

Most of these holidays are related to Christian holidays. So I won't dwell too much on those, but I will talk in more detail about events of historical origin. Here are the dates for 2021:

Christian Holidays:

- Easter Monday: Monday, April 5, 2021.
- Ascension Thursday: Thursday, May 13, 2021.
- Whit Monday: Monday, May 24, 2021.
- Assumption: Sunday, August 15, 2021.
- All Saints' Day: Monday, November 1, 2021.
- Christmas: Saturday, December 25, 2021.

Historical holidays:

- Labor Day: May 1st. Labor Day is of Australian origin: on April 21, 1856, workers went on strike to demand the 8-hour workday. These claims were echoed internationally, and in 1919, the eight-hour day was implemented in France: May 1st remained a day not worked and not paid. It is therefore an international holiday, and in France it is the only date when it is "forbidden" to work: on this day, all stores and restaurants are closed!

- The Allied Victory Day over Nazi Germany and the end of World War II in 1945: May 8. This is the date of the signing of the World War II Armistice after the surrender of Nazi Germany in Europe. It's a day of remembrance to pay tribute to people who died in the war. Every year the

commémoration rendant hommage aux personnes décédées pendant cette guerre. Tous les ans le Président de la République se rend sur la tombe du « soldat inconnu » sous l'Arc de Triomphe à Paris et prononce un discours.

- La Fête Nationale : 14 juillet. Le 14 juillet est la Fête nationale qui célèbre la prise de la Bastille lors de la Révolution française. Le 14 juillet 1789, la Bastille (une forteresse/ une prison à l'est de Paris) est prise d'assaut lors d'une révolte du peuple parisien contre la Monarchie. C'est la date de la fin de la Monarchie absolue et le début de la République française. Tous les 14 juillet, un grand défilé militaire regroupant toutes les armées françaises a lieu sur les Champs Elysées à Paris. Et le soir dans la plupart des villes de France, on peut assister à un feu d'artifice. Celui de Paris est même tiré depuis la Tour Eiffel !

- L'Armistice de 1918 : 11 novembre. C'est la date symbolique de la victoire des pays alliés (la France, l'Italie, l'Empire britannique, l'Empire russe et les États-Unis) contre l'Allemagne lors de la Première Guerre Mondiale. L'Armistice a été signé le 11 novembre 1918.

Donc, si un jour vous vous étonnez de voir tous les magasins fermés en France, c'est certainement car la date du jour correspond à l'un de ces jours fériés !

President of the Republic visits the tomb of the "unknown soldier" under the Arc de Triomphe in Paris and gives a speech.

- The National Holiday: July 14. July 14 is the National Holiday that celebrates the storming of the Bastille during the French Revolution. On July 14, 1789, the Bastille (a fortress/prison east of Paris) was stormed during a revolt of the Parisian people against the Monarchy. This is the date of the end of the absolute Monarchy and the beginning of the French Republic. Every July 14th, a big military parade gathering all the French armies takes place on the Champs Elysées Avenue in Paris. And in the evening, in most of the cities of France, one can attend a fireworks display. The one in Paris is even shot from the Eiffel Tower!

- The Armistice of 1918: November 11. This is the symbolic date of the victory of the Allied countries (France, Italy, the British Empire, the Russian Empire and the United States) against Germany in the First World War. The Armistice was signed on November 11, 1918.

So, if one day you are surprised to see all the stores closed in France, it is certainly because the date of the day corresponds to one of these holidays!

68. Les Sources d'Informations   68. News Sources

Une bonne façon d'apprendre du nouveau vocabulaire ainsi que d'améliorer sa compréhension orale est de regarder la télévision. Et quoi de mieux que regarder les informations ! Cela permet d'en apprendre plus sur le pays ! Je vais donc vous présenter les sources d'informations les plus célèbres en France.

Journaux :
- Le Monde : C'est le journal le plus célèbre. C'est un quotidien.
- Le Figaro : C'est le journal le plus ancien, il date de 1826 ! C'est un quotidien.
- Le Sud-Ouest : C'est un journal régional qui donne des informations locales sur toute la région Aquitaine. C'est un quotidien.

Radio :
- France Inter : C'est une station de radio d'informations mais aussi culturelle.
- Europe 1 : C'est une station d'informations qui reçoit souvent des invités afin de

A good way to learn new vocabulary as well as improve your listening comprehension is to watch television. And what better way than to watch the news! It allows you to learn more about the country! So I'm going to introduce you to the most famous news sources in France.

Newspapers:
- Le Monde: This is the most famous newspaper. It is a daily newspaper.
- Le Figaro: It's the oldest newspaper, it dates from 1826! It is a daily newspaper.
- Le Sud-Ouest: It is a regional newspaper which gives local information on the whole Aquitaine region. It is a daily newspaper.

Radio:
- France Inter: It is a radio station for news but also cultural.
- Europe 1: It is a news station that often receives guests to discuss current events,

débattre de l'actualité, de la politique, de l'économie, etc.
- France Bleu : Ce groupe dispose de plusieurs radios locales qui transmettent des informations dans toutes les grandes villes.

Télévision :
Pour ce qui est de la télévision, vous aurez des journaux télévisés deux à trois fois par jour en fonction des chaînes :
- Tôt le matin (entre 6h et 7h).
- Le midi (entre 12h et 13h ou 13h et 14h).
- Le soir (entre 19h et 20h ou 20h et 21h).

Voici les chaînes d'informations les plus regardées pour leurs journaux télévisés : TF1, France 2, France 3, M6.

Mais il y a aussi des chaînes d'informations en continu ! Comme BFMTV, LCI, CNEWS. Il est aussi possible de lire ou d'écouter les informations depuis un smartphone ou un ordinateur car toutes ces chaînes de radio et de télé ainsi que les journaux sont disponibles en ligne.

On peut lire ou relire des journaux parfois très anciens en allant sur le site du journal en question ; on peut écouter une rediffusion d'une émission de radio ou de télé, et même suivre la diffusion en direct.

En effet, ces grands groupes disposent pour la plupart de leur propre application.

Pour conclure, je dirais qu'il est très simple d'avoir accès aux informations en France, et que c'est un super moyen pour améliorer sa lecture, sa compréhension écrite, et sa compréhension orale.

politics, economics, etc.
- France Bleu: This group has several local radio stations that transmit information in all major cities.

Television:
As for television, you will have newscasts two to three times a day depending on the channel:
- Early morning (between 6 am and 7 am).
- At noon (between 12 and 1 pm or 1 and 2 pm).
- In the evening (between 7 and 8 pm or 8 and 9 pm).

Here are the most watched news channels for their television news: TF1, France 2, France 3, M6.

But there are also continuous news channels! Like BFMTV, LCI, CNEWS. It is also possible to read or listen to the news from a smartphone or a computer because all these radio and TV channels as well as newspapers are available online.

You can read or reread sometimes very old newspapers by going to the website of the newspaper in question; you can listen to a rebroadcast of a radio or TV show, and even follow the live broadcast.

Indeed, most of these large groups have their own application.

To conclude, I would say that it is very easy to have access to the news in France, and that it is a great way to improve your reading, reading comprehension, and listening comprehension.

69. Bruyants ou Pas ?

69. Noisy or Not?

Comme dans tous les pays du monde, les Français raffolent de la musique. La musique est présente à tout moment dans notre quotidien, que l'on soit en train de regarder la télé, d'écouter la radio ou même dans les magasins, il y aura forcément de la musique.

Mais la question qui se pose est : les Français sont-ils bruyants ? Et comme dans de nombreux pays, je dirais que cela dépend du respect qu'une personne peut avoir envers celles qui l'entourent.

En effet, il n'y a pas de problème à écouter de la musique toute la nuit si l'on vit seul dans une maison ou dans un appartement, car cela risque moins de déranger les voisins.

Sur ce point, je dirais que si des gens font une soirée en appartement, ils préviendront les voisins avant et essaieront de diminuer un peu le volume de la musique une fois la nuit tombée. Mais ce n'est pas toujours le cas.

As in every country in the world, the French are crazy about music. Music is present at all times in our daily lives, whether we are watching TV, listening to the radio or even in the stores, there is bound to be music.

But the question is: are the French loud? And as in many countries, I would say that it depends on the respect that a person can have towards those around them.

Indeed, there is no problem to listen to music all night long if you live alone in a house or in an apartment, because it is less likely to disturb the neighbors.

On this point, I would say that if people are having a party in an apartment, they will warn the neighbors beforehand and try to lower the volume of the music a bit after dark. But this is not always the case.

De même au volant, qui n'a pas déjà chanté à tue-tête sa chanson préférée en conduisant ? En France, la plupart du temps lorsque vous verrez une voiture avec les fenêtres ouvertes et la musique à fond, vous entendrez du rap ; ce seront des personnes qui cherchent à attirer l'attention (souvent avec des grosses voitures).

Dans la rue, il n'est pas rare de croiser des cyclistes (surtout les services de livraison de nourriture comme UberEats ou Deliveroo), avec des écouteurs Bluetooth, qui écoutent de la musique sur leur trajet.

Enfin, certaines personnes n'hésitent pas à écouter de la musique sans écouteurs dans les transports, c'est plutôt insupportable. Mais malgré tout, je dirais que la plupart des Français font preuve de respect envers ceux qui les entourent, et essaient de ne pas trop faire de bruit, ou bien de diminuer le volume si jamais on leur fait une remarque.

En dehors de la musique comme la première nuisance sonore du quotidien, je dirais que les Français rigolent bruyamment parfois. Ils affichent clairement leur joie cela s'entend bien (de même lorsqu'ils sont en colère !).

Enfin, les sirènes des véhicules de police, ambulances et des pompiers résonnent dans les villes. Aussi, ne soyez pas surpris si vous entendez une alarme semblable à celles que l'on entendrait lors d'une catastrophe naturelle ou de bombardements : tous les premiers mercredi de chaque mois, la mairie teste cette alarme pour s'assurer qu'elle fonctionne toujours (car ça serait embêtant qu'elle ne fonctionne pas si jamais on en avait besoin !).

J'espère que cet email vous aura intéressés, à bientôt.

Also when driving, who has not already sung his favorite song at the top of their lungs while driving? In France, most of the time when you see a car with the windows open and the music loud, you will hear rap music; it will be people looking for attention (often with big cars).

On the street, it's not uncommon to come across cyclists (especially food delivery services like UberEats or Deliveroo), with Bluetooth headphones, listening to music on their commute.

Finally, some people don't hesitate to listen to music without headphones on the transport, it's pretty unbearable. But despite all this, I would say that most of the French people show respect to those around them, and try not to make too much noise, or to lower the volume if someone makes a remark.

Apart from music as the primary noise nuisance in everyday life, I would say that the French laugh loudly sometimes. They clearly show their joy that is well heard (even when they are angry!).

Finally, the sirens of the police, ambulances and firemen resound in the cities. Therefore, don't be surprised if you hear an alarm similar to those you would hear during a natural disaster or bombing: every first Wednesday of the month, the city hall tests this alarm to make sure it still works (because it would be annoying if it didn't work if ever needed!).

I hope this email has interested you, see you soon.

70. Pas de la Meilleure Humeur   70. Not in the Best Mood

L'email d'aujourd'hui sera différent, car j'ai décidé de vous donner des conseils pour se sentir mieux lorsque l'on ne va pas très bien. Ce sont des conseils qu'on m'a donnés ou des choses qui m'aident personnellement, alors je me suis dit que cela pourrait vous aider aussi !

En colère :
Quand je suis en colère, peu importe la raison, je veux me calmer. Pour cela, je ferme les yeux et respire profondément et doucement. Lorsque j'expire cela me donne la sensation d'expirer ma colère, et après un verre d'eau je me sens déjà mieux.

Triste :
Lorsque je suis triste, j'essaie de me changer les idées de ce qui me rend triste. Donc parfois j'écoute de la musique qui me rappelle de bons souvenirs, ou alors je joue aux jeux vidéos ou vais chercher un truc à grignoter (un carré de chocolat est parfait pour moi). Mais parfois, pleurer fait du bien aussi. Une

Today's email is going to be different, because I decided to give you some tips on how to feel better when you're not doing so well. These are tips I've been given or things that help me personally, so I thought they might help you too!

Angry:
When I'm angry, no matter what the reason, I want to calm down. To do this, I close my eyes and breathe deeply and gently. When I exhale, it gives me the feeling of exhaling my anger, and after a glass of water I already feel better.

Sad:
When I am sad, I try to take my mind off of what makes me sad. So sometimes I listen to music that brings back good memories, or I play video games or go get something to snack on (a square of chocolate is perfect for me). But sometimes crying feels good too. Once we're done, we feel better.

fois que l'on a fini on se sent mieux.

Déprimé :
Pour moi, être déprimé est un peu différent d'être triste, car je n'ai pas vraiment envie de pleurer. Donc, je cherche à me remonter le moral en faisant des choses que j'aime comme jouer de la musique, ou regarder une série ou un dessin animé rigolo ! Parfois je bois même du thé avec un peu de miel, je trouve cela réconfortant.

Angoissé :
Pour moi, l'angoisse est une forme de peur mélangée au stress. C'est rare que je sois angoissé, alors je ne sais pas trop comment je réagirais. Mais je pense que peu importe ce qui me tracasse j'en parlerais à quelqu'un (un proche) qui pourrait me réconforter et me donner des conseils pour aller mieux.

Stressé :
Ça m'arrive souvent d'être stressé, donc dans ces cas-là, ce qui marche le mieux pour moi c'est d'écouter des bruits avec mes écouteurs, comme ça je n'entends plus les bruits autour de moi et ça me calme un peu. Ensuite, je bois un peu d'eau (et surtout pas de café !). On m'a dit que se masser les mains avec un peu d'huiles essentielles est bon pour se détendre, j'essaierai un jour !

Pour conclure, je dirais que cela dépend des personnes. Chacun a quelque chose de différent pour s'apaiser. Certains préféreront être seuls, d'autres non. Certains voudront pleurer, et d'autres voudront manger quelque chose de sucré.

Dans tous les cas, peu importe ce que vous vivez, parlez-en à vos proches, ils vous aideront, ne restez pas seuls !

Depressed:
For me, being depressed is a little different than being sad because I don't really feel like crying. So I try to cheer myself up by doing things I enjoy like playing music, or watching a funny show or cartoon! Sometimes I even drink tea with some honey, I find that comforting.

Anxious:
For me, anxiety is a form of fear mixed with stress. It's rare that I get anxious, so I'm not sure how I would react. But I think that, no matter what bothers me, I would talk to someone (someone close to me) who could comfort me and give me advice on how to get better.

Stressed:
I get stressed a lot, so in those cases, what works best for me is to listen to noises with my headphones, so I don't hear the noises around me and it calms me down a bit. Then I drink a little bit of water (and especially no coffee!). I was told that massaging my hands with a little essential oil is good for relaxing, I will try it one day!

To conclude, I would say that it depends on the person. Everyone has something different to soothe themselves. Some will prefer to be alone, and some will not. Some will want to cry, and some will want to eat something sweet.

In any case, whatever you are going through, talk to your loved ones, they will help you, don't be alone!

71. Oh Non !   71. Oh No!

L'histoire d'aujourd'hui, bien que mettant en scène des personnages fictifs, est inspirée de faits réels et récents qui impacteront la vie des Français en France (et certainement aussi la vie de futurs voyageurs venant en France) Cela concerne la COVID-19. Voici l'histoire :

Il est 19:55, Sylvie est devant la télévision avec son compagnon Georges. Il sont un peu stressés, car deux jours avant, le Président de la République Française Emmanuel Macron annonçait qu'il ferait une allocution officielle le lundi 12 juillet 2021 à 20h.

« J'ai les mains moites, j'espère que ce qu'il va annoncer ne gâchera pas nos vacances ! » dit Sylvie anxieuse à Georges.

« Ne t'en fais pas mon cœur, ça va aller, je suis sûr que ce ne sera pas grand-chose, » lui répond tendrement Georges en la prenant dans ses bras.

Today's story, although featuring fictional characters, is inspired by real and recent events that will impact the lives of French people in France (and certainly also the lives of future travelers coming to France). It concerns the COVID-19. Here is the story:

It is 7:55 pm, Sylvie is in front of the television with her partner Georges. They are a little stressed, because two days before, the President of the French Republic, Emmanuel Macron, announced that he would make an official speech on Monday, July 12, 2021 at 8 pm.

"I have sweaty hands, I hope that what he is going to announce will not spoil our vacations!" said Sylvie anxiously to Georges.

"Don't worry sweetheart, it's going to be okay, I'm sure it won't be much," George tenderly replies, taking her in his arms.

« Mais imagine s'il annonce un 4ème confinement ? Alors que les restaurants et les cinémas viennent juste de rouvrir ! Imagine qu'on soit obligés de passer tout l'été enfermés à la maison ! Je ne pourrai pas le supporter à nouveau... »

Il est 20:00, et l'hymne national français retentit à la télé, le Président se tient debout dans son bureau, la Tour Eiffel en arrière-plan. Il a l'air grave et solennel.

(Pendant vingt minutes, le Président annoncera tout un tas de nouvelles mesures sanitaires qui s'appliqueront dans les prochaines semaines. Bien-sûr elles ne font pas l'unanimité...).

« Notre pays est confronté à une reprise forte de l'épidémie... si nous n'agissons pas dès maintenant, il y aura une augmentation des hospitalisations dès le mois d'août... C'est pourquoi, la vaccination du personnel soignant deviendra obligatoire ; le personnel non vacciné ne sera pas payé voire renvoyé... »

« Quoi ? Mais c'est un peu extrême non, ? » dit Georges.

« Je ne sais pas, c'est vrai que les y obliger c'est moralement répréhensible, mais ce sont eux les plus au contact du virus, il serait donc plus sûr pour eux et pour les patients qu'ils soient vaccinés, » dit Sylvie.

« ... le pass sanitaire sera renforcé... dès le mois d'août, il sera obligatoire de présenter un justificatif de vaccination des deux doses, ou un test PCR négatif de moins de quarante-huit heures à l'entrée des restaurants, cinémas, théâtres, hôpitaux, centres commerciaux, les voyages en avion... De même, les tests PCR deviendront payants dès l'automne 2021... »

« QUOI ? Il a le droit de faire ça ? » s'exclame

"But imagine if he announces a fourth lockdown? When restaurants and cinemas have just reopened! Imagine if we had to spend the whole summer locked up at home! I couldn't stand it again..."

It's 8 pm, and the French national anthem is playing on the TV, the President is standing in his office, the Eiffel Tower in the background. He looks serious and solemn.

(For twenty minutes, the President will announce a whole bunch of new health measures that will be applied in the next few weeks. Of course they are not unanimously approved...).

"Our country is facing a strong resumption of the epidemic... if we do not act now, there will be an increase in hospitalizations from August... Therefore, vaccination of health care personnel will become mandatory; unvaccinated personnel will not be paid or even fired..."

"What? But that's a bit extreme, isn't it?" said Georges.

"I don't know, it's true that forcing them to do so is morally reprehensible, but they are the ones who are most in contact with the virus, so it would be safer for them and for the patients if they were vaccinated," said Sylvie.

"... the health pass will be strengthened... from August, it will be mandatory to present a proof of vaccination of the two doses, or a negative PCR test of less than forty-eight hours at the entrance of restaurants, cinemas, theaters, hospitals, shopping malls, air travel ... Also, PCR tests will become fee-based starting in the fall of 2021..."

"WHAT? Does he have the right to do that?"

Georges. « On se croirait en dictature ! »

« C'est pour inciter les gens à se faire vacciner, il les oblige indirectement... C'est immoral je trouve, mais c'est pour le bien de tout le monde, plus vite on sera tous vaccinés, plus vite on pourra revivre normalement... » dit Sylvie.

« Mais je suis le seul à avoir eu mes deux injections du vaccin, il te manque encore une dose... » dit Georges. « Essaie de prendre rendez-vous sur Internet. »

Sylvie essaie de se connecter, mais le site pour prendre rendez-vous pour se faire vacciner est pris d'assaut par des milliers de Français qui veulent se faire vacciner au plus vite pour profiter de leurs vacances...

« Je ne peux pas, le serveur ne répond plus... On dirait que nos vacances vont être annulées... » Sylvie se mit à pleurer.

« Ne t'en fais pas, » dit Georges. « J'ai un ami médecin, je vais l'appeler pour savoir s'il ne lui resterait pas un créneau pour toi. » Puis, il serra fort Sylvie dans ses bras pour la rassurer.

(Toutes les annonces ci-dessus sont réelles, d'autres annonces ont été faites concernant des réformes n'ayant pas de lien avec la COVID-19, alors je n'en ai pas parlé)

exclaims George. "It's like a dictatorship!"

"It's to encourage people to get vaccinated, he's indirectly forcing them... I think it's immoral, but it's for the good of everyone, the sooner we're all vaccinated, the sooner we can live normally again..." says Sylvie.

"But I'm the only one who has had my two injections of the vaccine, you're still missing a dose..." says Georges. "Try to make an appointment on the Internet."

Sylvie tries to connect, but the site to make an appointment to be vaccinated is taken by storm by thousands of French people who want to be vaccinated as soon as possible to enjoy their vacations...

"I can't, the server doesn't answer anymore... It looks like our vacation will be cancelled..." Sylvie began to cry.

"Don't worry," said George. "I have a doctor friend, I'll call him to see if he has a slot left for you. Then he hugged Sylvie tightly to reassure her.

(All of the above announcements are real, other announcements were made about reforms unrelated to COVID-19, so I didn't mention them).

72. Recontres en Ligne

Avez-vous déjà trouvé votre âme sœur ? Ou peut-être préférez-vous plutôt les histoires sans lendemain ? Qui suis-je pour juger après tout ! Comme vous l'aurez deviné, aujourd'hui nous allons parler des rencontres en ligne en France.

Évidemment, Tinder, l'application de rencontres numéro 1 dans le monde, est très utilisée et est très populaire en France. Énormément de jeunes l'utilisent, mais les adultes un peu plus âgés (40 ans et plus) s'en servent aussi.

Mais saviez-vous que la France a aussi développé ses propres applications de rencontres ? Bien entendu, ces applications sont faites avant tout pour des relations amoureuses, mais certaines personnes inscrites cherchent juste à se faire des amis !

Happn est une application de rencontres française. Le concept consiste à afficher le profil des personnes inscrites sur l'application que vous aurez croisées dans la rue. Donc si vous croisez un beau garçon (ou une belle fille) dans un café, mais que vous n'osez pas aller lui parler, et bien si cette personne utilise l'application, son profil s'affichera puisque vous aurez été au même endroit !

Meetic est aussi une application française. À l'origine il s'agissait d'un site web, mais elle a fini par s'exporter sur mobile. Cette fois-ci, il faut un abonnement pour afficher les profils et faire des rencontres. Mais cela peut être une garantie que les personnes inscrites soient sérieuses !

AdopteUnMec est un site de rencontre créé pour les femmes ! En effet, l'abonnement pour les femmes est gratuit, mais payant pour les hommes ! Cela permet une parité entre le nombre d'hommes et de femmes, car sur la plupart des applications de rencontre,

72. Online Dating

Have you already found your soul mate? Or do you prefer a more casual affair? Who am I to judge after all! As you might have guessed, today we are going to talk about online dating in France.

Obviously, Tinder, the number one dating application in the world, is very popular in France. A lot of young people use it, but older adults (forty years and older) also use it.

But did you know that France has also developed its own dating applications? Of course, these applications are made above all for romantic relationships, but some of the people registered are just looking to make friends!

Happn is a French dating application. The concept consists in displaying the profile of the people registered on the application that you will have crossed in the street. So if you meet a beautiful guy (or girl) in a café, but you don't dare to go and talk to him or her, well if this person uses the application, his/her profile will be displayed since you will have been in the same place!

Meetic is also a French application. Originally it was a website, but it ended up being exported to mobile. This time, you need a subscription to view profiles and meet people. But that can be a guarantee that the people registered are serious!

AdopteUnMec is a dating site created for women! Indeed, the subscription for women is free, but paid for men! This allows a parity between the number of men and women, because on most dating applications, men are the majority.

les hommes sont majoritaires.

Leur stratégie marketing fonctionne un peu comme un magasin où les femmes seraient les clientes et les hommes le « produit » (cette image est d'ailleurs bien représentée par leur logo).

Enfin, pour les personnes homosexuelles, il n'y a pas d'applications françaises. La plupart des gens utilisent Tinder ou Meetic. Cependant, les hommes utilisent beaucoup l'application Grindr.

Voilà, peu importe ce que vous recherchez ou quel genre vous attire, vous aurez quelques pistes où chercher en France !

Pour finir, si vous cherchez juste à communiquer avec des personnes d'autres pays et pratiquer une langue, alors je vous recommande l'application HelloTalk. Le but n'est clairement pas de trouver l'amour, mais plutôt de se faire des amis à travers le monde et apprendre de nouvelles langues.

Their marketing strategy works a bit like a store where women are the customers and men the "product" (this image is well represented by their logo).

Finally, for gay people, there are no French applications. Most people use Tinder or Meetic. However, men use a lot the Grindr application.

So, no matter what you're looking for or what gender you're attracted to, you'll have some leads to look for in France!

Finally, if you are just looking to communicate with people from other countries and practice a language, then I recommend the HelloTalk application. The goal is clearly not to find love, but rather to make friends around the world and learn new languages.

73. Activités Extérieures

73. Outdoor Activities

Aujourd'hui je vais vous présenter les meilleures régions de France pour pratiquer telle ou telle activité. En effet, si vous voulez faire du surf, ce n'est pas dans les Alpes que vous pourrez en faire ! Enfin bref, je vais essayer de couvrir quelques-uns des domaines sportifs au fil de cet email.

La pêche : Il faut savoir que la pêche (avec une canne à pêche, et non en tant qu'activité commerciale) est réglementée en France. On ne peut pas pêcher n'importe où. Cependant, certains endroits sont particulièrement magnifiques pour la pêche, comme le Lac du Bourget en Savoie. Non seulement le lac et les alentours sont magnifiques, mais il est aussi une étape de migration de nombreuses espèces de poissons !

La plongée : Accompagné d'un moniteur ou d'un guide (ou bien seul si l'on en a l'autorisation), la France dispose de nombreux fonds marins à explorer. Si vous n'avez pas peur de l'eau froide et appréciez

Today I am going to present you the best regions of France to practice such or such activity. Indeed, if you want to go surfing, it is not in the Alps that you can do it! Anyway, I'll try to cover a few sports fields in this email.

Fishing: It is important to know that fishing (with a fishing rod, not as a commercial activity) is regulated in France. You can't fish just anywhere. However, some places are particularly beautiful for fishing, such as the Lac du Bourget in Savoie. Not only is the lake and its surroundings beautiful, but it is also a migration stop for many fish species!

Diving: Accompanied by an instructor or a guide (or alone if you have the authorization), France has many seabeds to explore. If you are not afraid of cold water and like shipwrecks, then the coasts of

les épaves de bateaux, alors les côtes du Finistère et de Normandie vous plairont ! Mais si vous préférez l'eau claire et tempérée et les récifs, alors la Corse du Sud (et plus largement le Bassin Méditerranéen) est faite pour vous !

L'escalade : Il existe des endroits très populaires en France où pratiquer l'escalade, comme le Massif Central et Fontainebleau près de Paris. Mais l'endroit le plus agréable à escalader est sans doute le Verdon dans le sud-est de la France. Bien que ses falaises s'adressent plutôt à des personnes un peu expérimentées, le paysage reste à couper le souffle.

La randonnée : Si vous êtes amateur de marche, alors la France dispose de nombreux paysages variés à explorer lors d'une randonnée. Si vous aimez les forêts et les flancs de montagne alors le Massif Central est la destination rêvée. Toutefois, si vous préférez les ascensions escarpées et le froid, alors vous voudrez sans doute aller dans les Alpes ou les Pyrénées. Enfin si vous préférez les bords de mer alors je vous recommande vivement la Corse !

Le surf : Si vous appréciez les vagues et la plage alors LA destination que vous recherchez pour surfer est définitivement le Pays Basque au sud-ouest de la France. Près des Pyrénées, cette région est la capitale du Surf en France, notamment les villes de Biarritz ou Hossegor. Mais sinon, la côte Méditerranéenne offre également de belles sessions de surf !

Voilà pour l'email d'aujourd'hui, j'espère qu'il vous aura plu ! La France dispose de nombreux paysages variés et je trouve cela génial. Surtout lorsque l'on peut passer de l'un à l'autre en moins de trois heures de route.

Finistère and Normandy will please you! But if you prefer clear and temperate water and reefs, then South Corsica (and more widely the Mediterranean Basin) is for you!

Climbing: There are some very popular places in France for climbing, like the Massif Central and Fontainebleau near Paris. But perhaps the most enjoyable place to climb is the Verdon in southeastern France. Although its cliffs are more suitable for people with some experience, the landscape is breathtaking.

Hiking: If you are a hiking enthusiast, then France has many varied landscapes to explore on a hike. If you like forests and mountainsides, then the Massif Central is the perfect destination. However, if you prefer steep climbs and cold weather, then you may want to go to the Alps or the Pyrenees. Finally, if you prefer the seaside, then I highly recommend Corsica!

Surfing: If you like waves and the beach, then THE place to surf is definitely the Basque Country in the southwest of France. Near the Pyrenees, this region is the capital of surfing in France, especially the cities of Biarritz or Hossegor. But otherwise, the Mediterranean coast also offers great surfing sessions!

That's it for today's email, I hope you enjoyed it! France has a lot of different landscapes and I think it's great. Especially when you can go from one to the other in less than three hours of driving.

74. Les Fêtes   74. Party

Aujourd'hui nous allons parler des fêtes en France, car les Français adorent faire des soirées entre amis (comme partout dans le monde d'ailleurs). Même si je ne pense pas qu'il y ait de grandes différences dans les façons de faire la fête à travers le monde, je vais vous expliquer comment se déroule une soirée standard.

Souvent, que ce soit après les cours ou le travail en fin d'après-midi, on se réunit en terrasse d'un bar pour prendre l'apéritif. Ça peut être pour boire un verre de soda, une bière, ou du vin. D'ailleurs, la plupart des bars ont des tarifs différents lors des « happy hours » où certaines boissons sont moins chères.

On peut aussi commander, en plus des boissons, de quoi grignoter : cacahuètes, assiettes de charcuterie, assiette de fromage etc. Et si l'on décide de poursuivre la soirée, deux choix s'offrent à vous : aller chez quelqu'un pour le reste de la soirée, ou rester

Today we're going to talk about parties in France, because the French love to party with friends (like everywhere else in the world). Even though I don't think there are big differences in the way people party around the world, I'm going to explain to you what a standard party is like.

Often, whether it's after school or work in the late afternoon, we meet at a bar for an aperitif. It can be for a glass of soda, a beer, or wine. In fact, most bars have different prices during "happy hours" where some drinks are cheaper.

You can also order, in addition to drinks, some snacks: peanuts, cold cuts, cheese, etc. And if you decide to continue the evening, you have two choices: go to someone's house for the rest of the evening, or stay in town a little longer.

en ville encore un peu.

Ceux qui choisissent de rester en ville vont aller au restaurant pour le dîner. Et ensuite ils peuvent choisir d'aller en discothèque (ou boîte de nuit). Les discothèques sont comme partout ailleurs : de la musique, beaucoup de monde, de l'alcool, et des prix un peu plus élevés pour les boissons.

D'ailleurs, que ce soit en France ou ailleurs, soyez prudents en boîte de nuit, on ne sait jamais ce qui peut vous arriver.

La plupart des boîtes de nuit ferment entre 3 et 5 heures du matin. Il faut donc être prudent sur la route si l'on a un peu bu. Et si l'on est saoul, il faut appeler un taxi, louer une chambre d'hôtel ou se faire raccompagner par quelqu'un de sobre.

Si les boîtes de nuit ne sont pas ce que vous préférez, alors les Français aiment aussi faire des soirées tranquilles chez eux : chacun achète quelque chose à boire ou à manger et tout le monde se rassemble chez quelqu'un.

Il y aura moins de monde qu'en boîte, vous connaîtrez sûrement les personnes présentes, et vous pourrez vous mettre d'accord sur la musique à écouter ! Cependant, les Français (et surtout les jeunes étudiants) boivent souvent beaucoup d'alcool en soirée. Soyez donc raisonnables !

Enfin, les soirées varient en fonction de vos proches, si vous préférez faire des soirées jeux de société ou jeux de rôles, des soirées jeux vidéos, des soirées karaoké, etc, Tout dépend de vous et de vos amis !

Voilà, je pense avoir tout dit à propos des soirées en France. Soyez juste prudents, ne buvez pas trop d'alcool, et soyez entourés de vos proches et vous serez sûrs de passer une bonne soirée !

Those who choose to stay in town will go to a restaurant for dinner. And then they can choose to go to a disco (or nightclub). Discos are like anywhere else: music, lots of people, alcohol, and slightly higher prices for drinks.

By the way, whether in France or elsewhere, be careful in nightclubs, you never know what can happen to you.

Most nightclubs close between 3 and 5 am. So you have to be careful on the road if you have been drinking a little. And if you are drunk, you should call a cab, rent a hotel room or get a sober ride home.

If nightclubs are not your favorite thing, then the French also like to have quiet parties at home: everyone buys something to drink or eat and everyone gathers at someone's house.

It will be less crowded than in a club, you will surely know the people there, and you can agree on the music to listen to! However, French people (especially young students) often drink a lot of alcohol at night. So be reasonable!

Finally, the evenings vary according to your friends, if you prefer to do board games or role playing games, video games, karaoke, etc. It all depends on you and your friends!

That's it, I think I've said everything about parties in France. Just be careful, don't drink too much alcohol, and be surrounded by your friends and family and you'll be sure to have a good time!

75. Tendences Démodées

L'email d'aujourd'hui sera un peu personnel je dois avouer. En effet, je vais vous parler des tendances démodées en France qui ont marqué mon enfance. Je vais donc vous parler de certains styles vestimentaires, de goûts musicaux, mais aussi d'autres choses, vous verrez. Bien entendu, certaines de ces tendances se retrouvent aussi à l'étranger.

Je voudrais me remémorer l'enfance et les cours de récré où l'on jouait aux billes avec ses amis. C'était quelque chose qui était encore un peu à la mode quand j'étais à l'école ; je me souviens qu'on jouait sur des plaques d'égouts, car elles avaient un certain motif qui compliquait le jeu.

Il y avait aussi les jeux de cartes comme Yu-Gi-Oh ! mais surtout Pokémon ! Le jeu Magic the Gathering n'était pas très populaire auprès des jeunes. Je pense que le succès des deux autres est dû aux séries télé.

Pour continuer dans les jeux, certains d'entre vous se rappellent peut-être des Tamagochi ? Ces espèces de petits boîtiers électroniques avec un minuscule écran où il fallait s'occuper d'un petit animal digital. Je n'en ai jamais eu, mais tous mes amis en avaient, j'étais un peu jaloux !

Ensuite, est arrivée la mode des MP3. C'était la première fois au monde que l'on pouvait écouter de la musique grâce à un si petit objet ! C'était excellent !

Et pour continuer dans le domaine de la musique, il faut que je vous parle de la mode de la Tecktonik. C'est avant tout un style de musique apparu en France, un peu électro et aux mouvements de danse très distinctifs. Je vous recommande d'aller voir des vidéos ! Ceux qui l'écoutaient avaient aussi tous un style vestimentaire fluo, à paillettes et avec de drôles de coupes de cheveux. Mais cette mode a disparu assez vite.

75. Past Trends in France

Today's email will be a bit personal I must admit. Indeed, I'm going to talk to you about the old fashioned trends in France that marked my childhood. So I'm going to tell you about certain clothing styles, musical tastes, but also other things, you'll see. Of course, some of these trends are also found abroad.

I would like to think back to childhood and the playgrounds where we used to play marbles with our friends. It was something that was still a bit fashionable when I was in school; I remember playing on manhole covers, because they had a certain pattern that complicated the game.

There were also card games like Yu-Gi-Oh! but especially Pokémon! Magic the Gathering was not very popular with young people. I think the success of the other two is due to the TV series.

To continue with games, some of you may remember Tamagochi? Those little electronic boxes with a tiny screen where you had to take care of a little digital animal. I never had one, but all my friends did, I was a bit jealous!

Then the MP3 fashion came. It was the first time in the world that you could listen to music with such a small object! It was great!

And to continue in the field of music, I have to tell you about the Tecktonik fashion. It is above all a style of music which appeared in France, a little bit electro and with very distinctive dance moves. I recommend you to go and see some videos! Those who listened to it also had a fluo style of dress, with glitter and funny haircuts. But this fashion disappeared quite quickly.

Après cela, j'étais presque à la fin du collège, cette mode était passée, et comme beaucoup de jeunes, j'ai eu une phase émo. Mes parents n'étaient pas vraiment d'accord pour que je m'habille comme un gothique avec un grand manteau et des bracelets à clous, mais je mettais souvent des vêtements noirs et écoutais beaucoup de rock comme Linkin Park ou Evanescence.	After that, I was almost at the end of high school, this fashion was over, and like many young people, I had an emo phase. My parents didn't really agree that I should dress like a goth with a big coat and studded bracelets, but I often wore black clothes and listened to a lot of rock music like Linkin Park or Evanescence.
Ensuite, je ne me rappelle pas de grandes modes qui m'ont autant marqué que celles-ci. Mais de nos jours, je dirais que les smartphones sont à la mode chez un public toujours plus jeune. Beaucoup de collégiens ont des iPhones alors que nous n'avions que des téléphones cellulaires !	Then, I don't remember any great fashions that have marked me as much as these. But nowadays, I would say that smartphones are in vogue among an even younger audience. A lot of college kids have iPhones when we only had cell phones!
Enfin, Fortnite est extrêmement à la mode chez les jeunes, mais je pense que vous vous en doutez !	Lastly, Fortnite is extremely trendy among young people, but I think you can guess!
J'espère que cet email vous aura intéressés et vous aura fait revivre certains souvenirs nostalgiques !	I hope this email has interested you and brought back some nostalgic memories!

76. Animaux de compagnie

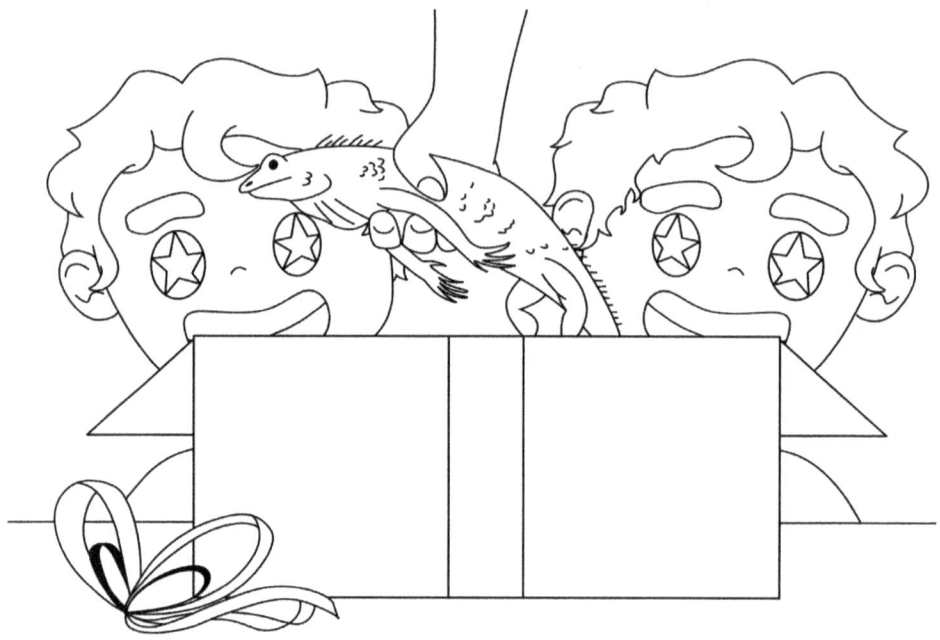

Si vous êtes amoureux des animaux, alors l'email d'aujourd'hui vous plaira car nous allons parler des animaux de compagnie ! Nous allons suivre les jumeaux Quentin et Julia qui, pour leur dixième anniversaire, souhaitent adopter un animal de compagnie. Il se rendent donc en famille à l'animalerie...

« J'ai tellement hâte, » dit Quentin.

« Moi aussi ! » dit Julia.

« Je veux un chien ! » dit Quentin.

« Et moi, un chat ! » dit Julia.

« Doucement les enfants, nous avons déjà un chien et deux chats à la maison ! Nous risquons d'être un peu à l'étroit, vous ne croyez pas ? » disent les parents. « Regardez, nous arrivons. »

La famille gare la voiture devant l'animalerie et entre à l'intérieur.. Les enfants sont

émerveillés de voir autant d'animaux différents réunis. Il y a toutes sortes de bruits différents : des piaillements, des aboiements, des miaulements, des croassements, et bien d'autres. Les enfants sont surexcités !

« Si nous allions voir du côté des rongeurs ? » propose la mère aux jumeaux.

« Les rongeurs ? C'est quoi ? » demandent les enfants.

« Regardez, ce sont les hamsters, les lapins, les souris,... »

« NON, pas les souris ! » dit le père dont la réaction fait rire le reste de la famille.

« C'est vrai que les lapins sont mignons, » dit Quentin.

« Et les hamsters aussi. Et là-bas ? Qu'y a-t'il dans ces bocaux ? » demande Julia.

« Ce sont les animaux aquatiques, » dit le père. « Il y a des poissons de toutes sortes, mais aussi des grenouilles et des tortues. »

« Ooooh ! » s'exclament les enfants. « Il y a tellement de choix, comment allons-nous choisir ? »

« Réfléchissons, » dit le père. « Nous avons à la maison un chien et deux chats. Si nous prenons un petit rongeur, il risque de se faire manger, vous ne croyez pas ? Ce serait triste... »

« Oh non, le pauvre, » disent les enfants.

« Et si on prend des poissons, il faudrait un gros aquarium, sinon les chats voudront les pêcher ! » dit la maman.

« Mais alors, qu'allons-nous faire ? On ne peut pas adopter de nouveaux animaux ? » dit Julia inquiète.

to see so many different animals together. There are all kinds of different noises: squeaks, barks, meows, croaks, and more. The kids are overexcited!

"Why don't we check out the rodents?" the mother suggests to the twins.

"Rodents? What are those?" the kids ask.

"Look, these are hamsters, rabbits, mice,..."

"NO, not mice!" says the father whose reaction makes the rest of the family laugh.

"It's true that the rabbits are cute," says Quentin.

"And so are hamsters. And over there? What's in those jars?" asks Julia.

"Those are the aquatic animals," says the father. "There are fish of all kinds, but also frogs and turtles."

"Ooooh!" exclaim the children. "There are so many choices, how are we going to choose?"

"Let's think about it," said the father. "We have at home a dog and two cats. If we get a small rodent, it might get eaten, don't you think? That would be sad..."

"Oh no, poor thing," said the children.

"And if we take fish, we'd need a big aquarium, otherwise the cats would want to catch them!" said the mom.

"But then, what are we going to do? Can't we adopt new animals?" says Julia worried.

« On pourrait demander conseil aux vendeurs, vous ne pensez-pas ? » propose Quentin.	"We could ask the vendors for advice, don't you think?" suggests Quentin.
« Bonne idée, » disent les parents.	"Good idea," say the parents.
Un vendeur arrive.	A salesman arrives.
« Que puis-je faire pour vous ? » dit-il.	"What can I do for you?" he says.
La famille explique la situation au vendeur afin qu'il les aide à faire un choix.	The family explains the situation to the salesman so he can help them make a choice.
« Avez-vous jeté un oeil du côté des reptiles ? » demande le vendeur.	"Have you taken a look at the reptile section?" the salesman asks.
« C'est quoi un reptile monsieur ? » disent les jumeaux.	"What's a reptile sir?" say the twins.
« Ce sont des animaux à sang-froid et aussi souvent à écailles. Comme les tortues, les lézards ou bien les crocodiles, » répondit le vendeur.	"They are cold-blooded animals and also often scaly. Like turtles, lizards, or crocodiles," the salesman replied.
« VOUS AVEZ DES CROCODILES ? » crient les enfants.	"DO YOU HAVE CROCODILES?" the children shouted.
Le vendeur et les parents rigolent, puis le vendeur répond qu'il est interdit de vendre des crocodiles. Il donnait juste un exemple.	The salesman and the parents laughed, and then the salesman replied that it was forbidden to sell crocodiles. He was just giving an example.
Les enfants sont fascinés par les reptiles.	The children are fascinated by the reptiles.
« Il est mignon cet iguane ! » dit Julia.	"He's cute that iguana!" says Julia.
« Et les petites tortues aussi ! » dit Quentin.	"And the little turtles too!" says Quentin.
La famille fait enfin son choix et achète un vivarium pour pouvoir y loger leurs trois nouveaux membres : un iguane et deux tortues. Tout le monde est ravi !	The family finally makes their choice and buys a vivarium to house their three new members: an iguana and two turtles. Everyone is thrilled!

77. La Politique

Aujourd'hui nous allons parler de la politique en France, des sujets qui font débat (et donc ceux à éviter à moins que vous ne souhaitiez déclencher une émeute), et de la politique actuelle du pays.

Déjà, il faut savoir que le cliché disant que les Français râlent tout le temps est vrai. Peu importe le sujet, il y aura toujours quelqu'un pour râler, et c'est particulièrement vrai lorsque l'on parle de politique !

Tout le monde aura un avis sur chaque décision politique prise ou en cours de débat, même si certaines personnes ne sont pas formées sur le sujet ou renseignées. Les Français aiment critiquer avant même d'avoir étudié l'ensemble de la question.

Depuis le début de la 5ème République, les présidents qui se sont succédés à la tête du gouvernement français étaient soit de droite soit de gauche, alternant presque à chaque mandat (car il y avait visiblement quelque chose qui déplaisait aux Français, et qu'ils espéraient changer en votant pour le parti opposé).

Il faut savoir que depuis le début des années 2000, le parti d'extrême droite a gagné en influence et en partisans. Depuis 2012, l'extrême droite a toujours fait partie des candidats au second tour. Donc, la majorité des programmes électoraux font en sorte de montrer pourquoi ne pas voter pour l'extrême droite (plutôt que de dire pourquoi voter pour eux, c'est un point que je trouve personnellement dommage dans la politique actuelle).

Mais ces dernières années, les Français ne supportent plus leurs politiques qui font des promesses lors de leurs campagnes afin de se faire élire, et qui au final n'en tiennent aucune. Cela s'est vu lors des précédentes élections présidentielles en 2017 lorsqu'au

77. Politics

Today we're going to talk about politics in France, the hot topics (and therefore the ones to avoid unless you want to start a riot), and the current politics of the country.

First of all, you should know that the cliché saying that the French are always grumbling is true. No matter what the subject is, there will always be someone to bitch about it, and it's especially true when it comes to politics!

Everyone will have an opinion on every political decision made or being debated, even if some people are not trained on the subject or informed. The French like to criticize before they have even studied the whole issue.

Since the beginning of the 5th Republic, the presidents who have succeeded each other as head of the French government have been either right-wing or left-wing, alternating almost every term (because there was obviously something the French didn't like, which they hoped to change by voting for the opposite party).

It should be noted that since the early 2000s, the far right party has gained influence and supporters. Since 2012, the far right has always been a part of the second round candidates. So, the majority of electoral programs make sure to show why not to vote for the far right (rather than saying why to vote for them, this is a point that I personally find unfortunate in the current politics).

But in the last few years, the French can't stand their politicians who make promises during their campaigns in order to get elected, and who in the end don't keep any of them. This was seen during the previous presidential elections in 2017 when in the

second tour on devait voter pour Marine Le Pen (extrême droite) ou Emmanuel Macron.

En effet, seulement sept français sur dix sont allés voter pour élire leur président, c'est un taux d'abstention record pour une élection présidentielle en France. Finalement, Emmanuel Macron a été élu président avec 65% des voix.

Cependant, de nombreux Français déclarent qu'Emmanuel Macron est un président élu « par défaut » car c'est « le candidat le moins pire des deux. » Et cela s'est vu avec la crise des Gilets jaunes et les nombreuses manifestations contre les mesures prises par son gouvernement.

De même aujourd'hui, en 2021, il est vivement critiqué pour sa gestion de la crise sanitaire. Il vise un jeune électorat pour les prochaines élections, mais il n'a pris aucune mesure pour aider les jeunes lors de la crise sanitaire. Ceux-ci se sentent abandonnés par leur gouvernement.

En juin 2021, lors des élections municipales, le taux d'abstention était de 75% ! Seulement 1 Français sur 3 est allé voter ! Les Français ne semblent plus faire confiance à leurs représentants. Cela pose donc la question de la légitimité de ceux-ci : si la majorité des Français ne vote pas, les politiques sont-ils légitimes pour gouverner ?

La question des prochaines élections présidentielles se pose alors. Les Français iront-ils voter ? Éliront-ils de nouveau Emmanuel Macron ?

second round one had to vote for Marine Le Pen (extreme right) or Emmanuel Macron.

Indeed, only seven out of ten French people went to vote to elect their president, which is a record abstention rate for a presidential election in France. In the end, Emmanuel Macron was elected president with 65% of the votes.

However, many French people say that Emmanuel Macron is a president elected "by default" because he is "the lesser of two candidates." And this has been seen with the Yellow Vests crisis and the many demonstrations against the measures taken by his government.

Likewise today, in 2021, he is being heavily criticized for his management of the health crisis. He is targeting a young electorate for the next elections, but he has not taken any measures to help young people during the health crisis. They feel abandoned by their government.

In June 2021, during the local elections, the abstention rate was 75%! Only 1 out of 3 French people went to vote! The French do not seem to trust their representatives anymore. This raises the question of their legitimacy: if the majority of French people do not vote, are politicians legitimate to govern?

The question of the next presidential elections then arises. Will the French vote? Will they elect Emmanuel Macron again?

78. Demandes en Mariage et Cérémonies

Aujourd'hui je vais vous parler des traditions françaises de demandes en mariage et de cérémonies.

Traditionnellement, dans les couples hétérosexuels, l'homme doit demander la permission au père de la femme pour l'épouser. Si le père accepte, il pourra ensuite faire sa demande à la femme.

Cependant, cette tradition n'est plus vraiment perpétuée de nos jours, et les jeunes prennent leur décision en toute indépendance.

De nos jours, plus en plus de femmes demandent en mariage leurs hommes, ce n'est plus une obligation traditionnelle que l'homme fasse la demande. D'autant plus que parmi les couples homosexuels (qui ont le droit de se marier en France) il n'y a pas forcément d'homme pour faire la demande !

À présent, parlons des mariages : pour être reconnus comme mariés par l'État (hétérosexuels ou homosexuels, peu importe), il faut impérativement passer par la mairie. Les futurs époux doivent remplir un dossier et fournir leurs pièces d'identité, un justificatif de domicile, et d'autres documents. Enfin, les futurs mariés choisissent chacun deux témoins obligatoires.

Une fois ce dossier rempli, les mariés échangent leurs vœux à la mairie et signent un contrat de mariage. Ils doivent aussi confirmer leur engagement au mariage. Une fois tout cela fait, les deux personnes sont mariées.

À présent, comme la France a un passé catholique, il est aussi possible de se marier à l'Église (possiblement dans d'autres lieux de culte). Cependant, le mariage à l'Église ne

78. Proposal & Weddings

Today I'm going to tell you about the French traditions of marriage proposals and ceremonies.

Traditionally, in heterosexual couples, the man must ask the woman's father's permission to marry her. If the father agrees, he can then propose to the woman.

However, this tradition is not really carried on anymore, and young people make their decision independently.

Nowadays, more and more women are proposing to their men, it is no longer a traditional obligation for the man to propose. Especially among homosexual couples, (who have the right to marry in France) there is not necessarily a man to propose!

Now, let's talk about marriages: to be recognized as married by the State (heterosexual or homosexual, it doesn't matter), it is imperative to go through the town hall. The future spouses must fill out a file and provide their identity papers, proof of residence, and other documents. Finally, the bride and groom each choose two witnesses.

Once this file is completed, the bride and groom exchange their vows at the city hall and sign a marriage contract. They must also confirm their commitment to the marriage. Once all this is done, the two people are married.

Now, since France has a Catholic history, it is also possible to get married in the Church (possibly in other places of worship). However, a church wedding is not

vaut rien aux yeux de l'État, il faut se marier à la mairie pour être reconnus époux et épouse.

Lors de la cérémonie à l'Église, les familles des deux époux et leurs amis sont réunis pour une messe. Les époux échangent leurs vœux et échangent leurs alliances. Puis, la coutume veut qu'à la sortie des mariés, les invités lancent du riz ou des fleurs sur leur chemin.

En ce qui concerne les autres religions, je n'en sais pas beaucoup plus, alors je ne vais pas en parler pour ne pas dire de bêtises. Ce qu'il faut retenir, c'est qu'en France il faut impérativement se marier à la mairie.

Ensuite, les mariés organisent souvent une fête avec leurs familles et leurs amis avec de la musique et un bon repas. C'est souvent très convivial !

Enfin, lors de la fête, les invités peuvent donner un peu d'argent aux mariés pour financer leur lune de miel (ou toutes autres dépenses comme l'achat d'une maison par exemple).

Pour la lune de miel, libre aux mariés de choisir leur destination, cela peut être à l'étranger ou bien en France, peu importe !

Voilà, j'espère que cet email vous aura plu et que vous aurez appris plein de choses sur les mariages en France !

recognized by the state, and you must be married at the town hall to be recognized as husband and wife.

During the church ceremony, the families of both spouses and their friends are gathered for a mass. The couple exchange their vows and wedding rings. Then, as the bride and groom leave the church, the guests throw rice or flowers on their way out.

As for other religions, I don't know much more about them, so I won't talk about them to avoid saying silly things. What you have to remember is that in France you have to get married at the town hall.

Then, the bride and groom often organize a party with their families and friends with music and a good meal. It is often very convivial!

Finally, during the party, the guests can give some money to the bride and groom to finance their honeymoon (or any other expenses such as the purchase of a house for example).

For the honeymoon, the bride and groom are free to choose their destination, it can be abroad or in France, whatever!

I hope you enjoyed this email and that you learned a lot about weddings in France!

79. La Lecture

Aujourd'hui nous allons aborder le sujet de la lecture, et le rapport qu'ont les Français avec celle-ci. La France est un pays avec une forte culture littéraire et poétique, et ce depuis le Moyen-Âge. Il existe de nombreux styles littéraires, allant des pièces de théâtre aux comédies romantiques en passant par les tragédies.

La première encyclopédie a même été créée en France en 1751 par les auteurs Diderot et d'Alembert. Le titre de cette encyclopédie est « Encyclopédie ou Dictionnaire Raisonné des Sciences, des Arts et des Métiers. »

Cette encyclopédie a été rédigée durant le « Siècle des Lumières, » ce qui correspond au 18ème siècle, et à la période où les sciences se sont développées et avaient pour but de remettre en cause les superstitions de l'Église.

Pour atteindre ce but, il fallait qu'un maximum de personnes puissent avoir accès aux connaissances scientifiques et culturelles pour ne plus dépendre de la religion. C'est donc pour cela que Diderot et d'Alembert ont décidé de compiler un maximum d'informations dans les ouvrages qui formeront l'encyclopédie, longue de dix-sept volumes.

Le 18ème siècle a vu aussi émerger de nombreux philosophes français tels que Voltaire ou Rousseau.

Le 19ème siècle quant à lui, a vu se développer le mouvement romantique, avec des auteurs très célèbres comme Victor Hugo, Stendhal ou Emile Zola qui ont écrit sur la liberté individuelle suite à la Révolution Française de 1789.

Comme vous pouvez le voir, la France a une forte culture littéraire depuis plusieurs siècles. De nos jours, les Français continuent

79. Reading

Today we are going to talk about reading, and the relationship that the French have with it. France is a country with a strong literary and poetic culture, and this since the Middle Ages. There are many literary styles, from plays to romantic comedies to tragedies.

The first encyclopedia was even created in France in 1751 by the authors Diderot and d'Alembert. The title of this encyclopedia is *Encyclopedia*, or *A Systematic Dictionary of the Sciences, Arts, and Crafts*.

This encyclopedia was written during the "Age of Enlightenment," which corresponds to the 18th century, and to the period when the sciences developed and were intended to challenge the superstitions of the Church.

To achieve this goal, it was necessary that a maximum of people could have access to scientific and cultural knowledge to no longer depend on religion. This is why Diderot and d'Alembert decided to compile a maximum of information in the works that would form the encyclopedia, seventeen volumes long.

The 18th century also saw the emergence of many French philosophers such as Voltaire or Rousseau.

The 19th century, in turn, saw the development of the romantic movement, with very famous authors such as Victor Hugo, Stendhal or Emile Zola who wrote about individual freedom following the French Revolution of 1789.

As you can see, France has had a strong literary culture for several centuries. Nowadays, French people continue to read

de lire les œuvres classiques. Je me souviens lorsque j'étais au collège et au lycée, nous avons étudié des ouvrages de Stendhal comme *Le Rouge et le Noir*, de Victor Hugo comme *Les Misérables*, ainsi que des pièces de théâtre de Molière comme *Le Médecin Malgré Lui*.

Nous avons analysé chaque métaphore, chaque idées que les auteurs utilisaient dans leurs écrits, c'était très intéressant.

Malgré le développement de la lecture numérique, je dirais que les Français préfèrent lire de vrais « livres-papier. » Que ce soit des classiques, des bandes dessinées ou des manga, ils aiment avoir une bibliothèque bien remplie. C'est d'ailleurs pour cela que vous trouverez des librairies à tous les coins de rue en France !

Lors du 1er confinement, les librairies ont été obligées de fermer, car elles n'étaient pas considérées comme des commerces de « première nécessité » (nécessaire pour vivre). Et cela a fait polémique, car les Français sont très attachés à la culture et ils se sont sentis privés de divertissement. Ainsi par la suite, les librairies ont été considérées comme commerces de première nécessité et ont pu rester ouvertes malgré le confinement.

Voilà, j'espère que cet email sur la littérature en France vous aura plu !

classical works. I remember when I was in middle school and high school, we studied works by Stendhal such as *Le Rouge et le Noir*, by Victor Hugo such as *Les Misérables*, and plays by Molière such as *Le Médecin Malgré Lui*.

We analyzed every metaphor, every idea that the authors used in their writings, it was very interesting.

Despite the development of digital reading, I would say that the French prefer to read real "paper books." Whether it's classics, comics or manga, they like to have a well-stocked library. That's why you'll find bookstores on every street corner in France!

During the first lockdown, bookstores were forced to close because they were not considered as "first necessity" shops (necessary to live). And that was controversial because the French are very attached to the culture and they felt deprived of entertainment. So afterwards, bookstores were considered as "first necessity" businesses and were allowed to stay open despite the lockdown.

I hope you enjoyed this email about literature in France!

80. Émissions de Télé-Réalité

Amateurs de télévision, cet email vous est destiné car aujourd'hui nous allons parler des émissions de télé-réalité ! En France, ces émissions sont très populaires et font toujours énormément d'audimat. Si cela vous intéresse d'en découvrir quelques-unes, voici une petite liste.

Attention, même si cela peut vous sembler être une bonne idée de regarder ces émissions pour apprendre le français, certaines d'entre elles mettent en scène des personnes qui parlent surtout en argot ou un français très familier. Faites donc attention à ne pas apprendre de fautes !

Émissions venues de l'étranger :

The Voice : Cette célèbre émission de chant d'origine hollandaise a aussi son édition française. Elle a pour but de présenter des candidats chanteurs qui vont s'affronter pour être sélectionnés par un des quatre juges chanteurs professionnels. Certaines stars de la chanson française ont été découvertes grâce à cette émission.

La France a un Incroyable Talent : Cette émission adaptée d'*America's Got Talent* met en scène des candidats qui doivent présenter leurs performances devant un jury de personnalités françaises. On y retrouve souvent des chanteurs, des danseurs, des magiciens, etc.

Cauchemar en Cuisine : Cette émission est une adaptation de *Ramsay's Kitchen Nightmares* avec le chef français Philippe Etchebest, qui participe aussi à plein d'autres émissions culinaires.

Émissions françaises :

Les Anges : Cette télé-réalité met en scène un groupe de jeunes qui doivent cohabiter au sein d'une même villa dans une ville

80. Reality TV Shows

Television lovers, this email is for you because today we are going to talk about reality TV shows! In France, these shows are very popular and always make a lot of ratings. If you are interested in discovering some of them, here is a small list.

Be careful, even though it may seem like a good idea to watch these shows to learn French, some of them feature people who speak mostly in slang or very colloquial French. So be careful not to learn any mistakes!

Shows from abroad:

The Voice: This famous singing show of Dutch origin also has a French edition. It aims to present singing candidates who will compete to be selected by one of four professional singing judges. Some stars of the French song scene have been discovered thanks to this show.

La France a un Incroyable Talent: This show adapted from *America's Got Talent* features candidates who must present their performances in front of a jury of French personalities. It often includes singers, dancers, magicians, etc.

Cauchemar en Cuisine: This show is an adaptation of *Ramsay's Kitchen Nightmares* with French chef Philippe Etchebest, who also participates in many other cooking shows.

French shows:

The Angels: This reality show features a group of young people who have to live together in a villa in a different city every

différente chaque année (Miami, Amérique Latine, Hawaï, etc.). Cette émission a beaucoup de succès, car il y a beaucoup de disputes et des scandales entre les personnages. C'est l'une des émissions les plus regardées.

Les Marseillais : Cette émission est la rivale de la précédente, et le concept est le même : des personnes dans une villa dans un pays étranger (Brésil, Thaïlande, Afrique du Sud, etc.). Ces deux émissions sont les plus regardées. Mais attention, le langage y est familier !

Top Chef : Cette émission est un concours de cuisine pour élire le meilleur cuisinier. Les candidats sont jugés par quatre grands chefs cuisiniers français, dont Philippe Etchebest.

Pékin Express : Des binômes s'affrontent dans une course pour atteindre une destination très lointaine. Cependant, ils ne disposent que d'un euro par jour et par personne pour y arriver ! Ils doivent donc faire du stop pour se déplacer et se faire héberger par des habitants. L'équipe vainqueur gagne 50.000€.

Voilà, je pense avoir fait le tour des plus grandes émissions de télé réalité. Ne vous inquiétez pas, il en existe bien d'autres dont je n'ai pas pu parler comme Koh Lanta, Fort Boyard, etc. Je vous recommande d'y jeter un œil !

year (Miami, Latin America, Hawaii, etc.). This show is very successful, because there are many arguments and scandals between the characters. It is one of the most watched shows.

Les Marseillais: This show is the rival of the previous one, and the concept is the same: people in a villa in a foreign country (Brazil, Thailand, South Africa, etc.). These two shows are the most watched. But beware, the language is familiar!

Top Chef: This show is a cooking competition to elect the best cook. The candidates are judged by four top French chefs, including Philippe Etchebest.

Pékin Express: Pairs compete in a race to reach a far-off destination. However, they only have one euro per day and per person to get there! They have to hitchhike to get around and get accommodation from local people. The winning team wins €50,000.

That's it, I think I've mentioned all the greatest reality TV shows. Don't worry, there are many others I couldn't talk about like Koh Lanta, Fort Boyard, etc. I recommend you to take a look at them!

81. Les Relations Amoureuses

Aujourd'hui nous allons aborder le sujet de l'amour et des relations amoureuses ! Mais plus particulièrement, les relations homosexuelles, car les homosexuels ont acquis de nouveaux droits en France et leurs revendications se font de plus en plus entendre grâce à la jeunesse progressiste.

Un couple gay ou lesbien a le droit depuis mai 2013 de se marier, ce qui fait de la France le 9ème pays Européen à légaliser les unions de couples de même sexe. Cependant l'Allemagne les avait déjà légalisées depuis 2001, et la Suisse depuis 2007. Mais bon, mieux vaut tard que jamais.

Les couples homosexuels ont aussi le droit d'adopter, à la condition d'être mariés depuis plus de deux ans et d'être âgés de plus de vingt-huit ans.

Depuis le 29 juin 2021, les couples de lesbiennes ont droit à la PMA (Procréation Médicalement Assistée). C'est une

pratique médicale qui consiste à prélever un spermatozoïde chez un donneur, et à l'implanter chez la femme qui en fait la demande.

Il y a eu de vives manifestations en France pour réclamer l'accès à cette procédure par les couples lesbiens, mais maintenant, c'est officiel !

Le gouvernement français est encore plutôt conservateur, et il est parfois difficile de faire passer ce genre de lois progressistes. Cependant, la jeunesse actuelle est bien plus engagée sur les questions de société. Ils osent défendre leurs convictions et n'ont pas peur d'afficher leurs différences en public.

La communauté LGBTQ+ est très fière d'être comme ils sont en France, et - contrairement aux États-Unis où l'Eglise et les catholiques sont vivement contre ces choses « non-bibliques » - il y a de moins en moins d'homophobie en France.

Pour conclure, bien que la France soit en avance sur certaines problématiques concernant les droits des homosexuels, il reste encore beaucoup de chemin à faire pour atteindre l'égalité. Le changement passe avant tout par la population, moins il y aura de gens contre ces idées, plus vite cela deviendra normal et on pourra faire bouger les choses !

Car, honnêtement, homosexuel, hétérosexuel, transexuel ou autre, cela ne change rien : nous sommes tous humains, nous vivons tous sur Terre. On ne choisit pas son orientation sexuelle, son genre ou même son ethnie lorsque l'on naît, et l'on ne devrait pas avoir à souffrir d'être qui nous sommes. Nous devrions tous être égaux.

that consists of taking a sperm from a donor and implanting it in the woman who requests it.

There have been strong protests in France to demand access to this procedure for lesbian couples, but now it's official!

The French government is still rather conservative, and it is sometimes difficult to pass such progressive laws. However, today's youth is much more committed to social issues. They dare to stand up for their beliefs and are not afraid to show their differences in public.

The LGBTQ+ community is very proud to be the way they are in France, and - unlike in the US where the Church and Catholics are strongly against these "unbiblical" things - there is less and less homophobia in France.

In conclusion, although France is ahead on some issues concerning gay rights, there is still a long way to go to achieve equality. The less people there are against these ideas, the faster it will become normal and we will be able to make things happen!

Because, honestly, homosexual, heterosexual, transexual or other, it doesn't change anything: we are all humans, we all live on Earth. We don't choose our sexual orientation, our gender or even our ethnicity when we are born, and we shouldn't have to suffer for being who we are. We should all be equal.

82. La Retraite

Saviez-vous que l'âge de la retraite en France est entre soixante-deux et soixante-sept ans ? Une personne âgée de plus de soixante-sept ans peut toutefois continuer à travailler tout en percevant sa pension de retraite. Il s'agit là de l'une des spécificités de la retraite en France. Comme le système de retraite français est un peu particulier, je vais essayer d'expliquer cela de la façon la plus simple possible.

Vu que l'on ne peut plus travailler à partir d'un certain âge, vous vous demandez peut-être comment on peut continuer à vivre sans salaire ? Et bien, il existe un système de cotisations :

Tous les mois, sur le salaire de tous les Français, un pourcentage (environ 7% du salaire) est prélevé pour ce que l'on appelle « la cotisation retraite. » L'employeur verse aussi un pourcentage (environ 9%) à cette cotisation. Je vais essayer de vous donner un exemple simple :

82. Retirement

Did you know that the retirement age in France is between sixty-two and sixty-seven? However, a person over the age of sixty-seven can continue to work while receiving a retirement pension. This is one of the specificities of retirement in France. As the French retirement system is a bit special, I will try to explain this as simply as possible.

Since you can no longer work after a certain age, you may wonder how can you continue to live without a salary? Well, there is a system of contributions:

Every month, on the salary of all French people, a percentage (about 7% of the salary) is deducted for what is called "the retirement contribution." The employer also gives a percentage (about 9%) to this contribution. I will try to give you a simple example:

Si votre salaire est de 100€, sur ces 100€, on prélèvera 7€ qui iront à la caisse de retraite. De plus, votre patron cotisera à hauteur de 9% de votre salaire, soit 9€ dans ce cas là.	If your salary is €100, out of this €100, €7 will be deducted which will go to the pension fund. In addition, your employer will contribute 9% of your salary, in this case €9.
L'âge auquel on a le droit de partir à la retraite dépend du nombre de trimestres que l'on aura cotisés. On ne peut donc pas prendre sa retraite à 30 ans par exemple (à moins d'être extrêmement riche !).	The age at which you are entitled to retire depends on the number of quarters you have contributed. So you can't retire at the age of thirty, for example (unless you are extremely rich!).
Mais à quoi sert la cotisation ? Une personne à la retraite à besoin d'argent pour vivre, donc ils reçoivent une pension tous les mois qui provient de la cotisation. En quelque sorte, ceux qui travaillent permettent de payer les retraités. Il s'agit de la « retraite de base. »	But what is the purpose of the contribution? A retired person needs money to live, so they receive a pension every month that comes from the contribution. In a way, those who work help to pay the pensioners. This is the "basic pension."
Il existe aussi la « retraite complémentaire » qui s'ajoute à la retraite de base et qui dépend de la catégorie socio-professionnelle de l'employé. Tout le monde touche une pension de retraite, ce qui permet de continuer à vivre normalement. Cependant, les pensions sont moins élevées qu'un salaire. Les retraités « gagnent » moins d'argent qu'un employé. C'est donc pour cela qu'il faut mettre de l'argent de côté et épargner pour pouvoir avoir un meilleur niveau de vie.	There is also the "complementary pension" that is added to the basic pension and depends on the socio-professional category of the employee. Everyone receives a retirement pension, which allows them to continue to live normally. However, pensions are lower than a salary. Retirees "earn" less money than an employee. Therefore, it is necessary to put money aside and save in order to have a better standard of living.
C'est assez compliqué d'expliquer comment fonctionne la retraite en France, moi-même je ne crois pas tout savoir à ce sujet ! Il existe bien d'autres facteurs qui déterminent les pensions; il faut prendre en compte aussi les impôts, par exemple.	It's quite complicated to explain how retirement works in France, I don't think I know everything about it myself! There are many other factors that determine pensions; you also have to take into account taxes, for example.
À part ça, la plupart des retraités ne vivent pas dans les grandes villes, ils préfèrent le calme d'une maison à la campagne. Et si une personne est trop âgée pour s'occuper d'elle toute seule et être autonome, alors sa famille l'inscrira en maison de retraite.	Apart from that, most retirees don't live in big cities, they prefer the quiet of a house in the country. And if a person is too old to take care of themselves and be independent, then their family will put them in a retirement home.

83. Le Salaire

Envisageriez-vous de travailler en France ? Si oui, vous vous demandez sûrement si le salaire est plus élevé que chez vous, ou bien encore quels sont les métiers les mieux payés. Et bien réjouissez-vous, car aujourd'hui nous allons parler des salaires en France !

Il existe en France un salaire minimum, connu sous l'acronyme de SMIC (Salaire Minimum de Croissance). Cela signifie qu'une entreprise ne peut pas rémunérer ses employés à un montant inférieur au SMIC.

En 2020, le SMIC s'élevait à 10,51€ brut par heure (avant les taxes). Cela représente environ 1 540€ brut par mois. Si on convertit en dollar américain, cela fait 12$ par heure, soit 1 810$ par mois.

En France, la loi stipule qu'un employé ne doit pas travailler plus de trente-cinq heures par semaine (sauf si nécessaire, dans ce cas cela sera payé plus, c'est ce que l'on appelle des heures supplémentaires). Il est aussi interdit de travailler plus de dix heures par jour (sauf cas exceptionnel).

D'ailleurs, il existe aussi différents types de contrats de travail, mais les deux principaux sont le CDD (Contrat à Durée Déterminée) et le CDI (Contrat à Durée Indéterminée).

Comme vous l'aurez sûrement deviné, le CDD est un contrat à durée limitée qui ne peut excéder dix-huit mois. À L'inverse, le CDI est, comme son nom l'indique, à durée indéterminée. Souvent, quelqu'un en CDI conserve son métier pour plusieurs années. Un CDI est donc le plus avantageux.

Enfin, ce que vous attendiez tous, voici le classement des professions les mieux rémunérées en France (les chiffres donnés ci-après sont des moyennes des salaires

83. Salary

Would you consider working in France? If so, you're probably wondering if the salary is higher than at home, or which jobs pay the best. Well, be happy, because today we are going to talk about salaries in France!

There is a minimum wage in France, known as SMIC (minimum wage of growth). This means that a company cannot pay its employees less than the SMIC.

In 2020, the SMIC was €10.51 gross per hour (before taxes). That is about €1,540 gross per month. If we convert it to US dollars, that's $12 per hour, or $1,810 per month.

In France, the law stipulates that an employee must not work more than thirty-five hours per week (unless necessary, in which case it will be paid more, this is called overtime). It is also forbidden to work more than ten hours a day (except in exceptional cases).

Moreover, there are also different types of employment contracts, but the two main ones are the CDD (fixed-term contract) and the CDI (indefinite term contract).

As you may have guessed, a fixed-term contract is a contract of limited duration that cannot exceed eighteen months. On the other hand, the CDI is, as its name indicates, for an indefinite period of time. Often, someone on a permanent contract stays in the same job for several years. A permanent contract is therefore the most advantageous.

Finally, what you were all waiting for, here is the ranking of the best paid professions in France (the figures given below are averages of salaries paid in one year in 2021):

versés en 1 an en 2021) :
- Médecin spécialiste : 180 000€
- Pharmacien : 120 000€
- Architecte : 120 000€
- Avocat : 110 000€
- Directeur marketing : 90 000€

Les métiers les mieux payés concernent le domaine de la médecine, car ce sont les médecins qui font le plus d'études (huit ans minimum). Le salaire moyen se situe entre 6 000€ et 10 000€.

Les chiffres indiqués concernent le revenu brut perçu, ce qui veut dire que c'est le montant avant le prélèvement des taxes. Le salaire, une fois les taxes prélevées, est un salaire « net. » Donc, si jamais vous êtes face à un contrat en France et que l'on vous parle de salaire brut ou net, vous saurez ce que cela signifie !

Voilà, j'espère que cet email sur les salaires en France vous aura intéressés et que vous aurez appris de nouveaux mots de vocabulaire !

- Specialist doctor: €180,000
- Pharmacist: €120,000
- Architect: €120,000
- Lawyer: €110,000
- Marketing director: €90,000

The best paid jobs are in the field of medicine, because doctors have the longest studies (eight years minimum). The average salary is between €6,000 and €10,000.

The figures given are for the gross income received, which means that it is the amount before taxes are deducted. The salary, once taxes are deducted, is a "net" salary. So, if you are ever faced with a contract in France and they talk about gross or net salary, you will know what that means!

So, I hope that this email about salaries in France has interested you and that you have learned some new vocabulary!

84. Les Examens Scolaires

84. School Exams

Bonjour, aujourd'hui ce sera un mail à propos des étudiants et de leurs révisions. En France, la dernière semaine avant les vacances de Noël est souvent celle où ils ont tous leurs examens en même temps et ils sont souvent débordés ! Voilà ce qui m'a inspiré pour écrire ce mail.

Il faut que je révise pour mes examens de cette semaine, mais je ne peux pas me concentrer chez moi ! Même si je ne vis plus avec ma famille, je suis quand même avec mon petit compagnon Titi, mon chat. Je ne peux pas travailler correctement à cause de lui, il ne fait que s'allonger sur mes devoirs et mon ordinateur et je ne peux rien faire ! Il faut que je trouve un endroit calme pour me concentrer...

Si je vais à la bibliothèque de 9h à midi, j'aurai assez de temps pour réviser pour l'examen de maths. Ensuite, disons que je prends une pause de deux heures pour manger, je serai de retour à la bibliothèque à 14h. Et

Hello, today it will be an email about students and their revisions. In France, the last week before the Christmas vacations is often the week when they have all their exams at the same time and they are often overwhelmed! This is what inspired me to write this email.

I need to study for my exams this week, but I can't concentrate at home! Even though I don't live with my family anymore, I am still with my little companion Titi, my cat. I can't work properly because of him, he just lies on my homework and computer and I can't do anything! I have to find a quiet place to concentrate...

If I go to the library from 9 am to noon, I'll have enough time to study for the math test. Then, let's say I take a two-hour break to eat, I'll be back at the library by 2 pm. And if I work another three hours until 5 pm, I can

si je travaille trois heures de plus jusqu'à 17 heures, je pourrai réviser pour mon contrôle d'histoire et rentrer à la maison tôt pour me détendre avant la journée de demain.

En arrivant à la bibliothèque, j'ai remarqué une machine à café, exactement ce dont j'avais besoin pour être opérationnel ! J'ai erré entre les allées et j'ai trouvé l'endroit idéal : proche de la fenêtre et sans aucune autre table à proximité.

J'ai branché mes écouteurs, sélectionné ma playlist préférée et je me suis mis au travail. J'ai ouvert mon livre de maths et j'ai commencé à faire tous les exercices. Je n'ai jamais été aussi efficace ! Les exercices me semblaient tous tellement faciles que j'ai commencé à apprécier de les faire ! Que le temps passe vite, je n'y ai pas prêté attention et j'ai failli sauter ma pause repas ! Mais heureusement, mon estomac m'a rappelé que c'était important.

Après un bon repas, je me suis remis au travail et j'ai commencé à réviser pour mon examen d'histoire. J'ai fait plusieurs fiches avec toutes les dates et évènements afin que cela soit plus simple pour m'en rappeler. Et une fois fini, j'ai pu rentrer chez moi. Mon chat m'a fait comprendre que j'étais parti trop longtemps car, une fois que je me suis assis sur le canapé, il n'a pas quitté mes genoux ! Il est tellement mignon, même s'il est un peu trop envahissant.

Passez de bonnes vacances !

study for my history test and get home early to relax before tomorrow.

When I got to the library, I noticed a coffee machine, exactly what I needed to get up and running! I wandered between the aisles and found the perfect spot: close to the window and with no other tables nearby.

I plugged in my headphones, selected my favorite playlist and got to work. I opened my math book and started doing all the exercises. I have never been so efficient! The exercises all seemed so easy that I started to enjoy doing them! How time flies, I didn't pay attention and almost skipped my lunch break! But luckily, my stomach reminded me that it was important.

After a good meal, I got back to work and started studying for my history exam. I made several index cards with all the dates and events so that it would be easier to remember them. And when I finished, I was able to go home. My cat let me know that I was gone too long because once I sat down on the couch, he didn't leave my lap! He's so cute, even if he is a little too invasive.

Have a great vacation!

85. Les Saisons

Si vous envisagez de planifier des vacances en France, alors cet email devrait pouvoir vous aider ! En effet, je vais vous présenter les habitudes des Français en fonction des saisons, ce que l'on peut faire à certaines périodes, etc.

Automne :
L'automne est souvent synonyme de rentrée des classes pour les élèves et marque la fin des vacances d'été. Cependant, cela reste une période où il fait encore beau et pas trop frais.

Si vous appréciez les balades à vélo ou les randonnées et les paysages à couper le souffle, alors je vous recommande d'aller dans le centre de la France. Avec l'automne, les couleurs des feuilles changent, et le Massif Central (une chaîne volcanique en sommeil) et la région de l'Auvergne sont des destinations parfaites pour admirer les paysages.

Hiver :
Il est rare que la neige tombe partout en France en hiver. Cependant, pour les vacances de Noël et les vacances de février, les Français adorent aller à la montagne pour faire du ski en famille, louer un chalet et manger des raclettes ou de la fondue !

Je vous recommande donc d'aller dans les Pyrénées, à la frontière avec l'Espagne ; ou les Alpes, à la frontière avec l'Italie et la Suisse où le Mont Blanc culmine à plus de 4 800 mètres. Il y neige à coup sûr chaque hiver !

Mais si vous préférez le calme et la tranquillité, je vous recommande d'y aller en dehors des périodes de vacances scolaires.

Printemps :
Il peut encore faire un peu frais, et le ciel peut aussi bien être ensoleillé que très nuageux

85. Seasons

If you are planning a vacation in France, then this email should help you! Indeed, I will go over the habits of the French according to the seasons, what you can do at certain periods, etc.

Autumn:
Autumn is often synonymous with the start of school for students and marks the end of the summer vacations. However, it is a time when the weather is still nice and not too cool.

If you enjoy biking or hiking and breathtaking landscapes, then I recommend you go to the center of France. With autumn, the colors of the leaves change, and the Massif Central (a dormant volcanic chain) and the Auvergne region are perfect destinations to enjoy the scenery.

Winter:
It is rare for snow to fall everywhere in France in the winter. However, for the Christmas and February vacations, the French love to go to the mountains to ski with their families, rent a chalet and eat raclette or fondue!

I recommend you to go to the Pyrenees, on the border with Spain; or the Alps, on the border with Italy and Switzerland where the Mont Blanc rises to more than 4,800 meters. It certainly snows there every winter!

But if you prefer peace and quiet, I recommend going outside of school vacation periods.

Spring:
It can still be a bit cool, and the sky can be sunny or very cloudy with rain. The

avec de la pluie. La météo est capricieuse en cette saison ! Mais elle est idéale pour visiter les nombreux musées, châteaux ou aquariums de France.

Pour ma part, je vous conseille fortement de visiter la Bretagne, la Normandie ou l'Alsace pour la beauté de leurs villes traditionnelles. Mais vous pouvez aussi aller dans le Périgord pour ses nombreux châteaux médiévaux !

Eté :
Enfin, pour les beaux jours, rien de mieux que de profiter d'une balade les pieds dans l'eau le long d'une des nombreuses plages de France !

Si vous aimez les côtes, alors la Bretagne saura vous ravir, mais si vous préférez la plage et l'eau tempérée, les réserves naturelles et les villes historiques, alors la Charente Maritime et le Pays Basque seront les destinations parfaites !

Enfin, si vous voulez profiter de la plage et rencontrer de riches célébrités et flâner dans des magasins de luxe, alors la Côte d'Azur dans le Bassin Méditerranéen vous conviendra !

J'espère que cet email vous aura donné envie de visiter la France, car c'est un pays où l'on peut visiter plein choses différentes à différentes périodes de l'année !

weather is capricious in this season! But it is ideal to visit the many museums, castles or aquariums in France.

For my part, I strongly advise you to visit Brittany, Normandy or Alsace for the beauty of their traditional cities. But you can also go to the Périgord for its many medieval castles!

Summer:
Finally, for the beautiful days, nothing better than to enjoy a walk with your feet in the water along one of the many beaches of France!

If you like coasts, then Brittany will delight you, but if you prefer beaches and temperate water, nature reserves and historical cities, then Charente Maritime and the Basque Country will be the perfect destinations!

Finally, if you want to enjoy the beach and meet rich celebrities and stroll in luxury stores, then the French Riviera in the Mediterranean Basin will suit you!

I hope this email has made you want to visit France because it is a country where you can visit many different things at different times of the year!

86. Odeurs et Souvenirs

L'email d'aujourd'hui aura pour sujet principal les odeurs. Je vais donc raconter une histoire qui met en scène des personnages discutant à propos des souvenirs qu'ils ont en sentant une odeur particulière.

Marc, Loïc, Melissa et Lou passent la soirée ensemble dans l'appartement de l'un d'eux. Ils ont joué à des jeux de société, ont discuté et bien rigolé, et à présent ils ont envie d'essayer un nouveau jeu afin de lancer un nouveau sujet de conversation.

Melissa attrape donc une boîte d'huiles essentielles, de parfums et d'échantillons variés qu'elle a récupérée dans la parfumerie où elle travaille.

Melissa : J'ai une idée, on va chacun notre tour se bander les yeux, puis on fera sentir une de ces odeurs. La personne ayant les yeux bandés devra deviner de quelle odeur il s'agit, et raconter un souvenir ou bien à quoi elle lui fait penser !

Les quatre amis ont l'air assez enthousiastes à l'idée d'essayer ce nouveau jeu original. C'est donc Loïc qui commence.

Loïc : Hmm... c'est plus compliqué que je ne le pensais. Ça sent les agrumes, peut-être du pamplemousse ? Ou de l'orange ?

Melissa : Presque ! C'était de la clémentine !

Loïc : Ah c'est pour ça que je n'ai pas reconnu, j'ai horreur de la clémentine, quand j'étais petit j'en mangeais plein pour le goûter et maintenant je suis malade quand j'en mange.

Cela fait beaucoup rire les trois autres amis, alors que Lou se prépare pour son tour.

Lou : Oh je sais ! Ça sent la lavande ! Mon père en fait pousser plein dans le jardin et ça sent toujours très bon ! En été, j'aime bien

86. Smells & Memories

Today's email will have smells as the main topic. So I'm going to tell a story about characters talking about the memories they have when they smell a particular scent.

Marc, Loïc, Melissa and Lou are spending the evening together in one of their apartments. They have been playing board games, talking and laughing, and now they want to try a new game to start a new conversation.

So Melissa grabs a box of essential oils, perfumes, and various samples that she picked up at the perfume store where she works.

Melissa: I have an idea, we're going to take turns blindfolding each other, and then we're going to have someone smell one of these scents. The blindfolded person will have to guess which smell it is, and tell a memory or what it reminds them of!

The four friends seem quite enthusiastic about trying this new original game. So Loïc starts.

Loïc: Hmm... it's more complicated than I thought. It smells like citrus fruits, maybe grapefruit? Or orange?

Melissa: Almost! It was clementine!

Loïc: Oh that's why I didn't recognize it, I hate clementines, when I was little I used to eat a lot of them for a snack and now I get sick when I eat them.

This makes the other three friends laugh a lot, as Lou gets ready for his turn.

Lou: Oh I know! It smells like lavender! My dad grows a lot of it in the garden and it always smells so good! In the summer, I like

ouvrir mes fenêtres pour que l'odeur parfume ma chambre, mais souvent des guêpes ou des abeilles entrent et ne ressortent plus.

C'était à présent au tour de Marc de se bander les yeux, mais Loïc lui prépare une petite blague...

Loïc murmure : Tu as bien rigolé quand c'était mon tour, et bien tu vas voir.

Marc : Eh ça pue ! Tu m'as fait renifler des poubelles ou quoi ?

Marc enlève son bandeau et découvre l'air dégouté que l'odeur qu'on lui a fait sentir est celle des chaussures de Loïc. Bien sûr, cela fait beaucoup rire les trois autres, bien que cela soit une blague vraiment puérile. Mais une fois le fou rire passé, Marc rejoue à nouveau.

Marc : Oh, cette odeur me rappelle quand j'allais me balader en forêt avec mes grands-parents, on allait nourrir les animaux et cueillir des baies. Et à chaque fois, je revenais toujours avec de grosses pommes de pin. Oh, mais j'ai trouvé ! Ça sent les pommes de pin !

Melissa : Ouah, félicitations ! C'était pas une odeur facile à reconnaître !

Lou : À ton tour Melissa !

Melissa : Non, ça serait de la triche, comme je travaille dans une parfumerie, c'est mon métier de reconnaître les odeurs, et puis les seuls souvenirs que cela me rappellerait seraient ceux du travail, et j'ai plutôt envie de profiter de ma soirée avec vous sans y penser.

Les quatre amis continuent donc à passer la soirée à jouer et rigoler.

to open my windows and let the smell in my room, but often wasps or bees come in and don't come out again.

It was now Marc's turn to be blindfolded, but Loïc prepares him a little joke...

Loïc murmurs: You laughed a lot when it was my turn, well you'll see.

Marc: Hey it stinks! Did you make me sniff garbage cans or what?

Marc takes off his blindfold and discovers with a disgusted look that the smell he was made to smell is the one of Loïc's shoes. Of course, this makes the three others laugh a lot, although it is a really childish joke. But once the laughter is over, Marc plays again.

Marc: Oh, this smell reminds me of when I used to go for walks in the forest with my grandparents, we used to feed the animals and pick berries. And every time, I always came back with big pine cones. Oh, but I found it! It smells like pine cones!

Melissa: Wow, congratulations! That was not an easy smell to recognize!

Lou: Your turn Melissa!

Melissa: No, that would be cheating, since I work in a perfume shop, it's my job to recognize smells, and then the only memories it would bring back would be from work, and I'd rather enjoy my evening with you without thinking about it.

The four friends continue to spend the evening playing and laughing.

87. Le Football   87. Soccer

J'espère que vous aimez le football car ce sera le thème de l'email d'aujourd'hui ! Nous allons parler des principales équipes en France, des coupes du monde, etc.

Les Français adorent le football et le rugby (entre autres). Il y a toujours énormément de téléspectateurs lors des retransmissions de matchs à la télé, et les stades sont toujours pleins à craquer !

L'équipe masculine de France de football a été créée en 1904 et a gagné deux coupes du monde : en 1998 et en 2018. À chaque fois, c'était l'euphorie dans tout le pays, les gens se retrouvaient dans les bars pour assister aux matches, ça criait, ça chantait. C'est vraiment chaleureux comme ambiance !

Le soir où la France a gagné la coupe du monde en 2018, je travaillais, et depuis mon bureau j'entendais les gens dans la rue et les maisons crier de joie lorsque l'équipe marquait un but. Lorsque j'ai débauché,

I hope you like soccer because that will be the theme of today's email! We will talk about the main teams in France, the world cups, etc.

The French love soccer and rugby (among others). There is always a huge audience during TV broadcasts, and the stadiums are always full to bursting!

The French men's soccer team was created in 1904 and has won two World Cups: in 1998 and in 2018. Each time, it was euphoria all over the country, people were in the bars to watch the matches, shouting and singing. It's really a warm atmosphere!

The night France won the World Cup in 2018, I was working, and from my office I could hear people in the street and houses screaming with joy when the team scored a goal. When I got off work, the game was

le match était déjà terminé, mais les gens étaient encore dans les rues et criaient. J'ai eu beaucoup de mal à rentrer chez moi tellement ils bloquaient la rue ! On aurait dit une manifestation !

Les joueurs français les plus connus sont Zinédine Zidane, Fabien Barthez, Paul Pogba, Killian Mbappé, Antoine Griezmann, et bien d'autres !

Mais il y a une grosse rivalité en France entre deux grandes équipes : le PSG (Paris Saint Germain) et l'OM (Olympique Marseillais). Porter un maillot Marseillais à Paris c'est risquer de se faire insulter, et vice-versa à Marseille avec un maillot Parisien.

Malheureusement, le football féminin rencontre moins de succès que le football masculin en France, c'est dommage, car les joueuses sont aussi très douées !

Les joueuses les plus célèbres sont notamment Sandrine Soubeyrand, Elise Bussaglia, Laura Georges, Camille Abily, etc.

Si vous êtes en France et que vous souhaitez voir un match à la télévision, il y a beaucoup de chaînes de sport dédiées au football, et les matches les plus importants sont retransmis sur les chaînes d'information principales (gratuites).

Pour conclure, je dirais que le football est à la France ce que le rugby est à la Nouvelle-Zélande. C'est une véritable institution, et énormément de Français suivent assidûment les matches de leur équipe préférée.

Mais bien entendu, si vous préférez d'autres sports, vous trouverez forcément des Français avec qui discuter car ils adorent le sport en général !

already over, but people were still in the streets screaming. I had a hard time getting home because they were blocking the street! It was like a demonstration!

The most famous French players are Zinédine Zidane, Fabien Barthez, Paul Pogba, Killian Mbappé, Antoine Griezmann, and many others!

But there is a big rivalry in France between two big teams: PSG (Paris Saint Germain) and OM (Olympique Marseillais). Wearing a Marseille jersey in Paris is risking to be insulted, and vice versa in Marseille with a Parisian jersey.

Unfortunately, women's soccer is less successful than men's soccer in France, which is a pity, because they are also very talented!

The most famous players are Sandrine Soubeyrand, Elise Bussaglia, Laura Georges, Camille Abily, etc.

If you are in France and want to see a match on TV, there are many sports channels dedicated to soccer, and the most important matches are broadcasted on the main (free) news channels.

To conclude, I would say that soccer is to France what rugby is to New Zealand. It is a real institution, and a lot of French people follow the matches of their favorite team.

But of course, if you prefer other sports, you will find French people to talk to because they love sports in general!

88. Les Réseaux Sociaux

Vous nous avez peut être découvert grâce à notre compte Instagram @Frenchacking. Et bien même si ce n'est pas le cas, l'email d'aujourd'hui s'intéressera aux réseaux sociaux !

En France, presque tout le monde utilise les réseaux sociaux : les étudiants, les jeunes, les adultes, etc. Alors je vais vous faire une sorte de classement des réseaux sociaux les plus utilisés en France, et par quel type de personnes.

Top 1 : YouTube
Avec 49,6 millions d'utilisateurs, YouTube est le premier réseau social en France. Tout le monde l'utilise, que ce soit pour regarder des podcasts de youtubeurs français célèbres (ex : Squeezie, 1er youtubeur français), ou des clips vidéo et bien d'autres encore.

Top 2 : Facebook
Avec trente-trois millions d'utilisateurs inscrits. Facebook représente presque la moitié de la population française ! Les jeunes (13-25 ans) sont moins présents sur ce réseau social qu'à sa création. La plupart de ses utilisateurs sont des adultes (30 ans et plus).

Top 3 : Snapchat
Avec 24,5 millions d'utilisateurs, Snapchat est la plateforme de communication préférée des jeunes, notamment grâce aux photos et à son interface simplifiée.

Top 4 : Instagram
Avec vingt-quatre millions d'utilisateurs, tout le monde se retrouve sur Instagram. Que ce soit pour suivre ses influenceurs ou stars préférées ou pour les marques de mode, et les paysages magnifiques. Il y a toutefois très peu d'utilisateurs d'Instagram âgés de plus de 60 ans.

Top 5 : LinkedIn

88. Social Media

You may have discovered us through our Instagram account @Frenchacking. Well, even if it's not the case, today's email will focus on social networks!

In France, almost everyone uses social networks: students, youth, adults, etc. So I'm going to make a kind of ranking of the most used social networks in France, and by which type of people.

Top 1: YouTube
With 49.6 million users, YouTube is the first social network in France. Everybody uses it, whether to watch podcasts of famous French youtubers (e.g.: Squeezie, 1st French youtuber), or video clips and many others.

Top 2: Facebook
With thirty-three million registered users. Facebook represents almost half of the French population! Young people (thirteen - twenty-five years old) are less present on this social network since its creation. Most of its users are adults (thirty years and older).

Top 3: Snapchat
With 24.5 million users, Snapchat is the preferred communication platform for young people, especially thanks to its photos and simplified interface.

Top 4: Instagram
With twenty-four million users, everyone is on Instagram. Whether it's to follow their favorite influencers or stars or for the fashion brands, and the beautiful landscapes. However, there are very few Instagram users over the age of sixty.

Top 5: LinkedIn

Avec vingt-et-un millions d'utilisateurs, ce réseau social cible les personnes entrées dans la vie active (jeunes diplômés, entreprises, etc.). Il commence à se développer de plus en plus en France.

Top 6 : Pinterest
Avec 12,22 millions d'utilisateurs, je ne pensais pas que Pinterest serait mieux classé que Twitter en France !

Top 7 : Twitter
Avec huit millions d'utilisateurs, je dirais qu'en France ce sont surtout les jeunes qui l'utilisent afin de communiquer, raconter leur vie. Mais il y a aussi toutes les célébrités ainsi que des membres du gouvernement qui y font des annonces officielles.

Top 8 : TikTok
À égalité avec Twitter, Tiktok comptabilise huit millions d'utilisateurs. Cette application est très appréciée des jeunes, et les adultes de plus de trente ans n'y sont que peu présents.

J'espère que cet email vous aura plu ! Si vous souhaitez entrer en contact avec des Français, vous connaîtrez les réseaux sociaux les plus utilisés !

With twenty-one million users, this social network targets people who have entered the workforce (young graduates, companies, etc.). It is starting to grow more and more in France.

Top 6: Pinterest
With 12.22 million users, I didn't think Pinterest would be ranked higher than Twitter in France!

Top 7: Twitter
With eight million users, I would say that in France it is mostly young people who use it to communicate, to tell their life story. But there are also all the celebrities as well as members of the government who make official announcements on it.

Top 8: TikTok
On par with Twitter, Tiktok has eight million users. This application is very popular with young people, and adults over thirty years old are only slightly present.

I hope you enjoyed this email! If you want to get in touch with French people, you will know the most used social networks!

89. Repas Spéciaux Français

Aujourd'hui nous allons parler des repas français cuisinés pour certaines occasions et fêtes nationales. Nous allons donc parler nourriture et traditions !

En France, il y a cinq fêtes nationales ayant chacune leur tradition culinaire : Noël et le Jour de l'An, la Chandeleur, l'Épiphanie et le Lundi de Pâques. Il faut savoir qu'elles ont presque toutes une origine religieuse (Chrétienne).

Pour les repas des réveillons de Noël et du Jour de l'an, nous mangeons souvent du poisson et des fruits de mer comme du saumon fumé, des crevettes ou des huîtres en entrée ; en plat principal c'est généralement une dinde avec des légumes ou des pommes de terre ; et en dessert une bûche de Noël. Evidemment en plus de cela, les adultes boivent du champagne !

Pour l'Épiphanie (6 janvier), nous avons une tradition qui consiste à manger une brioche ou une galette « des rois. » La brioche est nature, et la galette est composée de pâte feuilletée et de crème d'amandes. Mais la particularité de ces gâteaux est que quelque part à l'intérieur se trouve une fève en porcelaine. La personne qui trouvera la fève dans sa part deviendra Roi ou Reine et aura une couronne dorée en papier cartonné. Et pour la Chandeleur (2 février), nous préparons des crêpes que l'on peut manger pour le goûter ou en dessert. On peut les manger nature, avec du sucre, de la confiture, du chocolat, etc.

Enfin pour le lundi de Pâques, nous offrons des chocolats (souvent en forme d'œufs mais pas seulement). Les parents s'amusent à les cacher un peu partout dans la maison ou le jardin, et les enfants doivent les retrouver. C'est plutôt amusant pour les enfants, et puis tout le monde aime les chocolats !

89. Special French Meals

Today we are going to talk about French meals cooked for certain occasions and national holidays. We will talk about food and traditions!

In France, there are five national holidays, each with its own culinary tradition: Christmas and New Year's Day, Candlemas, Epiphany and Easter Monday. It is important to know that almost all of them have a religious origin (Christian).

For Christmas and New Year's Eve meals, we often eat fish and seafood such as smoked salmon, shrimp or oysters as a starter; as a main course it is usually a turkey with vegetables or potatoes; and for dessert a Yule log. Of course, on top of that, adults drink champagne!

For Epiphany (January 6), we have a tradition of eating a brioche or galette "des rois." The brioche is plain, and the galette is made of puff pastry and almond cream. But the special thing about these cakes is that somewhere inside there is a porcelain bean. The person who finds the bean in his or her slice will become King or Queen and will have a golden crown made of cardboard. And for Candlemas (February 2), we prepare pancakes that can be eaten as a snack or dessert. We can eat them plain, with sugar, jam, chocolate, etc.

Finally, for Easter Monday, we offer chocolates (often in the shape of eggs but not only). The parents have fun hiding them all over the house or garden, and the children have to find them. It's pretty fun for the kids, and everyone loves chocolates!

90. Rester à la Maison

Aujourd'hui nous allons parler des choses que l'on peut faire à la maison pour s'occuper et se divertir, par exemple le weekend ou pendant son temps libre.

Que ce soit un jour de pluie qui nous empêche de sortir ou bien que l'on préfère le confort de sa maison au vent qui souffle dehors, il existe un tas d'activités que l'on peut faire chez soi, seul ou à plusieurs afin de faire passer le temps.

Pour ma part, j'aime bien jouer à la console ou sur mon ordinateur à des jeux vidéo. Je peux jouer seul ou avec mes amis en réseau, c'est très amusant ! À Noël, on m'a offert un grand puzzle, alors je m'amuse à le faire le soir avec ma famille, je trouve cela très distrayant.

Le dimanche, en général, je fais le ménage, je passe l'aspirateur et fais la lessive. Et quand je fais la vaisselle j'aime écouter de la musique, cela rend la tâche plus amusante. Le dimanche, j'aime aussi prendre le temps de cuisiner, par exemple un gâteau ou un bon repas.

Enfin, le soir pour me détendre, avant de dormir, je lis un livre ou regarde un film ou une série à la télévision.

À très bientôt !

90. Staying at Home

Today we are going to talk about things you can do at home to keep yourself busy and entertained, for example on the weekend or during your free time.

Whether it's a rainy day that prevents us from going out or whether we prefer the comfort of our home to the wind blowing outside, there are a lot of activities that we can do at home, alone or with others, to pass the time.

For me, I like to play video games on my console or computer. I can play online games alone or with my friends, it's a lot of fun! At Christmas, I was given a big puzzle, so I have fun doing it at night with my family, I find it very satisfying.

On Sundays, I usually clean, vacuum and do laundry. And when I do the dishes I like to listen to music, it makes the task more fun. On Sundays, I also like to take the time to cook, for example a cake or a good meal.

Finally, in the evening, to relax, before going to sleep, I read a book or watch a movie or a series on TV.

See you soon!

91. Le Stress

Aujourd'hui nous allons parler du stress en France. Les Français sont-ils stressés ? Qui sont ceux les plus stressés ? Que font-ils pour y remédier ? Je vais essayer de vous en apprendre plus à ce sujet.

Tout d'abord, nous pouvons remarquer que l'anxiété est bien plus élevée chez les personnes vivant en ville que chez celles vivant à la campagne.

Les personnes dans les grandes villes (et notamment Paris) ont constamment l'air pressées, en colère et peu aimables. Cela doit être dû au fait qu'ils partent tôt de chez eux le matin et qu'ils perdent du temps sur la route et dans les transports. Aussi, les journées de travail sont chargées, et les gens rentrent tard le soir à cause du trajet, et ils doivent recommencer le lendemain.

De mon point de vue, je trouve que nous vivons dans une société anxiogène qui nous fait culpabiliser si on n'est pas productif. Je considère qu'il n'y a pas de mal à avoir du temps libre ou de ne rien faire. Et si tout le monde avait plus de temps libre, je pense que cela améliorerait leur vie.

En ce qui concerne les personnes les plus stressées en France, je dirais que ce sont les jeunes adultes (étudiants et jeunes salariés). Ils doivent travailler très dur à l'université pour obtenir leur diplôme alors qu'il n'est pas garanti qu'ils trouvent un travail après.

Souvent, il faut déménager dans d'autres villes pour étudier, et donc payer un loyer. Les étudiants n'ont pas beaucoup d'argent et beaucoup sont obligés de trouver un job en plus de l'université, cela leur rajoute du stress, car ils ont moins de temps pour étudier.

Ensuite, si on n'a pas de travail, on ne gagne pas d'argent et donc on ne peut pas vivre

91. Stress

Today we will talk about stress in France. Are the French stressed? Who are the most stressed? What do they do about it? I will try to teach you more about this subject.

First of all, we can notice that anxiety is much higher among people living in the city than among those living in the country.

People in big cities (especially Paris) constantly seem rushed, angry and unkind. This must be due to the fact that they leave home early in the morning and waste time on the road and in transportation. Also, the work days are busy, and people get home late at night because of the commute, and they have to start over the next day.

From my point of view, I think we live in an anxiogenic society that makes us feel guilty if we are not productive. I consider that there is nothing wrong with having free time or doing nothing. And if everyone had more free time, I think it would improve their lives.

Concerning the most stressed people in France, I would say that it is the young adults (students and young employees). They have to work very hard at university to get their degree while there is no guarantee that they will find a job afterwards.

Often they have to move to other cities to study, and therefore pay rent. Students don't have a lot of money and many are forced to find a job in addition to university, which adds stress to them because they have less time to study.

Then, if you don't have a job, you don't earn money and therefore you can't live properly.

correctement. Les jeunes au chômage sont nombreux et c'est particulièrement stressant. Beaucoup enchaînent les contrats courts alors qu'ils ont des Master, Doctorat, etc.

D'ailleurs, pour valider certains diplômes, il faut obligatoirement faire un stage, mais comme le chômage est élevé, il n'y a pas de postes de libre, donc les étudiants ont peur de ne pas pouvoir valider leur diplôme même s'ils ont de très bonnes notes !

La crise de la COVID-19 a eu un terrible impact sur tout le monde, et particulièrement sur les jeunes qui ne pouvaient plus travailler et donc qui n'avaient plus d'argent pour payer leur loyer et leur nourriture.

Malheureusement, le taux de dépression a explosé avec la crise. Le gouvernement a mis en place certaines mesures comme des repas à 1€ pour les étudiants dans les restaurants universitaires, ou bien des rendez-vous gratuits chez un psychologue.

Les Français sont donc plutôt stressés, mais ne vous en faites pas, ils ne sont pas méchants, vous pouvez aller leur parler !

Many young people are unemployed and this is particularly stressful. Many of them have short contracts even though they have a Master's degree, a PhD, etc.

Moreover, to validate certain diplomas, it is compulsory to do an internship, but as unemployment is high, there are no free positions, so students are afraid of not being able to validate their diploma even if they have very good grades!

The COVID-19 crisis had a terrible impact on everyone, especially the young people who could no longer work and therefore had no money to pay for rent and food.

Unfortunately, the rate of depression soared with the crisis. The government has put in place some measures such as €1 meals for students in university restaurants, or free appointments with a psychologist.

So the French are rather stressed, but don't worry, they are not mean, you can go talk to them!

92. Parler de l'Avenir

Aujourd'hui, nous retrouvons autour d'un verre en terrasse un groupe d'amis qui profitent du beau temps et de leur boisson. Ils discutent et rigolent beaucoup lorsqu'ils réalisent à quel point ils sont heureux d'être ensemble et d'avoir une telle amitié.

« Les amis, faisons-nous une promesse. Même si on n'a plus le temps de se voir à cause du travail ou de nos vies personnelles, retrouvons-nous à cet endroit, à cette date dans dix ans, » propose sérieusement Antoine.

« Superbe idée ! », répondent les autres.

« D'ailleurs, comment vous voyez-vous dans dix ans ? Vous voyez-vous mariés, avec une maison et avec des enfants ? », demande Marie.

« Dans dix ans, j'espère avoir créé ma propre entreprise d'informatique et avoir acheté ma maison ! », dit fièrement Mélanie.

92. Talking about the Future

Today, we find a group of friends enjoying the nice weather and their drinks over a terrace. They are chatting and laughing a lot when they realize how happy they are to be together and to have such a friendship.

"Friends, let's make a promise. Even if we don't have time to see each other anymore because of work or our personal lives, let's meet at this place, on this date in ten years," Antoine seriously proposes.

"Great idea!" the others reply.

"Besides, how do you see yourselves in ten years? Do you see yourselves married, buying a house, having children?", asks Marie.

"In ten years, I hope to have started my own computer company and have bought my house!", Melanie says proudly.

« Ouah ! », s'exclament les autres.	"Wow!" exclaim the others.
« Moi dans dix ans j'espère avoir enfin fini mes études de droit et être devenu avocat, » dit Louis qui se tourne ensuite vers Emma sa petite amie « et j'espère qu'on sera mariés et qu'on aura une grande maison ! »	"Me in ten years I hope to have finally finished law school and become a lawyer," says Louis who then turns to Emma his girlfriend "and I hope we're married and have a big house!"
« Aww c'est trop mignon, » répondent ses amis.	"Aww that's so sweet," his friends respond.
Emma renchérit : « Oh oui ce serait super ! Moi, je continuerai à travailler comme professeur de français au collège et j'espère qu'on aura notre propre maison ! Je veux aussi des chats. Plein de chats ! J'adore les chats ! »	Emma adds, "Oh yeah that would be great! I'll still be working as a middle school French teacher and I hope we get our own house! I also want cats. Lots of cats! I love cats!"
« Ahah si tu veux ! », rigole Louis.	"Ahah if you want!" laughs Louis.
Le serveur arrive pour déposer les nouvelles boissons qui ont été commandées lorsqu'il entend la conversation.	The waiter arrives to drop off the new drinks that have been ordered when he overhears the conversation.
« Et moi j'espère pouvoir continuer à servir des clients aussi fidèles que vous dans dix ans ! » intervient-il, faisant rigoler tout le monde.	"And I hope to still be serving customers as loyal as you in ten years!" he interjects, making everyone laugh.
« Et toi Antoine ? Tu penses devenir quoi dans dix ans ? » demandent ses amis à celui qui avait lancé le sujet.	"And you, Antoine? What do you think you'll be in ten years?" his friends ask the man who started the conversation.
Il prend une seconde pour regarder tous ses amis avant de répondre : « Pour moi, peu importe ce que je serai dans dix ans, je m'en fiche tant que j'aurai mes amis avec moi pour rigoler et partager ce genre de moments. »	He takes a second to look at all his friends before answering: "For me, it doesn't matter what I'll be in ten years, I don't care as long as I have my friends with me to laugh and share this kind of moments."
Et c'est sur cette note très attendrissante et joyeuse que l'email d'aujourd'hui se termine. J'espère qu'il vous aura plu !	And it is on this very touching and joyful note that today's email ends. I hope you enjoyed it!

93. Goûts et Obsessions

Aujourd'hui nous allons parler des choses préférées des Français, les choses que tout le monde adore, ce qui les passionne et les obsède.

Le café :
Comme vous vous en doutez sûrement, les Français adorent le café. Ils en boivent tout le temps : avant de partir travailler, en pause au travail, après manger, bref tout le temps !

Ils sont très difficiles en ce qui concerne le café, attention ! Bien qu'ils aient des goûts différents, le plus souvent les Français boivent un café noir sans sucre, ou bien un cappuccino. Mais le plus important, c'est que le café soit moulu ! Bref, les français sont difficiles avec leur café.

L'apéro :
L'apéritif est une grande tradition en France. Que ce soit le soir après le travail, ou bien avant un repas de famille, toutes les occasions sont bonnes pour prendre l'apéro !

En général, on boit de l'alcool comme du vin, ou bien de la bière (mais on peut aussi boire du soda si on ne boit pas d'alcool). On peut aussi grignoter en même temps du saucisson, du fromage ou bien des biscuits apéritifs.

Le plus important c'est que ce soit convivial, avec des amis ou de la famille et que l'on discute et rigole beaucoup. D'ailleurs, les bars font souvent des Happy Hours durant lesquelles certaines boissons sont moins chères, ce qui plaît beaucoup aux jeunes adultes et aux étudiants !

La cigarette :
Attention, je ne vous encourage absolument pas à fumer, d'ailleurs je ne le recommande pas du tout car cela peut nuire à votre santé. Mais, malheureusement, de très nombreux Français fument beaucoup, et même très tôt.

93. Tastes & Obsessions

Today we are going to talk about the favorite things of the French, the things that everyone loves, what they are passionate about and obsessed with.

Coffee:
As you can probably imagine, the French love coffee. They drink it all the time: before leaving for work, during a break, after lunch, in short all the time!

They are very picky when it comes to coffee, mind you! Although they have different tastes, most of the time the French drink a black coffee without sugar, or a cappuccino. But the most important thing is that the coffee is ground! In short, the French are picky about their coffee.

The aperitif:
The aperitif is a great tradition in France. Whether it's in the evening after work or before a family meal, any excuse is good to have an aperitif!

In general, we drink alcohol like wine, or beer (but we can also drink soda if we don't drink alcohol). We can also nibble at the same time sausage, cheese or cookies.

The most important thing is that it is convivial, with friends or family, and that we discuss and laugh a lot. Moreover, bars often have Happy Hours during which some drinks are cheaper, which appeals a lot to young adults and students!

Smoking:
Be careful, I absolutely do not encourage you to smoke, in fact, I do not recommend it at all because it can harm your health. But, unfortunately, many French people smoke a lot, even at a very young age.

Que ce soit des cigarettes industrielles ou bien à rouler, vous verrez des Français fumer partout et à tout moment. Les fumeurs en consomment en grande quantité. Certains fument même dès le lycée alors que cela est interdit à leur âge.

Par ailleurs, le prix des cigarettes est assez élevé en France (environ 10€ pour un paquet de cigarettes).

La boulangerie :
Que ce soit pour du pain ou des viennoiseries, les Français ne peuvent se passer de leur boulangerie. Les Français mangent des croissants, des macarons, des chocolatines, etc. Ils en mangent au petit déjeuner ou bien au goûter.

Vous trouverez de nombreuses boulangeries en France, et je vous recommande vivement de goûter aux plus artisanales !

J'espère que cet email vous en aura appris un peu plus sur le quotidien des Français !

Whether it is industrial cigarettes or roll-your-own, you will see French people smoking everywhere and at any time. Smokers consume them in large quantities. Some even smoke as early as high school even though it is forbidden at their age.

Moreover, the price of cigarettes is quite high in France (about €10 for a pack of cigarettes).

Bakery:
Whether it is for bread or pastries, the French cannot do without their bakery. The French eat croissants, macaroons, chocolatines, etc. They eat them for breakfast or as snacks.

You will find many bakeries in France, and I highly recommend you to try the most artisanal ones!

I hope this email will have taught you a little more about the French people's daily life!

94. Les Tatouages

Êtes-vous tatoué ? Envisagez-vous de vous faire tatouer ? Trouvez-vous cela joli ou pas ? Tout le monde s'est déjà posé ce genre de questions, et le regard de la société vis-à-vis des tatouages varie grandement.

Par exemple, au Japon, dans la majorité des bains publics, les personnes tatouées n'ont pas le droit de s'y baigner. C'est quelque chose de culturel, et bien que la vision de la société japonaise sur les tatouages évolue un peu, cela reste majoritairement interdit. Mais ne vous inquiétez pas, en France ce n'est pas le cas !

Il y a une vingtaine d'années, les tatouages étaient encore un peu mal vus dans le monde du travail. Il était impensable pour un employé d'une banque par exemple, d'avoir des tatouages sur le long des bras. Aujourd'hui les esprits sont un peu plus souples à ce sujet (bien que l'on demande souvent de dissimuler les tatouages au maximum lors d'un rendez-vous client).

Pour certaines marques de vêtements par exemple, qui visent une clientèle un peu « jeune » (autour de 20 ou 30 ans), et qui vendent des vêtements « tendances » ou au style un peu hors du commun (techwear, sportswear, etc.), il est aussi très fréquent que les vendeurs et vendeuses aient des tatouages et des piercings !

Pour ma part, ça ne me gêne pas qu'une personne ait des tatouages, je trouve que c'est un peu comme du maquillage mais qui ne s'enlève pas. Les personnes tatouées sont fières de porter un dessin ou motif qui leur plaît tout comme on pourrait porter son t-shirt préféré, ou bien un bijoux de famille.

Il y a de nombreux salons de tatouage en France, surtout dans les grandes villes. Je vous recommande malgré tout de vous renseigner sur le tatoueur (ou la tatoueuse)

94. Tattooing

Are you tattooed? Are you considering getting a tattoo? Do you find it pretty or not? Everyone has asked these questions, and society's view of tattoos varies greatly.

For example, in Japan, in most public baths, people with tattoos are not allowed to bathe. It is a cultural thing, and although the Japanese society's vision on tattoos is changing a bit, it is still mostly forbidden. But don't worry, in France this is not the case!

About twenty years ago, tattoos were still a bit frowned upon in the working world. It was unthinkable for a bank employee, for example, to have tattoos on their arms. Nowadays, people are a bit more flexible about this (although they often ask to hide tattoos as much as possible during a customer meeting).

For some clothing brands, for example, which target a "young" clientele (around twenty or thirty years old), and which sell "trendy" clothes or clothes with an unusual style (techwear, sportswear, etc.), it is also very frequent that the salesmen and saleswomen have tattoos and piercings!

I don't mind if someone has tattoos, I think it's a bit like makeup but it doesn't come off. Tattooed people are proud to wear a drawing or a motif that they like, just as one might wear a favorite T-shirt or family jewelry.

There are many tattoo parlors in France, especially in big cities. However, I recommend that you find out about the tattoo artist before you get a tattoo if you

en question avant de vous faire tatouer si vous envisagez de le faire en France. Il faut toujours voir auparavant ce que l'artiste fait et si c'est de qualité !	are considering getting one in France. You should always check beforehand what the artist does and if it is of good quality!

Les styles les plus fréquents en France sont les tatouages « japonais » représentant souvent des carpes koï, des dragons, des cerisiers, etc. Mais le style réaliste et noir et blanc est très apprécié aussi !

The most frequent styles in France are the "Japanese" tattoos often representing koi carp, dragons, cherry trees, etc. But the realistic and black and white style is also very popular!

D'ailleurs, les jeunes de nos jours semblent préférer plein de petits tatouages, à une seule grosse pièce par exemple. La raison peut être que plein de petits tatouages étalés sur plusieurs années coûtent moins cher qu'un gros tatouage, ou que les gens tatoués préfèrent porter plein de petits symboles avec différents messages.

Besides, young people nowadays seem to prefer lots of small tattoos, to one big one for example. The reason might be that lots of small tattoos spread over several years are cheaper than one big tattoo, or that tattooed people prefer to wear lots of small symbols with different messages.

Pour conclure, je dirais que les tatouages sont répandus, à la mode, et que ceux qui en portent n'ont plus à les cacher de peur qu'on les prenne pour d'anciens détenus ou des punks. Et si vous envisagez de vous faire tatouer en France, je suis certain que vous n'aurez aucun mal à trouver un tatoueur au style qui vous plaît !

To conclude, I would say that tattoos are widespread, fashionable, and that those who wear them don't have to hide them anymore for fear of being mistaken for ex-cons or punks. And if you're thinking of getting a tattoo in France, I'm sure you'll have no trouble finding a tattoo artist with the style you like!

95. La Télévision

Aujourd'hui nous allons parler de la télévision française, ce que les français aiment regarder, à quelle heure trouver quelle émission, etc.

En France, on compte environ une vingtaine de chaînes gratuites, notamment dans les chambres d'hôtels équipées de télévision. Cependant, si vous disposez d'un décodeur, vous pouvez avoir accès à près de 200 chaînes de télévision (en fonction de l'abonnement auprès de votre opérateur).

Si vous souhaitez regarder les informations en France, vous pouvez les regarder à 13h ou 20h sur les chaînes TF1, France 2, ou France 3 (respectivement les chaînes n°1, 2 et 3).

De midi à 13h, ces chaînes diffusent des jeux télévisés, souvent sous forme de quizz de culture générale avec plusieurs candidats, dont le gagnant peut remporter une somme d'argent et remettre son titre en jeu le lendemain. Les plus connues sont *Les 12 Coups de Midi*, *Question pour un Champion* et *Tout le Monde Veut Prendre Sa Place*. Ces émissions peuvent être un bon moyen pour améliorer la compréhension du français, et d'en apprendre plus sur la culture et l'histoire de la France.

Tôt le matin, vers 6h, sur certaines chaînes vous pouvez voir des émissions de ventes de produits directement aux téléspectateurs (Télé-Achat).

Si vous préférez les dessins animés, alors la chaîne Gulli (chaîne n°18) est destinée à cela. Des dessins animés sont aussi disponibles sur TF1 (n°1), France 3 (n°3) et M6 (n°6) entre 8h et 11h. Enfin, d'autres chaînes sont dédiées aux dessins animés - comme par exemple Nickelodeon, Cartoon Network, J-One - si vous disposez d'un décodeur.

Si vous appréciez la musique et le Top 50,

95. Television

Today we are going to talk about French television, what the French like to watch, at what time to find what program, etc.

In France, there are about twenty free channels, especially in hotel rooms equipped with a television. However, if you have a decoder, you can have access to nearly 200 TV channels (depending on the subscription with your operator).

If you want to watch the news in France, you can watch it at 1 pm or 8 pm on TF1, France 2, or France 3 (respectively channels n°1, 2 and 3).

From noon to 1 pm, these channels broadcast game shows, often in the form of general knowledge quizzes with several contestants, the winner of which can win a sum of money and put their title back on the line the next day. The best known are *Les 12 Coups de Midi*, *Question pour un Champion*, and *Tout le Monde Veut Prendre Sa Place*. These shows can be a good way to improve your understanding of French, and to learn more about the culture and history of France.

Early in the morning, around 6 am, on some channels you can see programs that sell products directly to the viewers (Télé-Achat).

If you prefer cartoons, then the Gulli channel (channel #18) is for that. Cartoons are also available on TF1 (n°1), France 3 (n°3) and M6 (n°6) between 8 and 11 am. Finally, other channels are dedicated to cartoons - such as Nickelodeon, Cartoon Network, J-One - if you have a decoder.

If you like music and the Top 50, you will

vous y aurez accès sur la chaîne MTV ou MCM.	have access to it on the MTV or MCM channel.
L'après-midi à partir de 14h, vous pouvez regarder des séries françaises, souvent des enquêtes policières ou avec des histoires d'infidélités, etc.	In the afternoon from 2 pm, you can watch French series, often police investigations or with stories of infidelity, etc.
Le soir à partir de 19h, d'autres jeux télévisés sont retransmis avant le journal comme N'oubliez Pas les Paroles (je vous la recommande si vous aimez les chansons françaises).	In the evening from 7 pm, other game shows are broadcasted before the news like N'oubliez Pas les Paroles (I recommend it if you like French songs).
Enfin, il y a aussi des chaînes dédiées au sport comme le golf, le football, le rugby, etc. Des chaînes culturelles comme Arte qui présente des documentaires historiques, culturels et animaliers ont aussi beaucoup de succès.	Finally, there are also channels dedicated to sports like golf, soccer, rugby, etc. Cultural channels such as Arte which presents historical, cultural and animal documentaries are also very successful.
Et pour finir, le soir après le journal télévisé, donc vers 21h, vous pouvez suivre des films et des séries (français ou non) sur les chaînes principales. Bien-sûr il y a aussi des chaînes dédiées aux films en fonction des genres (ex : Ciné+ frisson, Ciné+ famiz, Paramount Channel, etc.).	And finally, in the evening after the news, around 9 pm, you can watch movies and series (French or not) on the main channels. Of course there are also channels dedicated to movies depending on the genre (ex: Ciné+ frisson, Ciné+ famiz, Paramount Channel, etc.).
J'espère que cet email vous aura plu et donné envie de regarder la télévision française !	I hope you have enjoyed this email and that it has given you the desire to watch French television!

96. L'Industrie Cinématographique

Si vous êtes amateur de cinéma et que vous vous demandez à quoi ressemble l'industrie cinématographique en France (en dehors des productions Hollywoodiennes) alors asseyez-vous, préparez-vous un café, mettez-vous à l'aise, car nous allons parler Cinéma !

Nous, les Français, adorons aller au cinéma. Cela fait vraiment partie de notre culture artistique. Le 7ème Art (cinéma) trouve d'ailleurs ses racines en France grâce à Emile Renaud, un photographe, puis aux frères Auguste et Louis Lumière, deux ingénieurs du 19ème siècle.

Les travaux et recherches de ces trois hommes ont permis la création de grandes salles de projection de courtes vidéos de quelques minutes. Par la suite, on a vu émerger le cinéma muet au début du 20ème siècle, dans les pays industrialisés et bien évidemment, les films ayant pour vedette principale Charlie Chaplin étaient très appréciés en France.

Il y a d'ailleurs de très nombreux festivals du cinéma en France, le plus connu étant le Festival de Cannes et son célèbre tapis rouge ! Il y a aussi le Festival de Deauville consacré au cinéma américain, pour ne citer que les plus célèbres.

De nombreux films français ont d'ailleurs reçu des César, des Oscars et autres récompenses ! Voici donc une petite liste de films classiques du cinéma français et de quelques-uns des acteurs les plus célèbres :

- *Cyrano de Bergerac* avec Gérard Depardieu (1991), adaptation du roman d'Edmond Rostand.
- *The Artist* avec Jean Dujardin et Bérénice Bejo (2012), film muet et en noir et blanc.
- *La Môme* avec Marion Cotillard (2008),

96. The Film Industry

If you're a film lover and you're wondering what the film industry in France is like (apart from Hollywood productions) then sit down, make yourself a coffee, get comfortable, because we're going to talk about Cinema!

We French love to go to the movies. It is really part of our artistic culture. The 7th Art (cinema) has in fact its roots in France thanks to Emile Renaud, a photographer, and then to the brothers Auguste and Louis Lumière, two 19th century engineers.

The work and research of these three men allowed the creation of large projection rooms for short videos of a few minutes. Subsequently, silent movies emerged in the early 20th century in industrialized countries and, of course, films starring Charlie Chaplin were very popular in France.

Besides, there are many film festivals in France, the most famous being the Cannes Film Festival and its famous red carpet! There is also the Deauville Festival dedicated to American cinema, just to name the most famous.

Moreover, many French films have received César, Oscars and other awards! Here is a small list of classic French films and some of the most famous actors:

- *Cyrano de Bergerac* with Gérard Depardieu (1991), an adaptation of the novel by Edmond Rostand.
- *The Artist* with Jean Dujardin and Bérénice Bejo (2012), a silent film in black and white.
- *La Môme* with Marion Cotillard (2008),

biographie d'Edith Piaf. - *Le fabuleux destin d'Amélie Poulain* avec Audrey Tautou (2002). - *Intouchables* avec Omar Sy (2011). - *Astérix et Obélix Mission Cléopâtre* avec Jamel Debbouze et Monica Bellucci (2002). - *OSS 117* avec Jean Dujardin (2006). Malheureusement avec la crise de la COVID-19, cela fait 1 an que les salles de cinéma, les théâtres, salles de spectacles et de concert sont fermées... Nous nous battons quotidiennement pour soutenir la culture qui est un domaine essentiel pour notre société. Mais notre gouvernement ne semble pas du tout se soucier de cela, comme pour les restaurants qui sont fermés depuis 1 an aussi... Enfin bref, j'espère que cet email vous aura plu, et si vous décidez de découvrir le cinéma français, je vous recommande vivement les films cités plus haut !	biography of Edith Piaf. - *Le fabuleux destin d'Amélie Poulain* with Audrey Tautou (2002). - *Intouchables* with Omar Sy (2011). - *Asterix and Obelix Mission Cleopatra* with Jamel Debbouze and Monica Bellucci (2002). - *OSS 117* with Jean Dujardin (2006). Unfortunately with the crisis of the COVID-19, it has been one year that cinemas, theaters, and concert halls have been closed... We fight daily to support the culture which is an essential domain for our society. But our government doesn't seem to care at all about this, or for the restaurants which have been closed for one year too... Anyway, I hope you enjoyed this email, and if you decide to discover French cinema, I highly recommend the films mentioned above!

97. Pièces de Théâtre

La France est réputée pour ses artistes, aussi bien musiciens (Debussy, Berlioz ou Ravel) que ses auteurs littéraires (Hugo, Molière, Racine…). Aujourd'hui nous allons parler des plus célèbres pièces de théâtre françaises !

En effet, lorsque l'on parle de pièce de théâtre on pense surtout à Shakespeare, car les pièces françaises sont souvent peu réputées à l'international. Je vais donc essayer de vous donner envie de les découvrir ! Voici une petite liste des pièces de théâtre les plus célèbres :

<u>Cyrano de Bergerac</u>, Edmond Rostand (1897) : Cette pièce met en scène Cyrano, un mousquetaire au grand nez qui est aussi un vrai poète. L'intrigue tourne autour d'un triangle amoureux : un jeune homme peu doué avec les mots demande à Cyrano de rédiger ses lettres d'amour pour Roxanne. Cette dernière tombe amoureuse de l'auteur des lettres en pensant qu'il s'agit du jeune homme, alors qu'il s'agit de Cyrano qui a lui-même développé des sentiments pour Roxanne. Cette pièce, qui allie action et poésie, a même eu droit à un film qui a obtenu plusieurs Oscars !

<u>Don Juan</u>, Molière (1665) : Le personnage principal de cette pièce est un vrai tombeur. Libertin, il enchaîne les conquêtes amoureuses sans se soucier des autres. Il va rencontrer de nombreux soucis financiers et amoureux, mais continuera malgré tout de mener sa vie comme si de rien n'était. Il est même impossible de connaître la fin du livre avant d'y être !

<u>Le Cid</u>, Corneille (1637) : Cette pièce est une comédie tragique, vous pourrez donc rigoler mais aussi pleurer en la lisant ! Elle met en scène Don Diègue et Don Gomès, deux pères de famille voulant unir leurs enfants amoureux : Rodrigue et Chimène. Don

97. Theater Plays

France is famous for its artists, both musicians (Debussy, Berlioz or Ravel) and literary authors (Hugo, Molière, Racine…). Today we will talk about the most famous French plays!

Indeed, when we talk about plays, we mostly think about Shakespeare, because French plays are often not very famous internationally. So I'll try to make you want to discover them! Here is a small list of the most famous plays:

<u>Cyrano de Bergerac</u>, Edmond Rostand (1897): This play features Cyrano, a musketeer with a big nose who is also a real poet. The plot revolves around a love triangle: a young man with little talent for words asks Cyrano to write his love letters to Roxanne. Roxanne falls in love with the writer of the letters thinking it is the young man, but it is Cyrano who has developed feelings for Roxanne. This play, which combines action and poetry, was even made into a movie that won several Oscars!

<u>Don Juan</u>, Molière (1665): The main character of this play is a real lady-killer. A libertine, he makes one love conquest after another without worrying about others. He will encounter many financial and love problems, but will continue to lead his life as if nothing had happened. It is impossible to know the end of the book before you get there!

<u>Le Cid</u>, Corneille (1637): This play is a tragic comedy, so you can laugh but also cry while reading it! It features Don Diègue and Don Gomès, two fathers who want to unite their children in love: Rodrigue and Chimène. Don Gomez will slap Don Diègue, who will

Gomès giflera Don Diègue, qui demandera à Rodrigue de le venger. Rodrigue sera partagé entre venger son père au risque de perdre Chimène. Bien qu'il y ait des morts et des disputes, cette pièce reste avant tout comique ; vous passerez donc un bon moment en la lisant !

<u>Le Mariage de Figaro</u>, Beaumarchais (1778) : Cette comédie romantique met en scène Figaro, le valet du Comte, le jour de son mariage avec Suzanne. Sauf que le Comte, qui est marié, va essayer de courtiser Suzanne. Figaro, Suzanne et la Comtesse vont donc s'allier pour dénoncer le Comte et le forcer à s'excuser. Le Mariage de Figaro est la suite d'une autre pièce, Le Barbier de Séville. Ne pas avoir lu la première pièce n'empêche pas de comprendre la seconde.

<u>Hernani</u>, Victor Hugo (1830) : C'est une tragédie romantique mettant en scène Dona Sol, amoureuse de Hernani. Dona Sol est censée se marier à Don Gomez, mais le roi d'Espagne est amoureux de Dona Sol. Hernani affrontera le roi en duel, gagnera et sera forcé de s'exiler. Il reviendra au mariage de Dona Sol et Don Gomez, le roi enlèvera Dona Sol. Hernani et Don Gomez vont alors s'allier pour tenter de tuer le roi. Pour ce qui est de la fin tragique, je ne vous en dis pas plus !

Les Français aiment beaucoup les pièces de théâtre, même si les pièces de théâtre « classiques » sont de moins en moins jouées aujourd'hui. Je vous encourage vivement à découvrir le théâtre (et plus largement la littérature) français, bien que cela soit un peu difficile à lire si l'on a pas un bon niveau de français.

ask Rodrigue to avenge him. Rodrigue will be torn between avenging his father and losing Chimène. Although there are deaths and arguments, this play remains above all comic; you will have a good time reading it!

<u>The Marriage of Figaro</u>, Beaumarchais (1778): This romantic comedy features Figaro, the Count's valet, on his wedding day with Susanna. Except that the Count, who is married, will try to court Susanna. Figaro, Susanna and the Countess join forces to denounce the Count and force him to apologize. The Marriage of Figaro is the sequel to another play, The Barber of Seville. Not having read the first play does not prevent one from understanding the second.

<u>Hernani</u>, Victor Hugo (1830): This is a romantic tragedy featuring Dona Sol, in love with Hernani. Dona Sol is supposed to marry Don Gomez, but the King of Spain is in love with Dona Sol. Hernani will fight the king in a duel, will win and will be forced into exile. He will return to the wedding of Dona Sol and Don Gomez, the king will kidnap Dona Sol. Hernani and Don Gomez will then join forces to try to kill the king. As for the tragic end, I won't tell you more!

The French love plays, even if the "classic" plays are less and less played today. I strongly encourage you to discover French theater (and more widely literature), although it is a bit difficult to read if you don't have a good level of French.

98. Temps Passé par les Étudiants devant des Écrans

98. Time Students Spend on Screens

Aujourd'hui nous allons parler du temps qu'un étudiant passe devant un écran en une journée en France.

Gabriel est étudiant à l'université, il étudie le droit, et malheureusement, à cause de la pandémie, les universités sont fermées. Gabriel ne peut donc pas voir ses amis ou ses professeurs en réel, et ses cours se font donc en ligne. Voici une journée typique de Gabriel :

Il est 7 heures, le réveil sonne. Gabriel sort de son lit pour préparer son petit déjeuner. Il est plus détendu que d'habitude car il n'a pas à se dépêcher pour aller à l'université. En effet, comme les universités sont fermées, il n'a plus à prendre le bus pendant trente minutes. Son cours étant en ligne, il lui suffit juste de se connecter sur son ordinateur cinq minutes avant.

Pendant que Gabriel mange son petit déjeuner, il regarde les actualités sur les

Today we are going to talk about the time a student spends in front of a screen in a day in France.

Gabriel is a university student, he studies law, and unfortunately, because of the pandemic, the universities are closed. So Gabriel can't see his friends or his professors in real life, so his classes are done online. Here is a typical day for Gabriel:

It's 7 am, the alarm clock rings. Gabriel gets out of bed to make breakfast. He is more relaxed than usual because he does not have to rush to go to university. Indeed, as the universities are closed, he does not have to take the bus for thirty minutes. Since his class is online, he just has to log on to his computer five minutes before.

While Gabriel eats his breakfast, he watches the news on social networks on

réseaux sociaux de son smartphone. Au bout d'une demie heure, Gabriel prend une douche et, enfin se connecte à son ordinateur, prêt à suivre ses cours de la matinée.

Gabriel a deux cours de deux heures chacun tous les matins, il a donc cours de 8 heures à midi. Ensuite il reprend les cours à 13 heures jusqu'à 15 heures et ensuite il finit à 17 heures. C'est un peu difficile pour lui de suivre le cours et de prendre des notes en même temps sur l'ordinateur, mais il n'a pas le choix, alors il fait de son mieux.

Il est 11 heures 30, c'est bientôt la fin du cours, et Gabriel est content car il va enfin pouvoir manger et regarder sa série préférée ! Il adore regarder cette série pendant les repas, cela lui change les idées avant de reprendre les cours à 13 heures...

Et de même le soir avant de se coucher, Gabriel regarde des vidéos sur son smartphone dans son lit. Ses journées se ressemblent toutes, et comme tous les étudiants, il passe beaucoup de temps devant un écran... Il a hâte de pouvoir retourner à l'université et de revoir ses amis.

À très bientôt !

his smartphone. After half an hour, Gabriel takes a shower and finally logs on to his computer, ready for his morning classes.

Gabriel has two classes of two hours each every morning, so he has classes from 8 am to noon. Then he goes back to class at 1 pm until 3 pm and then he finishes at 5 pm. It's a little difficult for him to follow the class and take notes on the computer at the same time, but he has no choice, so he does his best.

It's 11:30 am, it's almost the end of class, and Gabriel is happy because he can finally eat and watch his favorite show! He loves to watch this series during the meals, it takes his mind off before his classes resume at 1 pm...

And also at night before going to bed, Gabriel watches videos on his smartphone in his bed. His days are all the same, and like all students, he spends a lot of time in front of a screen... He can't wait to go back to college and see his friends.

See you soon!

99. Jumeaux mais Différents

L'histoire d'aujourd'hui montre les différences entre 2 jumeaux : Loïc et Marie. Ils ont tous les deux 22 ans et partagent la même ambition, celle de devenir avocats. Ils suivent donc tous les deux les mêmes études de droit, dans la même université. Cependant, ils ne vivent pas leur vie tout à fait de la même façon, et cela ennuie un peu l'autre...

Loïc est sérieux, il travaille très dur et passe ses journées plongé dans ses cours et ses livres. Il a de très bonnes notes.

Marie, quant à elle, aime beaucoup faire la fête, elle se prend moins la tête sur les cours et les devoirs. Cependant, elle a de très bonnes notes aussi car elle retient très vite les informations, elle n'a donc pas besoin de travailler autant que son frère.

Loïc est ce que l'on appelle un « lève-tôt, » c'est-à-dire qu'il se couche tôt le soir, et se lève tôt le matin pour avoir le temps de réviser avant les cours.

Marie est plutôt une « couche-tard, » c'est-à-dire qu'elle va dormir vers minuit ou parfois plus tard.

Les jumeaux s'aiment beaucoup et sont très complices, mais leurs modes de vie ne s'accordent pas vraiment... Loïc n'apprécie pas que sa sœur rentre tard car cela le réveille, il est aussi un peu jaloux que sa sœur ait de bonne notes en travaillant moins que lui. Marie, quant à elle, aimerait que son frère se détende un peu plus, vienne en soirée avec elle et leurs amis plus souvent.

« Tu sais, il n'y a aucun mal à s'autoriser une petite pause de temps en temps, » dit Marie.

« C'est facile pour toi de dire ça ! Tu n'as même pas d'efforts à faire, t'es trop forte ! »,

99. Twins but Different

Today's story shows the differences between two twins: Loïc and Marie. They are both twenty-two years old and share the same ambition, to become lawyers. They are both studying law at the same university. However, they don't live their lives in quite the same way, and that annoys the other a little...

Loïc is serious, he works very hard and spends his days immersed in his courses and books. He has very good grades.

Marie, on the other hand, likes to party a lot, she doesn't worry so much about classes and homework. However, she also gets very good grades because she retains information very quickly, so she doesn't have to work as hard as her brother.

Loïc is what we call an "early riser," meaning that he goes to bed early at night, and gets up early in the morning to have time to study before class.

Marie is more of a "night owl," meaning she goes to sleep around midnight or sometimes later.

The twins love each other very much and are very close, but their lifestyles don't really match up... Loïc doesn't appreciate his sister coming home late because it wakes him up, and he is also a little jealous that his sister gets good grades by working less than him. Marie, for her part, would like her brother to relax a little more, to come to parties with her and their friends more often.

"You know, there's nothing wrong with allowing yourself a little break once in a while," Marie says.

"That's easy for you to say! You don't even have to make an effort, you're too clever!",

répond Loïc un peu énervé.

« Mais ne dis pas ça, t'es le meilleur de la classe ! Je suis certaine que même si tu sortais un peu plus souvent, ça ne changerait rien pour toi ; tu travailles tellement dur tous les jours que tu peux bien venir avec nous une fois de temps en temps, » dit Marie.

« Mais papa et maman risquent de penser que je ne suis pas sérieux... », dit Loïc avec un air inquiet.

« Mais tu es le meilleur ! Tu as les meilleures notes ! On s'en fiche de ce que pensent les parents du moment qu'on a des bonnes notes ! », conteste Marie.

« Oui tu as sûrement raison... », dit Loïc.

« Mélanie fête son anniversaire vendredi prochain, on prévoit d'aller au restaurant puis dans un bar. Tu pourrais venir avec nous ! », propose Marie.

« Bon d'accord... Mais s'il se fait tard, je rentrerai, ok ? », répond Loïc.

« Oui oui d'accord ! », dit Marie en souriant.

Loïc replies a little annoyed.

"But don't say that, you're the best in the class! I'm sure that even if you went out a little more often, it wouldn't change anything for you; you work so hard every day that you can come with us once in a while," says Marie.

"But mom and dad might think I'm not serious..." said Loïc with a worried look.

"But you are the best! You have the best grades! Who cares what parents think as long as you get good grades!", challenges Marie.

"Yeah you're probably right...", says Loïc.

"Melanie is having a birthday party next Friday, we're planning to go to a restaurant and then to a bar. You could come with us!", suggests Marie.

"Well okay... But if it gets late, I'll come home, ok?", Loïc replies.

"Yes yes okay!", says Marie smiling.

100. L'Université

Il me semble qu'aux États-Unis après le lycée, si l'on veut poursuivre ses études, il n'y a que l'université. Cependant, en France il y a bien d'autres alternatives ! Je vais vous expliquer un peu plus :

On peut avoir différents diplômes en fonction du nombre d'années d'études supérieures :
- 2 ans = Bac +2
- 3 ans = Bac +3 -> Licence
- 5 ans = Bac +5 -> Master
- 8 ans = Bac +8 -> Doctorat

La plupart des étudiants après le lycée vont à l'université. On peut étudier le Droit, la Médecine, les Sciences, les Langues, bref presque tout ! De plus, c'est moins cher qu'aux États-Unis. Les frais d'inscription à l'université ne sont que de quelques centaines d'euros par an. Cependant, si les parents n'ont que très peu de revenus, les étudiants peuvent bénéficier de bourses pour financer en partie les frais d'inscription, de loyer, de nourriture et de fourniture.

À l'université on peut obtenir des diplômes allant de la Licence au Doctorat.

À présent, je vais vous parler des alternatives à l'université :

Il y a les Grandes Écoles. Elles sont prestigieuses et l'inscription est plutôt chère, pouvant aller jusqu'à plusieurs dizaines de milliers d'euros, et il faut souvent passer un concours. Il y a les Écoles de Commerce, les Écoles d'Ingénieur, les Écoles d'Art et d'Architecture, etc. Ces écoles permettent d'obtenir des équivalents au Master (pour la plupart).

Ensuite, il y a les BTS : Brevet de Technicien Supérieur ; et les DUT : Diplôme Universitaire de Technologie. Ce sont des formations de niveau Bac +2. Ce sont des

100. University

It seems to me that in the United States, after high school, if you want to continue your education, there is only college. However, in France there are many other alternatives! Let me explain a little more:

You can have different degrees depending on the number of years of higher education:
- 2 years = Bac +2
- 3 years = Bac +3 -> Licence
- 5 years = Bac +5 -> Master
- 8 years = Bac +8 -> Doctorate

Most students after high school go to university. You can study Law, Medicine, Sciences, Languages, almost everything! Moreover, it is less expensive than in the United States. University fees are only a few hundred euros per year. However, if parents have very little income, students can receive scholarships to help pay for tuition, rent, food and supplies.

At the university you can get degrees from Bachelor to Doctorate.

Now I'm going to tell you about the alternatives to university:

There are "Grandes Écoles." They are prestigious and registration is rather expensive, up to several tens of thousands of euros, and you often have to take a competitive exam. There are Business Schools, Engineering Schools, Art and Architecture Schools, etc. These schools allow you to obtain the equivalent of a Master's degree (for the most part).

Then there are the BTS: "Brevet de Technicien Supérieur;" and the DUT: "Diplôme Universitaire de Technologie." These are courses at Bac +2 level. They are

formations en Commerce par exemple, ou bien en Informatique, en Communication et bien d'autres ! Ce sont de bonnes alternatives pour obtenir un diplôme si l'on ne souhaite pas étudier pendant de longues années. Cela permet d'obtenir un travail rapidement, et les frais d'inscription sont équivalents à une inscription à l'université.

Et si rester 3 ans derrière un bureau à prendre des notes en cours ne vous convient pas, il existe aussi des formations « en alternance. » Cela consiste (dans certains domaines) à étudier une semaine sur deux en classe, et l'autre semaine à travailler dans une entreprise. C'est très professionnalisant, surtout dans les domaines de la Restauration, de l'Ingénierie, de la Vente, de la Mécanique, etc.

Comme vous pouvez le voir, en France, aller à l'université n'est pas l'unique option pour trouver un métier, et ce n'est pas parce que l'on fait de « courtes études » que l'on gagnera moins bien sa vie que d'autres, ou que l'on ne pourra pas accéder à des postes à hautes responsabilités !

Surtout qu'en ce moment, les études professionnalisantes et en alternance offrent beaucoup plus de perspectives d'emploi et plus rapidement que pour ceux sortant de l'université.

En conclusion, il y en a pour tous les goûts et tous les budgets, donc il est assez facile de pouvoir faire ce que l'on veut !

courses in Commerce for example, or in Computer Science, in Communication and many others! These are good alternatives to get a diploma if you don't want to study for a long time. It allows you to get a job quickly, and the tuition fees are equivalent to a university education.

And if sitting behind a desk taking notes in class for three years doesn't work for you, there are also "apprenticeship" programs. This consists (in some fields) of studying every other week in class, and the other week working in a company. It is very professionalizing, especially in the fields of Catering, Engineering, Sales, Mechanics, etc.

As you can see, in France, going to university is not the only option to find a job, and it's not because you do "short studies" that you won't earn as much as others, or that you won't be able to reach high responsibility positions!

Especially since, at the moment, professional studies and apprenticeship programs offer many more job prospects and more quickly than for those leaving university.

In conclusion, there is something for every taste and every budget, so it is quite easy to do what you want!

101. Le Végétarisme

Aujourd'hui nous allons parler du végétarisme en France, ainsi que des nouvelles pratiques de consommation alimentaire, à quelle point elles sont répandues, si elles ont du succès. etc.

De nos jours, de plus en plus de gens essaient de faire attention à ce qu'ils mangent. On essaie de manger plus équilibré, moins gras, moins salé, moins sucré, de privilégier les fruits et légumes frais plutôt que les plats industriels déjà préparés.

C'est pourquoi depuis près de dix ans en France, de très nombreuses enseignes de consommation bio, végan, végétaliennes ont ouvert dans les grandes villes.

En effet, les petites villes de campagne sont assez peu concernées, car elles possèdent (pour la majorité d'entre elles) des marchés de produits frais au moins deux à trois fois par semaine. On y trouve de nombreuses étales où les producteurs viennent vendre leurs produits comme des fruits, des légumes, des œufs, de la viande et du poisson, mais aussi des produits transformés comme du miel, de la confiture, etc.

Pour revenir aux grandes villes, les épiceries se sont multipliées : certaines sont spécialisées dans les produits bio, d'autres dans les produits fabriqués en France, d'autres dans les produits sans gluten, etc.

Mais, ce qui a le plus de succès, ce sont les restaurants et cafés. De très nombreux restaurants spécialisés dans les plats végan/végétariens ou bien sans gluten ont ouvert. Ce sont des enseignes à la mode, d'abord popularisées par les « hipsters » puis par l'attrait d'un mode de vie plus sain et à l'opposé des fast food (ce qui ne veut pas dire que les fast food n'ont plus du tout de succès bien au contraire).

101. Vegetarianism

Today we are going to talk about vegetarianism in France, as well as about new food consumption practices, how widespread they are, if they are successful, etc.

Nowadays, more and more people are trying to be careful about what they eat. We try to eat more balanced, less fatty, less salty, less sweet, to prefer fresh fruits and vegetables rather than industrialized ready-made meals.

This is why for almost ten years in France, many organic, vegan and vegetarian shops have opened in big cities.

Indeed, small country towns are not really concerned, because they have (for the majority of them) fresh produce markets at least two to three times a week. There are many stalls where producers come to sell their products such as fruits, vegetables, eggs, meat and fish, but also processed products like honey, jam, etc.

Coming back to the big cities, grocery stores have multiplied: some are specialized in organic products, others in products made in France, others in gluten-free products, etc.

But the most successful are the restaurants and cafés. Many restaurants specializing in vegan/vegetarian or gluten-free dishes have opened. These are trendy brands, first popularized by hipsters and then by the appeal of a healthier lifestyle and the opposite of fast food (which doesn't mean that fast food is no longer successful - quite the contrary).

Personnellement, j'habite à Bordeaux, et on y trouve de très nombreux salons de thé bio/végan, proposant des boissons faites maison comme du thé ou du café issus du commerce équitable, mais aussi des viennoiseries faites maison comme des cupcakes sans gluten ou bien des tartes aux fruits bio.

Cependant, ce mode de consommation a un certain prix, c'est un peu plus cher que les fast food ou bien certains restaurants « classiques. » En effet, proposer des produits bio et produits en France coûte plus cher que certains produits importés (d'Espagne notamment).

Pour vous donner un exemple, un Menu Best Off de chez McDo coûte environ 8€. Dans certains restaurants, vous pouvez avoir des menus pour environ 15€. Et pour certains restaurants bio/végan auxquels j'ai pu aller, je dirais qu'un plat seul coûte environ 10€. Par ailleurs, si vous voulez prendre un goûter dans un salon de thé, vous en aurez pour au moins 6€ (boisson + viennoiserie).

Bien sûr, ce n'est pas aussi cher qu'un restaurant gastronomique, les prix ne sont pas exorbitants, mais aller manger dans ce genre de restaurant fréquemment n'est pas à la portée de toutes les bourses. Cependant, vous pouvez être sûrs de la fraîcheur et de la qualité des produits !

Personally, I live in Bordeaux, and there are many organic/vegan tea shops, offering homemade drinks like fair trade tea or coffee, but also homemade pastries like gluten free cupcakes or organic fruit pies.

However, this consumption pattern has a certain price, it's a bit more expensive than fast food or some "classic" restaurants." Indeed, offering organic products made in France costs more than some imported products (from Spain in particular).

To give you an example, a Best Off Menu from McDonald's costs about €8. In some restaurants, you can have menus for about €15. And for some of the organic/vegan restaurants I've been to, I'd say a single dish costs about €10. On the other hand, if you want to have a snack in a tea room, you'll get it for at least €6 (drink + pastry).

Of course, it's not as expensive as a gourmet restaurant, the prices are not exorbitant, but going to eat in this kind of restaurant frequently is not within the reach of everyone. However, you can be sure of the freshness and quality of the products!

Want to receive a fun weekly email on all things French? It will include topics such as culture, festivals, facts, stories, and idioms. Scan the QR code below to join!

www.ingramcontent.com/pod-product-compliance
Lightning Source LLC
Chambersburg PA
CBHW072050110526
44590CB00018B/3115